Horst Müller, Manfred Süß, Horst Vogel
(Herausgeber)

Die Industriespionage der DDR

Die Wissenschaftlich-Technische
Aufklärung der HV A

edition ost

Das Buch

Die Unterlagen aus dem Sektor Wissenschaft und Technik der HV A wurden beim Ende des Dienstes 1989/90 vernichtet. Das erklärt, weshalb die publizierten Auskünfte über Industriespionage der DDR, gemessen an anderen MfS-Themen, vergleichsweise dürftig sind. Die beiden letzten Chefs, Horst Vogel und Manfred Süß, sowie ein Stellvertreter legen nun erstmals schriftlich Zeugnis ab. Sie und andere Autoren berichten über das weite Feld, auf denen die wissenschaftlich-technische Aufklärung tätig wurde: um einen Beitrag zur Stärkung der Verteidigungsfähigkeit und des militärischen Potentials der sozialistischen Staatengemeinschaft zu leisten, um wissenschaftlich-technische Erkenntnisse aus entwickelten kapitalistischen Staaten zu beschaffen, welche für die Volkswirtschaft der DDR nutzbar gemacht wurden, um drittens die operative Arbeit des MfS mit Technik und Informationen zu unterstützen. Vogel, Süß und Müller nennen übrigens keine Namen. Sie schützen unverändert jene Partner und Kundschafter, die bis heute unentdeckt sind.

Die Herausgeber

Horst Vogel, Jahrgang 1931, Diplom-Ingenieurökonom. Angehöriger des MfS seit 1955, von 1978 bis 1989 Leiter des Sektors Wissenschaft und Technik (SWT) und 1. Stellvertreter des Leiters der HV A von 1989 bis zum Ende des Dienstes. Letzter Dienstgrad: Generalmajor.

Manfred Süß, Jahrgang 1930, Chemiestudium, Angehöriger des MfS/HV A von 1955 bis 1990, Leiter des Sektors Wissenschaft und Technik (SWT) von 1989 bis zum Ende des Dienstes. Letzter Dienstgrad: Oberst.

Horst Müller, Jahrgang 1933, Diplomwirtschaftler, Angehöriger des MfS/HV A von 1959 bis 1990. 1981 Leiter der Abt. XIV (Mikroelektronik, Optoelektronik, EDV), 1989 Stellv. Leiter SWT. Letzter Dienstgrad: Oberst.

Band 2 der Geschichte der HV A

Inhalt

Dr. Dr. h. c. Herbert Weiz
  Vorwort 8

Horst Vogel
  Rolle und Bedeutung der Wissenschaftlich-Technischen
  Aufklärung der DDR 11

Manfred Süß
  Die Arbeitsmethoden der Wissenschaftlich-Technischen
  Aufklärung 31

Günter Ebert und Manfred Leistner
  Zu den Ergebnissen auf den Gebieten Militärtechnik,
  Metallurgie und Maschinenbau 55

Horst Müller und Klaus Rösener
  Die Unterstützung der elektronischen Industrie 77

Horst Vogel
  Der 1-Megabit-Chip 111

Dieter Eckhardt und Manfred Süß
  Zu den Ergebnissen auf den Gebieten Atomenergie,
  Biologie und Chemie 117

Harry Herrmann und Klaus Rösener
  Die Auswertung wissenschaftlich-technischer Informationen 143

Schlussbemerkungen 153

Anlagen
  Struktur, Aufgabenbereiche und leitende Mitarbeiter der
  Wissenschaftlich-Technischen Aufklärung der DDR ... 159

Hans Eltgen
  Der Eber im Rotwein 168
  Ein TBK im Polizeipräsidium 174
  Der Jaguar vorm Johannishof 176

Christian Streubel
  Wiener Standpauke 181

Johannes Koppe
  Ich war Botschaftsflüchtling 184

Horst Vogel
  Vortrag in Odense 190
  Diskussion und Fragen zu Sektion 4 207

Rainer Rupp
  Die Kontinuität des USA-Imperialismus 209

Die Autoren 219

Für uns gelten unverändert die Regeln der Geheimhaltung. Wir haben als Offiziere des MfS unseren damaligen Partnern in West und Ost unser Wort gegeben, sie nicht zu verraten. Wir werden es auch hier nicht brechen.

Die Autoren

Vorwort

Von Herbert Weiz

In den Veröffentlichungen zur Arbeit der Hauptverwaltung Aufklärung des MfS fehlten bisher umfassende Darstellungen der Ergebnisse der Wissenschaftlich-Technischen Aufklärung. Diese Lücke soll mit diesem Buch geschlossen werden.

Für mich persönlich ist die vorliegende Publikation in vielerlei Hinsicht von außerordentlicher Bedeutung.

Das betrifft erstens die Darstellung des Beginns dieser Tätigkeit sowie der wachsenden Herausforderungen auf diesem Felde bei der Entwicklung der Wirtschaft unseres Landes. In den Jahren meiner Arbeit als Minister für Wissenschaft und Technik in der Regierung der DDR kannte ich die Sorgen und Nöte der für Wissenschaft und Technik Zuständigen hierzulande. Diese waren eben nicht ausschließlich hausgemacht, wie seit 1990 den Menschen weisgemacht wird. Die Teilung des Landes als Folge des Zweiten Weltkrieges und der nachfolgende Kalte Krieg mit der Embargopolitik des Westens hat zwar eigenständige Lösungen provoziert, aber eben auch eine normale Entwicklung dramatisch behindert.

Zweitens verweisen die Autoren zu recht auf die Erfolge unserer Wissenschaftler, Techniker und Werktätigen bei der Bewältigung von Schwierigkeiten und bei der Entwicklung neuer Produktionslinien, neuer Stoffklassen usw., also auf die kreativen Eigenleistungen dieser Republik.

Drittens wird – das liegt nun einmal in der Natur der Sache – die Informationsbeschaffung hervorgehoben.

Besonders im Abschnitt »Die Auswertung wissenschaftlich-technischer Informationen« wird jedoch auch die Bedeutung der engen Zusammenarbeit mit den schöpferischen Kräften in Wirtschaft und Wissenschaft unterstrichen. Ohne sie wären die beschafften Informationen nicht umzusetzen gewesen.

Ich nehme mit Hochachtung die angeführten Leistungen aus dem Rüstungsbereich zur Kenntnis, die mir zu DDR-Zeiten nur partiell bekannt wurden. Ich wusste, dass die Arbeit des Sektors Wissenschaft und Technik (SWT) vorrangig auf den Schutz und die Sicherung der DDR und des sozialistischen Bündnisses gerichtet war; also auf die Aufklärung militärtechnischer Entwicklungen und neuer wissenschaftlicher Erkenntnisse, die zu neuen Waffensystemen führen konnten und die daraus entstehenden militärtaktischen und -strategischen Möglichkeiten.

Die Autoren setzen der beachtlichen Zahl großartiger Menschen, die für uns im westlichen Ausland tätig waren, ein Denkmal. Auch ich danke all den vielen Namenlosen, die die DDR auf diese Weise unterstützten, weil sie in ihr eine Alternative sahen. Ihr Mut und ihre Opferbereitschaft werden künftigen Generationen Vorbild sein.

Und ich danke den Mitarbeitern des Sektors Wissenschaft und Technik für die geleistete Tätigkeit. Ihre Arbeitsergebnisse und die im Buch geschilderten Methoden beweisen, mit welcher Kreativität und mit welcher Ausdauer sie sich für die Idee des Sozialismus engagiert haben.

Ich erinnere mich gern der kameradschaftlichen, freundschaftlichen und ehrlichen Zusammenarbeit und bin froh darüber, einige der Autoren seinerzeit für ihre hervorragenden persönlichen Leistungen und als Repräsentanten ihrer Diensteinheit mit dem Titel »Verdienter Techniker des Volkes« ausgezeichnet zu haben.

Dr. Dr. h. c. Herbert Weiz,
Stellvertretender Ministerpräsident der DDR von 1967 bis 1989,
Minister für Wissenschaft und Technik der DDR von 1974 bis 1989

Unsere Kampfgefährten – die Aufklärer der DDR – leisteten einen riesigen Beitrag zur Stärkung des sowjetischen Staates, zur Entwicklung seiner Wirtschaft, Wissenschaft und Verteidigungsbereitschaft. […]
In den Jahrzehnten der Zusammenarbeit erhielten wir, wenn man das in Geld ausdrücken will, von unseren Freunden Schätze in Dutzenden Milliarden Dollar.

Wladimir Krjutschkow,
Mitglied des Politbüros des ZK der KPdSU,
langjähriger Vorsitzender des Komitees für Staatssicherheit
der UdSSR; 1996

Die Bedeutung der Wissenschaftlich-Technischen Aufklärung der DDR

Von Horst Vogel

Die wissenschaftlich-technische Aufklärung ist – historisch gesehen – der jüngste Bereich des Aufklärungsdienstes. Sie trat mit Beginn der industriellen Revolution im 19. Jahrhunderts erstmals in Erscheinung. Ihre Bedeutung wuchs rasch, und, was auch nicht überrascht, schneller als die anderer Bereiche der Aufklärung. Am Ende der 90er Jahre des 20. Jahrhunderts nahm die Industriespionage in den Nachrichtendiensten der meisten Industrienationen den wichtigsten Platz ein.

US-Präsident Bill Clinton verfügte am 17. Januar 1993 ein Programm der nationalen Industriesicherheit, das von Insidern als »Basis für eine offensive Industrie- und Wirtschaftsspionage der USA« angesehen wird. Die Gemeinschaft der zehn US-Nachrichtendienste (*Intelligence Community*) erhielt ein Jahresbudget von rund 30 Milliarden Dollar. Den größten Einzelposten bekam dabei die NSA (*National Security Agency*), die für die funktechnische Aufklärung zuständig ist: zehn Milliarden Dollar. Die USA führen, wie Insider meinen, den Kampf um Wettbewerbsfähigkeit und Weltmarktanteile mit aller Entschlossenheit, insbesondere gegen Japan und die EU-Staaten.[1]

Hin und wieder werden Details publik, so im Jahre 2006. Da wurde bekannt, dass der US-Geheimdienst CIA seit den Terroranschlägen 2001 auf Swift-Daten zugreift. Die *Society for Worldwide Interbank Financial Telecommunication* (SWIFT), jene in Belgien angesiedelte Kooperative des internationalen Finanzkapitals, bewegt täglich in elf Millionen Transaktionen sechs Billionen Dollar zwischen 7.800 Banken, Börsen, Investmentfirmen und anderen Finanzinstitutionen weltweit. SWIFT ist damit *die*

Dienstleistungszentrale des globalen Finanzmarkts. »Nach übereinstimmender Auskunft mehrerer Vorstandsmitglieder amerikanischer High-Tech-Unternehmen, die aus Furcht vor Repressalien nicht genannt werden wollen, benutzt die CIA diese Daten aber nicht nur zur Terrorabwehr. Die CIA ergänze das Material, das sie ohnehin seit Jahren über europäische Unternehmen zusammentrage, heißt es. Dieses Material komme etwa dann zum Tragen, wenn ein US-Unternehmen die Übernahme eines europäischen plane«, berichtete das *Handelsblatt* am 29. März 2007. Die deutschen Banken forderten umgehend als Anteilseigner des Datentransfernetzes SWIFT die Zentrale in Brüssel entrüstet auf, praktikable Lösungen zu präsentieren, »um Wirtschaftsspionage zu unterbinden«.

»Solche High-Tech-Spionageaktionen haben die Eigenschaft, immer sehr viel mehr Verwertbares zu liefern als ursprünglich erfragt wurde«, meinte auch Prof. Dr. Hans-Jürgen Krysmanski von der Universität Münster und schlussfolgerte: »Insofern deutet der amerikanische Spionageangriff auf SWIFT an, dass die Dienstleistungszentralen globaler Geldmachtapparate auch Kriegsschauplätze sind, in denen das Personal – Geldeliten, Managereliten, politische Eliten und Wissenseliten – durchaus disponiert ist, einander bis aufs Messer zu bekämpfen.«[2]

Dieser Kampf »bis aufs Messer« wurde bereits vor 1989 geführt. Im Unterschied zu heute gab es da allerdings einen Hauptgegner. Heute kämpft man gleichzeitig an vielen Fronten.

Dazu haben die USA in der *Intelligence Community* inzwischen 15 Geheimdienste (manche meinen sogar 18) in Stellung gebracht. Neun davon sind im militärischen Bereich aktiv. Die Gesamtzahl der hauptamtlichen Geheimdienstmitarbeiter wird mit 200.000 vermutet. Die Schätzungen zum Jahresbudget belaufen sich auf 40 Milliarden Dollar, davon kriegen 80 Prozent allein die Geheimdienste des Pentagon.[3]

Nie zuvor in der Geschichte wurden soviel Mittel bereitgestellt und so viele Menschen in wissenschaftlich-technische Aufklärungsaktivitäten verwickelt wie in der Gegenwart. Politiker und Militärs, Wirtschaftsexperten und Manager, Wissenschaftler aller Forschungsgebiete, Techniker und Künstler, alle potentiell staatsstabilisierenden, gesellschafts- und wirtschaftspolitisch kreativen Kräfte werden in diesem Aufklärungsdienst integriert oder ihr

Wissen für diesen Bereich abgeschöpft. Nicht wenige Naivlinge hatten geglaubt, dass mit dem Ende der Blockkonfrontation und dem Verschwinden des östlichen Bündnisses auch der Kalte Krieg enden und ewiger Frieden ausbrechen würde. Das erwies sich natürlich als eine Illusion. Die Instrumente des Kalten Krieges des Westens wurden nicht etwa abgeschafft, sondern weiter entwickelt. Beispiel: Echelon, das von den USA in den 80er Jahren installierte Spionagenetz, an dem auch Großbritannien, Kanada, Australien und Neuseeland beteiligt sind.

Echelon verfügt über 120 Landstationen und etliche geostationäre Satelliten, mit denen ursprünglich die militärische und diplomatische Kommunikation der Sowjetunion und ihrer Verbündeten ausspioniert wurden. Nach dem Ende der UdSSR und dem östlichen Bündnis setzte man Echelon angeblich ein zur Suche nach terroristischen Verschwörungen, der Aufdeckung im Bereich Drogenhandel und für den politischen und diplomatischen Nachrichtendienst. Tatsächlich aber dient Echelon seit Ende des Kalten Krieges vorrangig der Wirtschaftsspionage. Mehr als 90 Prozent des globalen Internetverkehrs wird damit verfolgt. Die Antennen des Echelonsystems fangen weltweit alle elektromagnetischen Wellen – Mobilfunk, Satellitenverkehr, Sprechfunk etc. – ein und leiten sie an einen Supercomputer in den USA zur zentralen Auswertung. Die Nachrichten werden wahllos mitgeschnitten, die Auswertung erfolgt nachträglich über Stimm-, Schlüsselwort- oder sonstige Filter. Dieses Vorgehen wird als »strategische Fernmeldekontrolle« bezeichnet. Jeder halbwegs auf diesem Feld Erfahrene weiß, dass diese Unmasse an Daten nicht mehr systematisch be- und verarbeitet werden kann. Letztlich wird man in dieser Datenflut ertrinken.

Trotzdem erzielt man punktuell Erfolge. Publik wurde der Fall, bei dem *Airbus* einen milliardenschweren Vertrag mit Saudi-Arabien verlor, als die NSA durch Echelon mitbekam, dass *Airbus* bei der Auftragvergabe die saudischen Geschäftsleute bestochen hatte.

Der Umstieg zur Wirtschaftsspionage wurde jedoch bereits von Clintons Vorgänger George Bush sr. festgelegt, und zwar mit der Nationalen Sicherheitsdirektive Nr. 67, die das Weiße Haus am 20. März 1992 herausgab. Die freigewordenen Kapazitäten sollten die Echelon-Beteiligten künftig nutzen, um die eigenen Verbündeten auf dem Gebiet der Wirtschaft auszuspähen. Dies bestätigt auch der ehemalige CIA-Chef James Woolsey im *Wall Street Journal* am 17. März 2000, indem er offen die Spionage in Europa zugab. 2004 musste die im bayerischen Bad Aibling installierte Echelonstation, mit der die Bundesrepublik und weite Teile des Kontinents ausspioniert wurde, auf Druck der EU geschlossen werden. Doch noch im gleichen Jahr nahm schon ein neuer Horchposten, der »Dagger Complex« in Darmstadt, seine Spionagetätigkeit auf.

Die Wissenschaftlich-Technische Aufklärung der DDR hat in nahezu 40jähriger erfolgreicher Tätigkeit – gegenwärtig für alle nachvollziehbar, die Unterlagen liegen offen – das Machbare und die Grenzen dieses Dienstes ausgelotet.

Mit der Gründung des Außenpolitischen Nachrichtendienstes (APN) der DDR im Jahre 1951 wurde auch die Bildung einer wirtschaftlichen und wissenschaftlich-technischen Aufklärung beschlossen. Dieser Bereich war während seiner gesamten Existenz kein selbständiger, unabhängig von anderen Diensteinheiten der Hauptverwaltung Aufklärung agierender Apparat. Er war integraler Bestandteil der HVA.

Als 1952 am Rolandufer in Berlin-Mitte mit der Arbeit begonnen wurde, bestand dieser Bereich aus sechs Mitarbeitern, 1953 aus fünfzehn. Mehr Leute hatten andere Abteilungen auch nicht, dennoch fristete dieser Bereich zunächst ein Mauerblümchendasein. Das änderte sich im Laufe der Jahre. Als 1990 der »Sektor Wissenschaftlich-Technische Aufklärung« (SWT) aufgelöst wurde, waren wir etwa 500 Mitarbeiter. Die Mehrzahl hatte eine akademische Ausbildung absolviert.

Am Anfang suchte man Genossen mit Grundkenntnissen der Physik, Chemie, Biologie, Medizin, Maschinenbau und Mathematik. Man sprach Studenten an und versuchte sie für eine nachrichtendienstliche Tätigkeit zu gewinnen. Kenntnisse auf naturwissenschaftlichen und wirtschaftlichen Fachgebieten waren für den Aufbau einer wissenschaftlich-technischen Aufklärung unabdingbar.

Gerhard Heidenreich, Willi Wöhl und andere leitende Kader der Aufklärung gingen als »Mitarbeiter des ZK der SED« auf Personalsuche. In den 60er Jahren erarbeiteten die Kaderabteilungen sogenannte Funktions- und Qualifikationsmerkmale, womit die Qualität der Mitarbeiter wie auch der Arbeit insgesamt verbessert werden konnte. Die Diensteinheit übernahm Heinrich Weiberg, ein Mann mit Gespür für wissenschaftlich-technische Entwicklungen und dem unabdingbaren Drang, das Wissen über die wichtigsten naturwissenschaftlichen Zweige rasch zu erfassen. (Weiberg wurde 1974 zum Generalmajor ernannt und führte den SWT bis 1973.)

Wie jeder Dienst begann auch der wissenschaftlich-technische Nachrichtendienst mit Sammlung, Sortierung, Katalogisierung und Auswertung offizieller Materialien, um einen ersten Überblick über das Betätigungsfeld und die konkreten Arbeitsinhalte zu bekommen.

Hintergrund war die seit Ende der 40er Jahre forcierte Auseinandersetzung der Großmächte und ihrer Verbündeten, die einst in der Antihitlerkoalition gemeinsam gegen einen Feind gekämpft hatten. Und nach dessen Niederlage zerbrach ihr Zweckbündnis. Winston Churchill befand, dass man »das falsche Schwein« geschlachtet und sich mitten durch Europa ein »Eiserner Vorhang« herniedergesenkt habe. Damit artikulierte der ehemalige britische Premier – mit Stalin und Roosevelt einst der Dritte der »Großen Drei« – nur das, was die amerikanische Administration bereits vor dem Sieg über das Nazireich plante. »Unmittelbar nach dem Tode Präsident Roosevelts am 12. April 1945 fixierte die Führung der USA die politischen Rahmenbedingungen für ihre Nachkriegspolitik in Deutschland. Zu diesem Paradigmenwechsel schrieb damals der amerikanische Journalist Drew Pearson: ›Es ist seit langem kein Geheimnis mehr, dass eine Gruppe im State Department einen möglichst milden Frieden mit Deutschland befürwortet, und zwar im Hinblick darauf, dass Deutschland zu einem Bollwerk gegen den Kommunismus gemacht werden müsse. Aber solange Roosevelt im Weißen Haus war, sprach man nicht davon. Einen Tag nach dessen Beerdigung jedoch fand eine Sitzung in den Räumen des Unterstaatssekretärs Clayton statt, bei der [Mitglieder des] State Department und Kriegsministeriums beschlossen, die Politik Roosevelts umzukehren.‹«[4]

Die Schritte zur wirtschaftlichen und politischen Spaltung Deutschlands sind bekannt. Eine wesentliche Zäsur war die Einführung einer neuen Währung in den Westzonen und in Westberlin 1948. Moskau wehrte sich mit einer Blockade der Westsektoren Berlins, was zur »Luftbrücke« führte, deren propagandistische Bedeutung erheblich größer war als ihre wirtschaftliche Notwendigkeit. Ein Element dieses Feldzuges zur »Eindämmung des Kommunismus« (*containment*) war die in diesem Kontext verhängte Wirtschaftsblockade gegen die UdSSR und die Staaten bzw. Zonen ihres Einflussbereiches. Am 22. November 1949 entstand auf Initiative und unter deren Druck der USA in Paris ein »Koordinierungsausschuss für mehrseitige Kontrolle« (*Coordinating Committee on Multilateral Export Controls,* kurz *CoCom*). Damit sollte verhindert werden, dass die osteuropäischen Staaten und die Volksrepublik China Zugang zu modernen Technologien erhielten. Dies betraf nicht nur militärische und strategische Güter, sondern ein breites Spektrum von Produktionsmitteln, etwa Chemieanlagen, Metallbearbeitungsmaschinen, Energieerzeugungsanlagen, Elektro- und Transportausrüstungen, Erdölprodukte, Gummierzeugnisse, Metalle, Chemikalien. Die CoCom-Liste mit indizierten Waren, Gütern und Knowhow sollte im Laufe der Jahre immer länger werden.

Der CoCom bestand aus 17 Mitgliedsstaaten: Australien, Belgien, Dänemark, BRD, Frankreich, Griechenland, Italien, Japan, Kanada, Luxemburg, den Niederlanden, Norwegen, Portugal, Spanien, der Türkei, dem Vereinigten Königreich und den Vereinigten Staaten. Wichtige Nichtmitglieder, die aber unter CoCom-Einfluss durch die USA standen, waren Finnland, Österreich, Schweden, die Schweiz und Taiwan. Man verfolgte drei Hauptrichtungen – Erarbeitung von Verbotslisten, Konsultationen zu Aktualisierungen für neueste Technologien, Tagungen zur Prüfung der Effizienz der Handelsbeschränkungen. In Selbstdarstellungen heißt es heute: »Aufgrund der den Ostblockstaaten entstehenden zusätzlichen Kosten und wegen des zunehmenden Entwicklungsrückstandes kann dieses Embargo als erfolgreich gelten.«

Seinerzeit jedoch – bekanntlich ist Geschichte nach vorn offen, ein solches Ende war nicht abzusehen bzw. es sollte von uns verhindert werden – waren wir gezwungen, dieses Embargo zu überwinden. Politisch und wirtschaftlich. Und wenn der Erwerb moderner technischer Einrichtungen und Apparaturen auf normalem, kommerziellem Wege für die DDR nicht möglich war, musste man eben nach anderen Wegen suchen.

Es gehörte zum strategischen Konzept der USA, die westlichen Besatzungszonen Deutschlands in die »Politik der Stärke« einzubeziehen, die im Regierungskurs der USA als »Politik des Roll back« des Sozialismus und der Doktrin der »massiven Kernwaffenvergeltung« sichtbar wurde. Die Adenauer-Regierung war dabei ein williger Helfer. Wegen der Adenauerschen Linie »Lieber das halbe Deutschland ganz, als das ganze Deutschland halb« wurde jede Hoffnung auf einen Friedensvertrag mit Deutschland begraben. Der Stalinplan 1952 zur Schaffung eines neutralen deutschen Staates wurde abgelehnt. Unter diesen Umständen wurde ein wissenschaftlich-technischer Dienst der DDR zur Erhaltung des Friedens, zur Verhinderung eines militärischen Überraschungsmomentes und der Einschränkung der Folgen der Embargopolitik und des Wirtschaftskrieges objektiv notwendig.

Letztlich waren die DDR-Bürger die Leidtragenden dieser westlichen Wirtschafts- und Embargopolitik. Negative Auswirkungen zeigten sich in der Entwicklung der Konsumgüter-Industrie und der Erhöhung der Kosten der Produktion. Es war ein Anliegen der Wissenschaftlich-Technischen Aufklärung, diesen Schaden zu minimieren.

So ist zu verstehen, warum die DDR einen so großen wissenschaftlich-technischen Aufklärungsapparat besaß. Dabei ist zu berücksichtigen, dass in den kapitalistischen Industriestaaten, neben den zentralen Aufklärungsdiensten fast jeder Konzern Industriespionage betrieb, was volkseigene Kombinate weder konnten noch wollten. Aus diesen grundsätzlichen Überlegungen entstand relativ schnell eine Aufgabenstellung für den wissenschaftlich-technischen Nachrichtendienst, die im Verlauf der Arbeit präzisiert wurde und für die gesamte Zeit der Tätigkeit dieses Dienstes Gültigkeit behielt:

1. Beschaffung von geheimen Informationen über in der BRD durchgeführte und geplante Forschungen und Entwicklungen auf Gebieten, deren Ergebnisse direkt oder indirekt bei kriegerischen Handlungen zur Erlangung eines taktischen Vorteils geführt hätten. Insbesondere solche Forschungen auf dem Gebiet der ABC-Waffen und der Verbesserung traditioneller Waffensysteme.

2. Beschaffung von Informationen über Neuerungen in Wissenschaft und Technik. Besonderes Augenmerk galt solchen Gebieten, auf denen die DDR und ihre Verbündeten von der internationalen Arbeitsteilung und dem internationalen Handel ausgeschlossen waren.

3. Beschaffung von Informationen über die Vervollkommnung vorhandener Produkte einschließlich der Rationalisierung der Produktionsabläufe.

4. Beschaffung von technischem Gerät und Ausrüstungen, die laut Embargobestimmungen nicht in die DDR geliefert werden durften. Hier nur solche, die von den zuständigen Außenhandelsorganisationen nicht beschafft werden konnten.

5. Beschaffung von geheimen Informationen aus den federführenden Wirtschaftsverbänden und Wirtschaftsinstitutionen, aus dem Management wichtiger Konzerne und Banken über Zielrichtung, Inhalt und Methoden der künftigen Wirtschaftsgestaltung der BRD.

Wir tasteten uns in den frühen 50er Jahren gleichsam an diese Aufgaben heran.

Zunächst gingen wir von der nicht ganz unbegründeten Annahme aus, dass im Kontext der Remilitarisierung bestimmte waffentechnische Entwicklungen aus der Nazizeit wieder aufgenommen und fortgesetzt werden würden. Die Resultate der Rüstungsforschungen waren mehrheitlich den USA als Kriegsbeute zugefallen. Hitlerdeutschland war bei der Erforschung biologischer und chemischer Waffen sehr aktiv gewesen.

Dabei standen folgende Themen im Vordergrund:

1. Raketen-Waffen (als Träger möglicher atomarer Sprengköpfe): *Wernher von Braun*, Jahrgang 1912, zweiter Sohn einer schlesischen Aristokratenfamilie (Vater besonders reaktionär, Teilnehmer am Kapp-Putsch). 1930 Studium an der Technischen Hochschule Berlin, 1931 an der Eidgenössischen Technischen Hochschule Zürich, 1934 Fertigstellung der Dissertation mit dem Thema »Konstruktion und experimentelle Beiträge zum Problem der Flüssigkeitsraketen«. Ab 1932, noch während der Dissertation unter Oberst Becker (Heereswaffenamt der Reichswehr) aktive Raketenforschung. 1936 wurde von Braun Technischer Direktor der »Heeresversuchsanstalt Peenemünde«. Er war Mitglied der NSDAP und der SS. Nach vielen Versuchen und Fehlschlägen flog 1942 die erste Rakete »A 4« auf einer ballistischen Bahn 85 km hoch und 190 km weit. Unter Einsatz mehrerer 10.000 KZ-Häftlinge wurde im Lager »Dora« bei Nordhausen in einem unterirdischen Rüstungswerk die »V 2« (»Vergeltungswaffe«) gebaut. Damit wurden London und andere britische Städte beschossen.

Nach 1945 nahmen die USA Wernher von Braun in Dienst, ohne dass er jemals wegen seines Einsatzes für den Hitlerstaat zur Verantwortung gezogen worden wäre.[5]

2. Chemische Waffen: Dr. Fritz Haber, 1868-1934, Professor der Chemie in Karlsruhe, ab 1914 an der Universität Berlin. 1911 wurde er als Direktor des neu gegründeten Kaiser-Wilhelm-Institutes für Physikalische und Elektrochemie in Berlin-Dahlem eingesetzt. Nobelpreis für die Entwicklung eines Verfahrens zur Erzeugung von Ammoniak aus der Luft. War im Ersten Weltkrieg einer der prominentesten Heeresberater und schlug den Einsatz der Giftgase Chlor, Phosgen und Lost vor und unterbreitete dafür technische und taktische Vorschläge.[6] Der erste Giftgasangriff gegen Frankreich erfolgte 1916 durch deutsche Truppen in Ypern.

Dr. Gerhard Schrader, Jahrgang 1903, Promotion 1928 an der TH Braunschweig. Danach zunächst in der Farbstoffforschung der Bayer AG (IG Farben) tätig. Aus seinen Arbeiten über organische Phosphorsäureester ab 1936 gingen zahlreiche Insektizide hervor. Dabei stieß er auf die nerventoxischen chemischen Kampfstoffe Tabun und Sarin. 1942 wurden damit eine Million Granaten gefüllt.

Schrader wurde nach Kriegsende zwei Jahre auf der Festung Kranzberg arretiert, wo er seine Forschungsergebnisse niederschreiben musste.[7]

Dr. Richard Kuhn, Jahrgang 1900, Nobelpreis für Chemie 1938 (Arbeiten über Carotinoide und Vitamine), Professor an der ETH Zürich (1926). 1929 übernahm er das Direktorat des Institutes für Chemie im neu erbauten Kaiser-Wilhelm-Institut für medizinische Forschung in Heidelberg. Ab 1937 leitete er das gesamte Kaiser-Wilhelm-Institut für medizinische Forschung. Unter seiner Leitung wurde hier besonders in den Jahren des Zweiten Weltkrieges zielgerichtet Giftgasforschung betrieben. Gemeinsam mit Konrad Henkel entdeckte und synthetisierte er 1941 das Nervengift Soman (Acetylcholinesterasehemmer). Soman wurde von den USA zum VX-Gas weiterentwickelt. (100.000 mit VX-Gas gefüllte Granaten sollten später in der BRD eingelagert und in einem möglichen Krieg gegen »den Osten« eingesetzt werden. 10 mg VX auf der ungeschützten menschlichen Haut sind tödlich.)

Nach dem Krieg lehrte Kuhn in den USA und kehrte 1953 in die BRD zurück.[8]

3. Biologische Waffen: Zwischen 1943 und 1945 erfolgten umfangreiche Forschungen und Erprobungen in Konzentrationslagern. Japan unternahm nicht nur Versuche mit über 100.000 chinesischen Kriegsgefangenen, sondern warf 1942 auch mit Pest infizierte Flöhe über China ab. Da dadurch aber auch eine Epidemie in den eigenen Reihen ausgelöst wurde, stellte Japan den weiteren Einsatz ein.

Wir richteten unser Augenmerk zunächst auf den Komplex Kernwaffen und -energie. In den 50er Jahren, unmittelbar nach Gründung der Bundeswehr und dem Beitritt der BRD zur NATO, verlangte Bundeskanzler Konrad Adenauer ein Mitspracherecht beim Einsatz von Atomwaffen und sein Verteidigungsminister Franz Josef Strauß Trägersysteme, die amerikanische Atomsprengköpfe aufnehmen sollten. Dagegen protestierte keine Woche später eine Gruppe deutscher Atomphysiker, darunter Carl Friedrich von Weizsäcker. Er begründete sein Eintreten so: »Unser Hauptpunkt dabei war der, dass wir überzeugt sind, diese große Atomrüstung des Westens ist auch für den Westen kein sicherer Schutz.« Die *Göttinger 18*, darunter Otto Hahn, Werner Heisenberg und eben von Weizsäcker, sahen sich von der politischen Verharmlosung des atomaren Gefahrenpotenzials über alle Maßen provoziert. Adenauer reagierte wütend auf den als *Göttinger Appell* in die Geschichte eingegangenen Aufruf der Wissenschaftler. Der Kanzler sagte: »Es scheint mir, dass die Herren doch nicht im Besitz sind des Ergebnisses der Versuche, die in den Vereinigten Staaten gemacht worden sind zum Schutze der Zivilbevölkerung und der Soldaten vor den Wirkungen dieser furchtbaren Waffe.« Die Aktentasche auf dem Kopf, die Zeitung als Strahlenschutz und Abducken unter dem Schreibtisch sollten schützen. Im amerikanischen Fernsehen liefen solche Propaganda-Filme schon lange, Besserverdienende ließen sich vorsichtshalber strahlensichere Bunker im Hausgarten errichten. In beiden Deutschländern formierte sich der Protest. Dennoch beschloss der Bundestag ein Jahr nach der Adenauer-Auflassung am Ende einer hitzigen Debatte, die Bundeswehr mit Trägersystemen für Atomwaffen auszurüsten. Die Sprengköpfe lagerten unter amerikanischem Verschluss. (Wie erst unlängst bekannt wurde, liegen im Fliegerhorst Büchel und dem US-Luftwaffenstützpunkt Ramstein in Rheinland-Pfalz bis heute rund 150 Atomsprengköpfe und werden einsatzbereit gehalten. Jede dieser Nuklearwaffen verfügt über die sechsfache Sprengkraft der Hiroshima-Bombe.)

Es gelang uns, bis Ende der 60er Jahre Quellen in den Hauptzentren der Kernforschung der BRD zu platzieren und fortan Kenntnisse über Entwicklungsstand und -richtung zu erlangen. Es gab kein nennenswertes Institut, keinen Energiekonzern und keine Forschungseinrichtung der Atomphysik in der BRD, über die wir nicht relativ gut Bescheid wussten. Ende der 60er Jahre kamen wir zu der Einschätzung, dass die BRD sehr wohl in der Lage sei, eigene A-Waffen zu produzieren, es aber nicht tat und wohl auch künftig unterlassen werden würde.

Diese Feststellung – ein wichtiges Ergebnis unserer Arbeit – hatte zwangsläufig auch Auswirkungen auf die Politik. Insofern konnten auch wir für uns reklamieren, einen wichtigen Beitrag zur Sicherung des Friedens und damit zum Schutz des Sozialismus geleistet zu haben.

Zunehmend trat aber ein anderes Moment in den Vordergrund.

Wissenschaft und Technik, insbesondere die Hochtechnologie, waren zu einem entscheidenden Faktor der wirtschaftlichen Entwicklung geworden. Hatten Forschung und Wissenschaft um die Jahrhundertwende vielleicht lediglich fünf Prozent an der wirtschaftlichen Entwicklung bewirkt, waren es nunmehr vielleicht 80 Prozent. Das heißt: wissenschaftlich-technischer Fortschritt war ohne Grundlagen- und angewandte Forschung unmöglich.

Angesichts der immer umfangreicheren und spezialisierten Forschungen war aber auch klar, dass keine einzelne Volkswirtschaft – und sei sie noch so groß und potent – alle Felder gleichermaßen erfolgreich bestellen konnte. Eine internationale Arbeitsteilung war die objektive Folge.

Von dieser wurden die sozialistischen Staaten systematisch ausgeschlossen – siehe CoCom. Dabei ging es nicht nur um militärische Forschungen, die aus Gründen verständlicher Geheimhaltung tabu blieben. »Die Arbeitsproduktivität«, sagte Lenin, »ist in letzter Instanz das Allerwichtigste, das Ausschlaggebende für den Sieg der neuen Gesellschaftsordnung. Der Kapitalismus hat eine Arbeitsproduktivität geschaffen, wie sie unter dem Feudalismus unbekannt war. Der Kapitalismus kann endgültig besiegt werden und wird dadurch endgültig besiegt werden, dass der Sozialismus eine neue, weit höhere Arbeitsproduktivität schafft.«

Um die Effizienz unserer Volkswirtschaften zu erhöhen, mussten Forschung und Wissenschaft entsprechende Voraussetzungen schaffen. Da jedoch stießen wir aus den genannten Gründen zunehmend an Grenzen. Im übertragenen wie auch im wörtlichen Sinne. Wir sollten sie überwinden helfen.

1971 wurde darum aus der *Abteilung V* der HV A des MfS der *Sektor Wissenschaft und Technik* (SWT) gebildet.

Er bestand aus vier Abteilungen und drei Arbeitsgruppen.

Die **Abteilung XIII** wurde verantwortlich gemacht für die Beschaffung von Informationen zu Forschung, Entwicklung und Produktion in den Bereichen Chemie, Biologie, Geologie, Medizin, Kernphysik, Agrarwissenschaften und Gentechnologie. (In dieser Abteilung entstand auch ein *Referat USA*, das für die Bearbeitung der Aufgaben aller Abteilungen des SWT in den USA verantwortlich war.)

Die **Abteilung XIV** beschaffte Informationen zu Forschung, Entwicklung und Produktion von Elektronik/Elektrotechnik mit den Bereichen Mikroelektronik, Optoelektronik, zivile und militärische Fernmeldetechnik, Datenverarbeitungstechnik und Software, Feinmechanik, Optik und wissenschaftlicher Gerätebau. Um die großen Potenzen des Kombinates Carl Zeiss Jena zu nutzen wurde ein Stellvertreterbereich dieser Abteilung direkt in Jena angesiedelt.

Die **Abteilung XV** beschäftigte sich mit Forschung, Entwicklung und Produktion der Rüstungstechnik in den Bereichen Luft- und Raumfahrt, Schiff- und Fahrzeugbau sowie Maschinen- und Anlagenbau.

Die **Abteilung V** wertete die beschafften Informationen in der Volkswirtschaft, in den Wissenschaftsorganisationen und in den bewaffneten Organen der DDR aus. Ferner erarbeitete sie Aufgabenstellungen für die operativen Diensteinheiten.

Die **Arbeitsgruppe 1** beschaffte Informationen aus den hochentwickelten kapitalistischen Staaten. Dazu nutzten wir unsere Botschaften und andere Institutionen der DDR durch Schaffung legaler Residenturen.

Die **Arbeitsgruppe 3** besorgte Muster westlicher Militärtechnik. Das war notwendig, um deren Stärken und Schwächen beurteilen zu können.

Die **Arbeitsgruppe 5** nutzte Positionen in der DDR für unsere nachrichtendienstliche Arbeit.

Bei dieser Struktur gingen wir davon aus, dass für die wirtschaftspolitischen Fragen nicht allein der Sektor Wissenschaft und Technik zuständig war. Aufklärung der gegen die DDR gerichteten Maßnahmen auf wirtschaftspolitischem Gebiet musste nicht nur in den Konzernspitzen, sondern auch in den Ministerien und Parteien der BRD erfolgen. Dementsprechend waren andere Diensteinheiten der HVA mit verantwortlich. Der SWT konzentrierte sich auf den *Bundesverband der deutschen Industrie* (BDI), den *Bundesverband der deutschen Arbeitgeberverbände* (BDA), den *Deutsch Industrie und Handelstag* (DHIT) und die Großbanken.

Die *Abteilungen XV* in den Bezirksverwaltungen des MfS, ebenfalls mit Aufklärungsaufgaben betraut, unterhielten mancherorts eine *Linie C*, die sich entsprechend den regionalen Bedingungen ebenfalls mit der wissenschaftlich-technischen Aufklärung beschäftigten – so die Bezirksverwaltungen Berlin, Karl-Marx-Stadt, Halle und Leipzig.

Die *Hauptabteilung XVIII* (Sicherung der Volkswirtschaft) und die *Hauptabteilung I* (Abwehrdiensteinheit in der NVA) und andere Diensteinheiten nutzten gegebene Möglichkeiten zur Erlangung wissenschaftlich-technischer Informationen.

Wie auch anderenorts hatten wir von Anbeginn sowjetische Berater, die später durch Verbindungsoffiziere ersetzt wurden. Im Sektor Wissenschaft und Technik war, im Unterschied zu anderen Diensteinheiten der HV A, immer ein spezieller Offizier zuständig. Er formulierte die Wünsche der sowjetischen Seite, nahm unsere Wünsche entgegen und besorgte den Informationsaustausch vor Ort. Darüber hinaus gab es sowohl in Moskau wie auch in Berlin entsprechende Konsultationen.

Wladimir Krjutschkow, Mitglied des Politbüros der KPdSU und langjähriger Vorsitzender des Komitees für Staatssicherheit der Sowjetunion, würdigte im Nachgang unsere Leistungen, die der UdSSR nutzten. Und korrekt gibt er 1996 wieder, dass der Informationsaustausch zwar keine Einbahnstraße, wohl aber nicht unbedingt paritätisch erfolgte.

»Unsere Kampfgefährten – die Aufklärer der DDR – leisteten einen riesigen Beitrag zur Stärkung des sowjetischen Staates, zur

Entwicklung seiner Wirtschaft, Wissenschaft und Verteidigungsbereitschaft. Ganze Zweige der Wirtschaft und Wissenschaft entwickelten sich bei uns in bedeutendem Maße dank der Anstrengungen der deutschen Freunde aus der Aufklärung. Materialien aus der Grundlagenforschung, neueste Technologien, technische Muster wurden uns kostenlos und im Rahmen unserer Zusammenarbeit überlassen. In den Jahrzehnten der Zusammenarbeit erhielten wir, wenn man das in Geld ausdrücken will, von unseren Freunden Schätze in Dutzenden Milliarden Dollar.

Unsere Freunde übergaben uns politische Informationen. Sie wurden bei der Ausarbeitung wichtiger außenpolitischer Maßnahmen berücksichtigt, auch vorbeugenden Charakters. [...] Sie erwiesen uns unbezahlbare Hilfe bei der Gewährleistung der Sicherheit der sowjetischen Einrichtungen und Bürger im Ausland. Sie halfen Überfälle, Entführungen von Menschen, Provokationen zu verhindern. Wir verblieben nicht in der Schuld, versuchten seinerseits zu helfen, aber man muss zugeben, dass die Aufklärung der DDR für uns wesentlich mehr getan hat.«[9]

Freimütig können wir heute zugeben, dass auch wir nicht alles weitergegeben haben. Informationen, die für uns von nationalem Interesse waren, behielten wir für uns. Mit anderen sozialistischen Ländern – China und Rumänien ausgenommen – unterhielten wir ebenfalls gute Arbeitsbeziehungen. Wir tauschten Informationen aus, die für die jeweiligen Partner relevant waren.

In den 60er Jahren hatte sich die DDR wirtschaftlich und politisch stabilisiert. Allerdings stießen die 1963 auf dem VI. Parteitag der SED eingeleiteten Reformen in Moskau und bei einigen in der DDR-Führung nicht auf ungeteilte Zustimmung. Das Neue Ökonomische System der Leitung und Planung – wie wir heute wissen: das einzige realistische Reformkonzept in 75 Jahren Sozialismus – orientierte auf die Weiterentwicklung des sowjetischen Grundmodells. Die dabei entstehenden Probleme in der Volkswirtschaft nahm eine Gruppe im Politbüro zum Anlass, mit Hilfe der sowjetischen Führung Walter Ulbricht zu stürzen und einen politischen Kurswechsel in der DDR vorzunehmen. Mit der auf dem VIII. Parteitag der SED 1971 postulierten Politik der Hauptaufgabe (»Einheit von Wirtschafts- und Sozialpolitik«) begann der verhängnisvolle Weg in die Verschuldung des Landes und der Aufgabe politischer Prinzipien.

Die wachsende Verschuldung im Westen und damit unsere Abhängigkeit war nicht nur Folge steigender Rohstoffpreise auf dem Weltmarkt oder krisenhafter Entwicklungen in kapitalistischen Staaten. Sie resultierte auch aus dem Wunsch der Honecker-Führung, mit Zuwendungen Zustimmung zu gewinnen. Man ging davon aus, dass eine spürbare Verbesserung des Lebensstandards auch zu einer Hebung des Bewusstseins und damit zu höheren Arbeitsanstrengungen führen würde. Das erwies sich als Milchmädchenrechnung. »Ein jeder Wunsch, wenn er erfüllt, kriegt augenblicklich Junge«, wussten schon unsere Vorfahren. Die DDR geriet auf diese Weise in einen verhängnisvollen Mechanismus, dem sie nicht mehr entrinnen konnte.

Hinzu kamen politische Illusionen.

Die Herstellung des atomaren Patts zwischen den Großmächten in den 60er Jahren und der daraus folgenden richtigen Erkenntnis in Moskau und Washington, dass ein Krieg gegeneinander nicht mehr gewinnbar sein würde, aber die ganze Erde vernichten könnte, führte zu einem Umdenken: Man musste fortan miteinander leben, sich arrangieren, friedlich koexistieren. Das bedeutete jedoch keineswegs, dass sich der Drang des Imperialismus zur uneingeschränkten Herrschaft über die Welt erledigt hatte. Der Kampf gegen den Sozialismus, gegen die nationalen Befreiungsbewegungen und gegen die innere Opposition ging, wenngleich mit anderen Mitteln, unverändert weiter. Vor diesem weltpolitischen Hintergrund und dem Zwang zur eigenen Existenzsicherung auch mittels wirtschaftlichen Wachstums agierte der Sektor Wissenschaft und Technik des MfS.

Die Wissenschaftlich-Technische Aufklärung erhielt den Auftrag, auf ausgewählten Gebieten, die von existentieller Bedeutung für die DDR waren, Knowhow zu besorgen. Trotz Entspannungspolitik und der Konferenz für Sicherheit und Zusammenarbeit in Europa (KSZE) fand keine internationale Zusammenarbeit statt. Dagegen stand die unverändert restriktive Politik des Westens. Was nur jenen verwunderte, der der naiven Annahme war, der NATO sei in den 70er Jahren plötzlich der Appetit auf ein Sechstel der Erde vergangen. Der Kalte Krieg in der Wirtschaft, auf dem Felde der Propaganda und der Rüstung ging unverändert weiter. Wenn der Osten nicht totgeschossen werden konnte, so musste er eben totgerüstet werden. Die Ressourcen, die in der Rüstung gebunden wurden, fehlten am Ende dem Konsum und würde die Bevölkerung gegen die Regierenden aufbringen. Das war das politische Kalkül im Westen.

Es ging, wie wir spätestens 1989/90 erfahren mussten, vollständig auf.

Unbeschadet dieser Erkenntnisse und Interpretationen im MfS erfüllten wir den uns erteilten Auftrag.

Der Sektor Wissenschaft und Technik behielt die aufgeführten Grundaufgaben bei, obgleich der Kampf gegen das verschärfte Embargo größeren Raum einnahm, besonders in den Bereichen Elektronik, Automatisierungstechnik, Chemieanlagenbau und Rohstoffverarbeitung. Die von den Amerikanern diktierte CoCom-Liste war im Laufe der Jahrzehnte nicht nur länger geworden – das ursprüngliche Konsultationsgremium in Paris war inzwischen zu einer handelspolitischen Behörde mit bindenden Entscheidungs- und Kontrollrechten geworden.

Das stieß selbst den Verbündeten der USA in die Nase. Denn im weltweiten Konkurrenzkampf, im Streit um Profite und Märkte, war sich jeder Konzern der nächste – selbst wenn er global agierte und keine nationalen Interessen mehr kannte.

Erhellend war ein Beitrag in der Hamburger Wochzeitung *Die Zeit* im Jahre 1986. Im Frühjahr jenes Jahres – in Moskau amtierte bereits seit einem Jahr Gorbatschow als Generalsekretär des ZK der KPdSU – hatte das Europaparlament in Strasbourg Washington kritisiert, »dass die USA immer häufiger zur Geheimhaltung von Technologien, zur Ausfuhrkontrolle und zu vertraglichen Geheimhaltungsvorschriften übergehen und dass als Folge davon amerikanische Technologie auch für die westeuropäischen Bündnispartner nur schwer oder erst nach einiger Zeit verfügbar ist, was ihre Exporte in die USA und ihre Importe aus den USA beeinträchtigt«. Das heißt: Um ihrer selbst Willen, nicht aus Sympathie für den Sozialismus, verurteilten erstmals in scharfer Form die westeuropäischen Parlamentarier die restriktive Politik der USA. Sie erklärten nämlich, dass diese Politik »einer gutnachbarlichen nationalen Politik unter Verbündeten zuwiderläuft«.[10]

Gleichwohl hatte man Verständnis für die unter Carter begonnene und von Reagan fortgeführte verschärfte Embargopolitik gegenüber dem Osten, wie die Wochenzeitung ausführte. Man habe »Verständnis für die US-Sorgen gezeigt, ›dass die Sowjetunion ihr Verteidigungspotential durch westliche Technologie stärken könnte‹, sie akzeptieren auch notwendige Vereinbarungen, ›um die Ausfuhr militärisch empfindlicher Technologie nach Osteuropa zu verhindern‹«, zitierte das Blatt aus dem Papier.

Die Zeit berichtete weiter, dass sich insbesondere die Kritik gegen den »informellen CoCom-Club in Paris« gerichtet habe. »Nach Ansicht der Strasbourger Parlamentarier werden seit einiger Zeit nicht nur die CoCom-Spielregeln immer weiter verschärft, auch wird die Liste der für den Osthandel verbotenen CoCom-Güter immer länger. Gestrichen wird selten, auch wenn manche Güter längst nicht mehr als militärisch wichtig anzusehen sind.

Die Parlamentarier prangern dabei auch an, dass die Amerikaner zwar auf den eigenen Vorteil stets bedacht sind, den der Verbündeten aber außer acht lassen. In der Resolution aus Strasbourg heißt es dazu: ›Die USA profitieren vor allem von den Getreidelieferungen in den Ostblock, während die wirtschaftliche Bedeutung der europäischen Exporte in den Ostblock in erster Linie den Industriesektor betrifft.‹

Für den europäischen Osthandel kommt erschwerend hinzu, dass die USA immer hartnäckiger darauf drängen, die CoCom-Vorschriften im Detail den sehr viel weitergehenden nationalen Beschränkungen anzupassen, die sich die Vereinigten Staaten mit ihrer *Military Critical Technology List* (MCTL) zur Kontrolle ihres gesamten Osthandels verordnet haben. Diese Liste, die inzwischen einen Umfang von 700 Seiten angenommen hat, enthält nicht nur militärisch sensible Produkte, sondern auch Produktionsverfahren und eine Vielzahl von Materialien, die für bestimmte Technologien erforderlich sind. Wie schon die Bezeichnung der MCT-Liste deutlich macht, wird in dieser Liste das Kriterium auf ›militärisch kritische Technologien‹ abgestellt. Das geht sehr viel weiter als etwa die Definition ›militärisch anwendbare Technik‹.

Strasbourg ist auch besorgt, dass der informelle CoCom-Club sich zu einer unkontrollierten Supermacht der westlichen Welt mausern könnte, zu einer Art Staat im Staat, in dem die Militärs das Sagen haben. Solche Bedenken kommen nicht von ungefähr. Immerhin fehlt diesem Gremium, anders als jeder sonstigen internationalen Institution, jedwede rechtsstaatliche Legitimität. Ein deutscher CoCom-Beamter: ›Eigentlich gibt es uns gar nicht.‹

Gleichwohl treffen die CoCom-Experten aller Mitgliedsstaaten weitreichende Entscheidungen.«
Soweit die BRD-Zeitschrift *Die Zeit* im Frühjahr 1986.
Die damaligen Aussagen verlieren auch durch heutiges Wissen nicht an Gültigkeit. Vor allem der Hinweis auf das Fehlen jedweder rechsstaatlichen Legitimität der von CoCom gesteuerten Embargopolitik gegen den Ostblock sollte unterstrichen werden.
Trifft diese Wertung zu – und warum sollte sie falsch sein? –, stellt sich zwangsläufig die Frage, inwieweit es legitim war, sich gegen diese Politik zu wehren und sie zu unterlaufen?
Das, was die Diensteinheiten des SWT zur Umgehung der Embargopolitik taten, war folglich nicht nur aus Sicht der DDR notwendig und legitim. Insofern ist die Kriminalisierung unserer Tätigkeit auch aus rechtsstaatlicher Sicht nicht hinzunehmen.
Unter Vorsitz des Leiters SWT nahm mit Ministerbefehl 2/87 die nichtstrukturelle Arbeitsgruppe »Embargo« im Jahre 1987 ihre Tätigkeit auf. Dieser zentralen Koordinierungsstelle gehörten an: die Leiter bzw. Stellvertreter der Hauptabteilung XVIII, des Operativ-Technischen Sektors (OTS), des Bereichs Kommerzielle Koordinierung (BKK) sowie der Abteilungen XIV und V des Sektor Wissenschaft und Technik. In diesem Gremium wurde auch über die Beschaffungsaktivitäten anderer DDR-Institutionen, etwa des Bereiches Kommerzielle Koordinierung oder der Außenhandelsorgane des Ministeriums für Elektronik und Elektrotechnik, informiert. So hatten wir als Sektor Wissenschaft und Technik Gelegenheit, auf diese Aktivitäten Einfluss zu nehmen.

Wenn nachfolgend über unsere Tätigkeit berichtet wird, sollten folgende Momente bedacht werden:
1. Wir haben, um unsere Quellen zu schützen, 1989/90 unsere gesamten Unterlagen vernichtet. Später aufgetauchte einzelne Dokumente sind von charakterlosen, feigen und geldgierigen ehemaligen Mitarbeitern widerrechtlich beiseite geschafft und dem Feind verkauft worden. Wir selbst zitieren aus der Erinnerung.
2. Für uns gelten unverändert die Regeln der Geheimhaltung. Wir haben als Offiziere des MfS unseren damaligen Partnern in West und Ost unser Wort gegeben, sie nicht zu verraten. Wir werden es auch hier nicht brechen – selbst wenn dieser oder jener bereits von Dritten denunziert worden ist.

Über allen schwebt unverändert das Damoklesschwert des Landesverrats. Überdies haben die meisten Familie. Aus Sorge um ihre Kinder und Kindeskinder müssen wir schweigen. Denn auch wenn die deutsche Justiz Sippenhaft nicht kennt, so wissen manche Medien sie durchaus zu praktizieren.

Ein Letztes: Wenn wir über unsere Erfolge sprechen, dürfen wir über die Niederlagen nicht schweigen.

Am 18. Januar 1979 beging Oberleutnant Werner Stiller Fahnenflucht. Der diplomierte Physiker war seit 1972 in der Abteilung XIII des Sektors Wissenschaft und Technik tätig, zuletzt war er Mitarbeiter im Referat 1 – Physikalische Grundlagenforschung und Nukleartechnik. Er stand kurz vor der Aufdeckung eines Verhältnisses zu einer Kellnerin, das seiner Karriere geschadet hätte. Außerdem liefen seit August 1978 interne Ermittlungen durch die Abwehr des MfS. Stiller flüchtete über den Berliner Bahnhof Friedrichstraße in den Westen. Zuvor hatte er den Aktenschrank im Vorzimmer des Abteilungsleiters geknackt und Dokumente, Reiseunterlagen zum Passieren der Grenzübergangsstelle Friedrichstraße sowie eine beträchtliche Summe Geld gestohlen.

Durch seinen Verrat wurden bereits am 19. Januar 1979 vier wirksam plazierte Quellen verhaftet, die von ihm geführt worden waren. 14 weitere IM konnten rechtzeitig von uns gewarnt werden und sich der Verhaftung entziehen.

Andere Quellen wurden von Stiller durch die Preisgabe allgemeiner Informationen, die er in Gesprächen mit anderen Mitarbeitern des MfS gewonnen hatte, von den Sicherheitsorganen der BRD, Österreichs und anderen Ländern zum Teil ermittelt, befragt oder vernommen. Diese Personen entgingen aber, da keine konkreten Beweise vorlagen, einer Verurteilung.

Für den BND und den Verfassungsschutz wurde Stillers Verrat zum größten Erfolg im Kampf gegen das MfS hochstilisiert – was er aus ihrer Sicht zweifellos war. Es hatte in der Geschichte des MfS weder vorher noch nachher einen vergleichbaren Verratsfall gegeben. Angesichts der wenig erfolgreichen Tätigkeit der Nachrichtendienste der BRD gegen die DDR war dieser Vorgang – der ja nicht Resultat systematischer Tätigkeit, sondern unverdienter Zufall war – zur Stärkung des eigenen Selbstbewusstseins auch nötig.

Die Wahrheit ist, dass der Verräter Kontakt zum BND aus Angst vor Konsequenzen gesucht hatte: Wenn sein Verhältnis und andere charakterliche Präferenzen bekannt geworden wären, hätte Stiller nicht nur Probleme mit seiner Familie bekommen. Seine Laufbahn in der Aufklärung wäre zu Ende gewesen.

Wir wurden durch Stillers Verrat in unserer Arbeit zurückgeworfen, nicht aber entscheidend geschwächt. Die Mitarbeiter der Abteilung XIII unternahmen mit Unterstützung aller Diensteinheiten des Sektors alle Anstrengungen, um mit neuen Kundschaftern die ihnen übertragenen Aufgaben zu realisieren.

Der Sektor Wissenschaft und Technik vollbrachte zur Stabilisierung der DDR-Wirtschaft Bemerkenswertes. Viele Plan-Aufgaben konnten durch seine Arbeit vorfristig erfüllt oder termingerecht gesichert werden. Allerdings waren wir als Dienstleister für Staat und Wirtschaft nicht in der Lage, jene Schwierigkeiten zu überwinden, die sich aus der starren, dogmatischen Wirtschaftsführung und anderen Faktoren ergaben.

Fußnoten

1 *Berliner Zeitung,* 23. Januar 1996, S. 14
2 Hans-Jürgen Krysmanski: Wem gehört die EU?, in: Armut und Reichtum heute, edition ost, Berlin 2007
3 Klaus Eichner/Gotthold Schramm (Hrsg.), Angriff und Abwehr, edition ost, Berlin 2007, S. 20
4 *Der Spiegel* 1/2005, Bruderkrieg der Spione, S. 92
5 Wernher von Braun, dargestellt von Johannes Weyer, Reinbek, 4. Auflage, April 2006
6 Haber, Fachlexikon »Forscher und Erfinder«, Hamburg 2005, S. 243
7 Schrader, Internet: http://de.wikipedia.org/wiki/Gerhard Schrader
8 Kuhn, Internet: http://wikipedia.org/wiki/Richard Kuhn
9 Wladimir J. Krjutschkow, Litschnoe Delo, Teil 1; Moskau,1996, S. 171
10 *Die Zeit* 11/1986

Die Arbeitsmethoden der Wissenschaftlich-Technischen Aufklärung

Von Manfred Süß

Die Arbeitsmethoden der Wissenschaftlich-Technischen Aufklärung unterschieden sich nur punktuell von denen anderer Linien des Nachrichtendienstes der DDR. Gemäß der Aufklärungsschwerpunkte wurde darauf hingearbeitet, geeignete Personen in entsprechende Objekte einzuschleusen, dort beschäftigte Mitarbeiter zu werben und/oder Wissensträger abzuschöpfen und diese Informationen zur Auswertung in die DDR zu leiten.

Das Besondere unserer Arbeitsmethoden ergab sich zwangsläufig aus Gegenstand und Zielstellung. Daraus folgt erstens ein mit keiner anderen Linie vergleichbarer Umfang des Informationsbedarfs und zweitens die daraus resultierende Masse und die physische Größe der zu beschaffenden Informationen und Muster.

Ein weiteres Spezifikum: Praktisch rechneten nahezu alle naturwissenschaftlichen, technologischen und wirtschaftswissenschaftlichen Teilgebiete zu unserem Arbeitsgegenstand.

Wir mussten also nicht nur zuverlässige Mitarbeiter und Partner finden, sondern vor allem solche, die bei der Vielfalt der naturwissenschaftlichen, technologischen und wirtschaftswissenschaftlichen Fachgebiete inhaltliches Verständnis für die zu erarbeitenden Informationen aufbrachten.

Dieses Kriterium galt auch für die Auswertung der beschafften Informationen.

Nach Bildung des Außenpolitischen Nachrichtendienstes (APN) begann die Suche nach geeigneten Personen in der DDR, die ursprünglich aus Westdeutschland stammten. Sie hatten sich nach dem Krieg im Osten Deutschlands niedergelassen, studiert, eine Familie gegründet etc. Es gelangen etliche Anwerbungen, die mit dem Auftrag verbunden waren, in die frühere Heimat zurückzukehren und dort eine neue Existenz aufzubauen. Zunächst erfolgte eine Ausbildung in den wichtigsten Fragen der konspirativen Arbeit. Allerdings zeigte sich, dass ihre Ausbilder – da jung und selbst vergleichsweise unerfahren – auch nicht alles wussten. Das sollte in der Folgezeit zu einigen Fehlschlägen und Pannen führen.

Nach dieser Vorbereitung begannen einige der übersiedelten inoffiziellen Mitarbeiter (IM) solche Fachrichtungen zu studieren, die der Zielstellung unseres Aufklärungsschwerpunktes am nächsten kamen. Andere wurden als Resident, Funker oder Werber vorbereitet.

Die Ermittlungsarbeit der Abwehrdienste in der BRD wurde zunehmend qualifizierter. Man schaute sich sehr genau die Biographien von Personen an, die inzwischen in sensiblen Positionen mit hohem Geheimhaltungsstatus arbeiteten. Die Herkunft aus der DDR erwies sich als Malus und für uns als Sicherheitsrisiko. Ende der 60er Jahre mussten wir einige wertvolle Positionen aufgeben und unsere Leute in die DDR zurückholen, um ihrer Enttarnung zuvorzukommen.

Gleichwohl gelang es uns, unter den Bedingungen der offenen Grenze bis 1961 genügend Mitarbeiter in die BRD zu schleusen. Im sogenannten Flüchtlingsstrom, der bis zu 300.000 Menschen im Jahr anschwoll, schwammen unsere Kundschafter mit. Auf der einen Seite machte der große Verlust von qualifizierten Wissenschaftlern und Werktätigen der DDR schwer zu schaffen. Für uns jedoch war es eine hervorragende Legendierung, solange jeder »Zonenflüchtling« im Westen als Votum gegen den Sozialismus verstanden und entsprechend protegiert wurde.

Wir mussten für unsere Kader lediglich eine überzeugende Begründung für die Republikflucht finden, die auch einer Überprüfung im Westen standhielt. Auch musste ihr illegaler Abgang aus der DDR bei Verwandten, Freunden und Kollegen wie eine Flucht aussehen. Danach wurde die gesamte Klaviatur gespielt, die es für »Verräter« gab: Parteiausschluss, Exmatrikulation, Kündigung usw.

Das war mitunter keine einfache Sache, denn oft stammten die übersiedelten Genossen aus ordentlichen Elternhäusern, Vater und Mutter hatten mitunter Funktionen im Partei- oder Staatsapparat, waren gesellschaftlich geachtet und anerkannt. Und nun fiel der Schatten einer Republikflucht auf sie, weil angenommen wurde, sie hätten als Eltern versagt und nicht vermocht, ihre Tochter oder ihren Sohn zu anständigen Staatsbürgern zu erziehen.

In einigen Fällen haben wir informiert, und es ist gut gelaufen. In anderen Fällen konnten wir den Eltern bzw. Verwandten diese Konflikte nicht ersparen.

Garant für eine erfolgreiche jahrelange nachrichtendienstliche Arbeit waren die persönlichen Beziehungen zwischen uns und dem Übersiedlungskandidaten. Der Genosse, den wir in die Welt schickten, musste spüren, dass er sich auf den für ihn zuständigen Mitarbeiter der Zentrale hundertprozentig verlassen konnte. Das Verhältnis musste offen und kameradschaftlich sein. Neben der wichtigen politischen Überzeugung haben wir nicht nur bei übersiedelten IM, sondern bei den meisten nachrichtendienstlichen Beziehungen versucht, eine solche menschliche Brücke zu schaffen. Das ist eine Erklärung, weshalb wir in unserer Tätigkeit erfolgreich waren.

Auf der anderen Seite wirkte es sich bisweilen negativ aus, wenn ein IM an einen anderen Führungsoffizier übergeben werden musste. Mancher Führungsoffizier kam im Laufe der Jahre in Leistungspositionen, jüngere Mitarbeiter rückten nach und traten an die Stelle der aufgestiegenen Kader. Nicht in jedem Falle gelang der Wechsel reibungslos, und manchmal riss die Verbindung gar ab.

Durch Übersiedlungen bis 1961 wurden zielgerichtet wichtige Positionen in Forschungszentren und Betrieben der Atomphysik, der Chemie, Elektrotechnik, Elektronik, des Maschinenbaus und der Biologie sowie in wirtschaftsleitenden Bereichen in der BRD von unseren Leuten besetzt.

Das hatte für jeden Einzelnen Konsequenzen. Nicht nur, dass er nunmehr zwei Leben leben musste – ein öffentliches als Bundesbürger und ein konspiratives. Sondern er war nunmehr aus seinem früheren Kollektiv, aus der sozialistischen Gesellschaft gleichsam herausgerissen und zum Einzelkämpfer geworden. Einige Kundschafter haben dies später sehr eindrucksvoll geschildert, wie sehr gerade diese Tatsache sie belastete. Theoretisch war ihnen das alles in der Vorbereitung bewusst gemacht worden. Doch die Realität war konkret und oft anders, als man es zuvor gehört hatte.

Nach der Etablierung der Quelle musste ein qualifizierter Instrukteur oder Resident installiert werden. Auch hier gab es mitunter Defizite. Dadurch machten sich Treffen in der DDR oder im Ausland mit dem IM erforderlich, was objektiv das Risiko einer möglichen Enttarnung erhöhte.

Nach und nach wurden aber praktikable und sichere Lösungen für das gesamte Verbindungswesen geschaffen.

Zuweilen waren jedoch auch außergewöhnliche Maßnahmen erforderlich. So hatten wir einen ledigen jungen Ingenieur übersiedelt, der eine gute nachrichtendienstliche Arbeit leistete und sehr zuverlässig war. Um seine Tarnung zu verbessern, schien es uns ratsam, dass er nicht allein bliebe. Zur bürgerlichen Existenz gehörte nach den in der BRD herrschenden Regeln, dass man heiratete. Allerdings war der Genosse ein wenig kontaktscheu, er fand keinen Anschluss. Wir suchten in der DDR nach einer Genossin, die nach unserer Überzeugung zu ihm passen könnte. Wir fanden eine junge, ledige und dazu noch hübsche Genossin. Nach gründlicher Ausbildung wurde ihr eröffnet, dass wir sie als Instrukteur im Operationsgebiet einsetzen würden. Allerdings ließen wir sie nicht im unklaren, welche Probleme es mit unserem IM gab. Sie übernahm erfolgreich die Führung des Ingenieurs. Beide entwickelten Sympathie und Zuneigung zueinander, schließlich wurde sie übersiedelt und fand in der BRD eine für uns informationsträchtige Arbeitsstelle. Beide heirateten schließlich und führten eine glückliche Ehe, bis dass der Tod sie schied: Nach Beendigung ihres langjährigen Einsatzes und Rückkehr in die DDR starb sie an einem Krebsleiden.

Um vergleichbare Probleme zu vermeiden, gingen wir dazu über, junge Ehepaare ins Operationsgebiet zu schicken. Bei der Ausbildung wurden auch die Ehefrauen nachrichtendienstlich vorbereitet, zum Beispiel übernahmen sie später die fotografische Bearbeitung der Informationen und/oder stellten Mikrate her – miniaturisierte fotografische Informationsträger, die etwa unauffällig unter einer Briefmarke platziert und über den Postweg befördert werden konnten. Nicht wenige Frauen übernahmen auch selbst den Transport der Filmrollen, die sie etwa am Körper versteckt oder in den Windeln eines Säuglings über die Grenze brachten.

Weniger erfolgreich war die Übersiedlung einzelner junger weiblicher IM. Zwar war es möglich, Positionen in den uns interessierenden Objekten einzunehmen. Aber es erwies sich als nahezu unmöglich, in einer von Männern dominierten Gesellschaft einen von ihr auserwählten männlichen Partner für uns zu gewinnen; denn eine wirksame operative Arbeit, ohne den Partner einzuweihen, war von vornherein zum Scheitern verurteilt..

Anders bei der Übersiedlung junger männlicher IM. In einigen Fällen gelang es, dass besonders kontaktfreudige ledige IM eine Frau im Operationsgebiet kennen und lieben lernten, welche in einer für uns bedeutsamen Position arbeitete oder perspektivisch in eine solche eingeschleust werden konnte. Das setzte natürlich voraus, dass nach Festigung der persönlichen Beziehungen eine Offenbarung des Auftrags erfolgte. In den meisten Fällen wurde versucht, bei einem Zusammentreffen mit dem Mitarbeiter der Zentrale in der DDR oder im sozialistischen Ausland die Anwerbung der Ehefrau vorzunehmen.

Eine nachrichtendienstlich erfolgreiche Arbeit dieser Frauen funktionierte nur, wenn auch die persönlichen Beziehungen stimmten. Störungen in diesem Verhältnis oder gar Trennungen führten in der Regel zum Abbruch der Zusammenarbeit. Der von uns übersiedelte IM musste zurückgezogen werden, um nicht von einer enttäuschten oder rachsüchtigen Frau enttarnt zu werden.

Beziehungen dieser Art wurden später unter dem Stichwort »Romeo« denunziert: Als habe sich das MfS die Liebe einsamer Sekretärinnen erschlichen und deren Herz nicht nur gebrochen, sondern sich die ganze Person untertan gemacht. Das ist Unsinn. Die meisten dieser Verbindungen, die zwar unter nachrichtendienstlichen Gesichtspunkten geknüpft wurden, hatten auch nach Beendigung des operativen Einsatzes Bestand.

1961 endete im Prinzip die Methode der Übersiedlung durch illegales Verlassen der DDR, da die Grenze dicht war. Es mussten andere Wege gefunden werden. Die wenigen Dienstreisenden der DDR in westliche Länder konnten nur in Ausnahmefällen für eine Übersiedlung gemäß dieser Methode genutzt werden. Die Gründe liegen auf der Hand. Während die westlichen Untersuchungsbehörden vorher kaum die Chance hatten, aus den Tausenden von Übersiedlern unsere IM herauszufiltern, konnten sie sich nunmehr auf die wenigen Personen konzentrieren, denen es trotz geschlossener Grenze gelungen war, die DDR zu verlassen.

In wenigen Fällen wurde der illegale Grenzübertritt von sozialistischen Bruderländern aus genutzt. Das war aber ohne Mithilfe des dortigen Geheimdienstes nicht realisierbar. Das erhöhte zwangsläufig das Risiko: Je mehr Personen in die Schleusung involviert waren, desto mehr Mitwisser gab es. Daher machten wir davon kaum Gebrauch. Außerdem machte es für die westlichen Dienste bei ihrer Überprüfung keinen Unterschied, ob ein »DDR-Flüchtling« auf einer Dienstreise im Westen »um Asyl« bat oder sich über die bulgarische Grenze nach Griechenland oder über Jugoslawien nach Italien abgesetzt hatte.

Die Wege zur Übersiedlung ab 1961 waren nicht nur aufwendiger und komplizierter, sie hatten auch sehr viele Konsequenzen. Es wurden daher in der Abteilung VI der HV A spezielle Bereiche zur Realisierung von Übersiedlungen ausgebaut.

Der operative Mitarbeiter hatte nur noch die Kandidaten für die Übersiedlung zu suchen und bekam den übersiedelten IM »zurück«. Das war von Vorteil und Nachteil zugleich. Natürlich brachte die Konzentration des Wissens und der Erfahrung viele gute Ergebnisse. Aber hier begann eine Arbeitsteilung in der operativen Arbeit, die zwangsläufig zu immer mehr Mitwissern der operativen Vorgänge führte. Wahrscheinlich war das ein Prozess, der als Folge der Vergrößerung des Apparates nicht aufzuhalten war. Außerdem fanden die Erfahrungen der einzelnen Linien bei der Übersiedlung nur noch wenig Beachtung. Es wurde von da an nur noch eine Handschrift bei dieser wichtigen operativen Maßnahme geschrieben.

Die neue Hauptmethode der Übersiedlung machte sich den Umstand zunutze, dass immer mehr Bundesbürger die BRD für immer oder zeitweise verließen. Wir ermittelten geeignete Aussiedler und bereiteten ein Double zur »Rückkehr« in die Bundesrepublik vor. Das setzte eine umfangreiche Recherche voraus, damit die Identität des Doubles vollständig stimmte und jeder Überprüfung standhielt. Es musste so viel wie möglich über die Persönlichkeit, bestehende Verbindungen in die Heimat und dergleichen mehr in Erfahrung gebracht werden. Später, als wir über diplomatische Vertretungen verfügten, wurden diese Recherche-Aufgaben zum Teil von dort realisiert.

Die für eine solche Übersiedlung infrage kommenden IM wurden gründlich ausgebildet, mit entsprechenden Dokumenten versehen und in dem betreffenden Land zeitweise zum Studium des Umfeldes stationiert. Sie meldeten sich schließlich als Rückkehrer in der BRD an und wurden als Bundesbürger legalisiert. Auf diese Weise schufen wir wichtige Positionen in der Bundesrepublik. Wegen des Aufwandes waren das nunmehr ausschließlich IM in der Funktion eines Residenten, Werbers oder Funkers, nicht mehr wie vor 1961 »nur« Quellen. Die Einschleusung in die operativen Objekte erfolgte seit jener Zeit fast ausschließlich mit Hilfe von Perspektiv-IM.

Nach der Enttarnung einiger mit dieser Methode übersiedelter DDR-Bürger in den 70er Jahren hatte der Verfassungsschutz unsere Vorgehen erkannt und leitete eine Rasterfahndung ein. Relativ schnell waren alle nach 1961 aus dem Ausland Zurückgekehrten vom BfV erfaßt und bearbeitet. Wir mussten wertvolle IM, in erster Linie Residenten und Funker, abziehen.

Problematisch gestaltete sich die Werbung westdeutscher Angestellter in operativ bedeutsamen Objekten. Es wurden kontaktfreudige Genossen in der DDR gesucht, ausgebildet und als Werber übersiedelt. Ebenso wurde der Bestand bewährter IM im Operationsgebiet auf den Einsatz als Werber überprüft.

»Herauswerben« setzte exzellentes Wissen über die Objekte voraus. Etwa 80 Prozent der Erkenntnisse zu den meisten Objekten wurden durch analytische Fleißarbeit aus legalen, für jeden zugängliche Veröffentlichungen erarbeitet. Bereits in den relevanten Objekten tätige IM wurden eingesetzt, das Bild zu vervollständigen und vor allem Personenhinweise bereitzustellen. Die Qualität der erarbeiteten Dossiers von Zielpersonen war die entscheidende Grundlage für die erfolgreiche Bearbeitung durch einen Werber. Es musste Klarheit über die politische Grundeinstellung der uns interessierenden Person, ihre Haltung zur Bundesrepublik und zu deren System hergestellt werden.

Bei systemkritischen Menschen ergaben sich erste Anhaltspunkte. Daher hatten die ersten Gespräche des Werbers mit zu kontaktierenden Personen meist einen politischen Inhalt. Die eigentliche Zielstellung wurde erst viel später offenbart.

Aufzuklären waren auch die persönlichen Beziehungen innerhalb der Arbeitstelle, zu den Vorgesetzten und zu den Kollegen. War der Betreffende umgänglich oder selbstsüchtig, ging er für die Karriere über Leichen, oder war ihm solcher Ehrgeiz fremd? Verhielt er sich loyal zum Arbeitgeber, oder machte er nur seinen Job? Trank er, spielte er, oder hatte er andere Marotten? Alles, was eine Persönlichkeit ausmacht, musste aufgekärt werden, um schließlich den Ansatz zu finden, mit ihm ins Gespräch und, unter Umständen, ins Geschäft zu kommen. Die materielle Interessiertheit wurde bis Ende der 70er Jahre selten instrumentalisiert. Erst in den 80er Jahren nahm die Methode »Geld für Informationen« zu.

Für diese Entwicklung gab es m. E. zwei Gründe. Zum einen verschärfte der Westen seine Embargo- und Boykottpolitik, wir mussten rasch und kurzfristig immer mehr Lücken schließen – das ging oft nur mit Geld. Zum anderen verlor der Realsozialismus zunehmend an Attraktivität. Das hing mit dessen inneren Zuständen zusammen, aber auch mit der durchaus wirksamen antisozialistischen Propaganda im Westen. Nach Afghanistan 1980, dem Abschuss der koreanischen Verkehrsmaschine über sowjetischen Territorium und dem Abbruch der Abrüstungsgespräche in Genf 1983, nach Tschernobyl 1986 und anderen Umweltkatastrophen war die politisch-mentale Ablehnung ziemlich groß.

Bisweilen stellten wir den Kontakt auch unter sogenannter fremder Flagge her und entwickelten die Verbindung auch in dieser Weise. Das heißt: Man suggerierte dem Betreffenden, dass sein Auftraggeber und Zahlmeister eine westliche Institution oder ähnliches sei. Das geschah insbesondere dann, wenn absehbar war, dass die antikommunistischen Ressentiments zu groß waren, um eine wie auch immer geartete Zusammenarbeit mit der DDR und seinem Geheimdienst auf ideologischer Basis zu ermöglichen.

Für die Erarbeitung von Personendossiers wurden auch Dienstreisende aus der DDR gewonnen. Wissenschaftler, die zu diesem Zweck gut ausgebildet wurden, nutzten dazu Kongresse und andere Wissenschaftsbeziehungen. Ebenso waren einzelne IM des Außenhandels erfolgreich tätig. Eine wichtige Rolle spielten dabei auch abgedeckte Firmen auf dem Boden der DDR.

Die Wirksamkeit eines Werbers hing nicht nur von seiner Persönlichkeit ab. Er musste gut abgedeckt sein, denn anonym war eine Kontakt- und Werbetätigkeit kaum durchführbar. Seine gesellschaftliche Stellung, berufliche oder geschäftliche Positionen sollten es ihm ermöglichen, Kontakte zu bestimmten Personen aufzunehmen, ohne dass Verdacht geschöpft werden konnte. Waren diese Voraussetzungen nicht gegeben, mussten sie erst mittels langwieriger Kleinarbeit hergestellt werden.

Besonders erfolgversprechend war es, wenn der Werber ein eigenes Unternehmen gründete und sich damit erfolgreich am Markt behauptete. Sinnvoll für die wissenschaftlich-technische Aufklärung war auch die Nutzung von Positionen im Servicebereich von Unternehmen oder als selbständiger Unternehmer im Bereich Kundenberatung, Reparatur und Wartung hochwertiger Geräte und Anlagen. Über dessen Kooperation mit der Herstellerfirma gelangten wir in den Besitz wertvoller Unterlagen.

In Gesprächen mit Fachleuten dieser Firmen wurden Informationen abgeschöpft, Kontakte geschlossen und gepflegt. Auf diesem Wege erfolgte eine Anzahl von Werbungen, oft ohne den Bezugspartner DDR überhaupt zu erwähnen.

In einigen wenigen Fällen übernahm der bereits im Objekt tätige IM selbst die Aufgabe, das Vertrauen einer Zielperson zu gewinnen und schließlich die Werbung vorzunehmen.

Eine längerfristig angelegte operative Methode war die Arbeit mit Perspektiv-IM. Dabei handelte es sich um entwicklungsfähige junge Menschen. Insbesondere Studenten galt unsere Aufmerksamkeit, in Einzelfällen auch Sekretärinnen. Kontakte zu Studenten wurden bei Jugendtreffen in der DDR, während der Leipziger Messe und anderen Veranstaltungen auch in befreundeten Ländern geknüpft. Dabei bewährte es sich, wenn wir angeworbene DDR-Studenten aus der gleichen Fachrichtung zur Kontaktaufnahme einsetzten. Diese konnten mit ihrer vollen Identität Kontakte herstellen und legal vertiefen. Später konnten sie bei Reiseeinsätzen in die BRD diese Verbindung bis zur Werbung weiterführen.

Oft erfolgte die Bearbeitung von Studenten auch direkt von operativen Mitarbeitern. Das bedurfte jedoch einer guten Abdeckung. Es musste eine Deckadresse in der DDR geworben werden. Der Mitarbeiter trat dann unter dem Namen dieser Deckadresse bei seinen Kontakt- und Werbegesprächen auf. Er war auf diese Weise auch postalisch erreichbar.

Die anonyme, konspirative Kontaktaufnahme scheiterte in den meisten Fällen. Der Angesprochene fühlte sich sofort mit etwas Illegalem konfrontiert und reagierte verschreckt. Im Vordergrund standen meist ideologische Anknüpfungspunkte. Besonders in den ersten beiden Jahrzehnten der Existenz der DDR, in der die Erfolge beim Aufbau des Sozialismus sichtbar hervortraten, gab es viele linksgerichtete junge Menschen in der Bundesrepublik, die nach einer Alternative zum Kapitalismus suchten. In Diskussionen, bei Besuchen von Baustellen und Industrieanlagen in der DDR wurde bei diesen Studenten die Überzeugung vertieft, dass es sich lohne, an der Stärkung des Sozialismus und bei der Sicherung des Friedens aktiv mitzuwirken.

Ein wichtiges politisches Motiv bei der Gewinnung von Perspektiv-IM war der Gedanke, das militärstrategische Gleichgewicht der Kräfte herzustellen und zu halten. Denn wenn dem Westen das Gefühl vermeintlicher militärischer Überlegenheit genommen wurde, sank dessen Bereitschaft, in einen Krieg gegen den Warschauer Pakt zu ziehen.

Wenn politisch-ideologische Voraussetzungen gegeben waren und sich die zwischenmenschlichen Beziehungen zum operativen Mitarbeiter bzw. zum Werber gefestigt hatten, wurde die langfristige Zielstellung offen angesprochen. Die Werbung galt damit auf absolut freiwilliger Basis als vollendet. Die dann folgende langfristige Führung des Perspektiv-IM erforderte viel Geduld und großes Fingerspitzengefühl. Motive können sich bekanntlich im Laufe des Lebens durchaus ändern. Es war darum vorrangige Aufgabe, das Motivgefüge für die Bereitschaft zur Zusammenarbeit zu erhalten und dauerhaft zu verfestigen. Meist gelang das auch. In einigen Fällen aber gingen uns Verbindungen verloren, wenn Einflüsse aus anderer Richtung stärker waren.

Die Besuche in der DDR wurden nach erfolgter Werbung reduziert bzw. bei Notwendigkeit gut begründet und so in den normalen Reiseverkehr eingeordnet, damit keine Häufung Verdacht bei der Gegenseite weckte. Die Verbindung wurde fortan von gut ausgebildeten Instrukteuren gehalten.

Materielle Mittel spielten in den Beziehungen zu den Perspektiv-IM eine untergeordnete Rolle. Selbstverständlich wurden Auslagen beglichen. Es gab auch Zuschüsse für Fach-Literatur. In einigen Fällen wurde auch das Stipendium aufgebessert.

Die Kunst bestand darin, die Beziehungen über Jahre aufrechtzuerhalten, zu pflegen und zu festigen, den Perspektiv-IM für gute Studienergebnisse zu motivieren und Optionen für eine spätere Einschleusung in das von uns bearbeitete Hauptobjekt vorzubereiten. Dazu wurde unter Umständen der Studienschwerpunkt des Perspektiv-IM verändert. In einigen Fällen machte sich auch ein Wechsel der Hochschule oder Universität erforderlich, wenn etwa unsere analytische Arbeit sichtbar gemachte hatte, dass eine andere Lehrkraft oder die ganze Institution besonders gute Beziehungen zum operativen Zielobjekt unterhielt. Wir strebten an, dass unser IM diese besonderen Verbindungen nutzte und eventuell als Empfehlung bei einer Bewerbung einbringen konnte.

Neben dem Studium war eine sinnvolle operative Beschäftigung des Perspektiv-IM wichtig. Zum einen, um ihn auf die spätere operative Arbeit vorzubereiten, zum anderen, um diesen, wie man so sagt, bei der Stange zu halten. Es gab Fälle, bei denen nicht geforderte IM uns entglitten. Wir ließen sie vor allem analytische Aufgaben lösen und Charakteristiken von Personen aus der Universität oder Hochschule erarbeiten.

In den 70er Jahren wurden wir mit einem neuen Problem konfrontiert. Die Kinder von vor 1961 übersiedelter Kundschafter wurden erwachsen. Wie sollten wir mit ihnen umgehen? Sollten ihre Eltern ihnen reinen Wein einschenken oder ihre Tätigkeit für die DDR geheimhalten?

In der Regel hielten wir es für angezeigt, die Kinder sukzessive einzuweihen. Bisweilen aber zwangen die Ereignisse zu überstürztem Handeln. Ich erinnere mich an einen Fall, als der 16jährige Sohn eines »bürgerlichen« Ehepaares seiner linken Überzeugung durch Eintritt in die DKP Ausdruck verleihen wollte. Das musste verhindert werden, um nicht die Eltern ins Visier des Verfassungsschutzes geraten zu lassen. Also sahen sich Vater und Mutter gezwungen, ihrem Sohn die Wahrheit zu offenbaren.

Das führte dazu, dass wir einen neuen Mitarbeiter gewannen. Der intelligente, vor revolutionären Drang übersprühende junge Mensch wurde nach langfristiger Ausbildung und Vorbereitung einer der wichtigsten Kundschafter des SWT.

Auch andere Söhne und Töchter wurden in die konspirative Arbeit erfolgreich eingebunden. Allerdings gab es Eltern, die das nicht wünschten. Auch das haben wir respektiert.

Die Kompliziertheit und Langfristigkeit einer Arbeit mit einem Perspektiv-IM zeigt die zwölfjährige Vorbereitung des oben genannten jungen Mannes auf eine Spitzenposition in der deutschen Rüstungswirtschaft. Zunächst hatte er sein Abitur zu vollenden, was er hervorragend bewältigte. Er wurde schon jetzt darauf orientiert, nach außen vorsichtig seine linke Position aufzugeben. In Absprache mit seinem Führungsoffizier wurde er Mitglied der Jungen Union. Ein nächstes Problem für uns war seine bisherige Vorliebe für geisteswissenschaftliche Fächer. Es wurde vereinbart, dass er eine Laufbahn auf dem Gebiet Luft- und Raumfahrttechnik nimmt. Dementsprechend schloss er ein Studium auf diesem Fachgebiet erfolgreich ab und konnte in ein Spitzenobjekt der Luftrüstung eingeschleust werden. Solch eine auf freiwilliger Basis erfolgte Umorientierung, wurde sie auch gelegentlich kritisiert, war auf allen Linien üblich.

Die Entwicklung dieses IM unterstrich die Notwendigkeit, alle für den Verfassungsschutz oder den Militärischen Abschirmdienst (MAD) bedenklichen Auffälligkeiten im Lebenslauf von Perspektiv-IM zu eliminieren. In einem anderen Fall erwies sich die Mitgliedschaft in einer linken Organisation und die daraus resultierende polizeiliche Registrierung bei einer Demonstration als unüberwindliche Hürde beim Versuch, in einen besonders geschützten Bereich einzudringen.

Interne Informationen gewannen wir auch durch das sogenannte Abschöpfen von Geheimnisträgern. Ohne dass den Betroffenen bewusst war, wem sie ihr Wissen weitergaben, wurden sie objektiv in die operative Arbeit einbezogen. Das setzte eine berufliche Position und entsprechende Fachkenntnisse bei der »Abschöpfquelle« voraus. Journalisten waren im allgemeinen für eine solche Tätigkeit besonders geeignet, jedoch auf dem Gebiet von Wissenschaft und Technik konzentrierten wir uns lieber auf relevante Berufsgruppen, also Leute vom Fach bzw. Insider. So arbeitete ein IM in einem wichtigen Objekt im Sicherheitsbereich. Ihm gelang es, nicht nur Wissen abzuschöpfen, sondern auch interne Dokumente zu besorgen.

In einigen Fällen nutzten wir dazu erfolgreich bestehende Wissenschaftsbeziehungen zu Kollegen in der DDR.

Nach der diplomatischen Anerkennung der DDR wurde die Methode der Abschöpfung von den in unseren Botschaften installierten legalen Residenturen praktiziert. In allen in den wichtigsten westlichen Industrieländer etablierten DDR-Vertretungen waren Offiziere im besonderen Einsatz (OibE) mit dieser Aufgabe betraut. Oft arbeiteten sie als Wissenschafts-Attachés mit Offizieren anderer Linien in einer Residentur zusammen. Die Offiziere im besonderen Einsatz wurden aus dem Kaderbestand des Sektors Wissenschaft und Technik oder aus den Linien XV der Bezirke rekrutiert. Vorbereitet und angeleitet wurden sie durch die Arbeitsgruppe 1 des SWT. Die Bearbeitung der beschafften Informationen erfolgte in einer OibE-Arbeitsgruppe im Ministerium für Wissenschaft und Technik.

Die Arbeit der legalen Residenturen lieferte wichtige Erkenntnisse über Pläne und Absichten auf wissenschaftlich-technischem Gebiet, nie aber wurde von diesen aktiv eine Person zur konspirativen Zusammenarbeit geworben. Die Beziehungen zu Wissensträgern gingen über normale, legale Kontakte nicht hinaus.

In den 50er und 60er Jahren wurde auf der Linie SWT verstärkt mit illegalen Residenturen gearbeitet. Es handelte sich um Gruppen von mehreren IM, die voneinander nichts wussten und einzeln von einem in der BRD legalisierten Residenten angeleitet wurden. In der Regel wurden dazu übergesiedelte und in der operativen Arbeit bewährte Ehepaare herangezogen. Nach Schließung der DDR-Grenzen 1961 wurden illegale Residenturen gebildet, um die Zahl der Reisen von Kurieren und Instrukteuren wegen der erschwerten Reisebedingungen einzuschränken.

Die Aufgaben eines Residenten-Ehepaares waren klar strukturiert. Die Anleitung der IM übernahm in der Regel der Ehemann als Resident. Die Ehefrau führte die Aufgaben eines Gehilfen des Residenten aus. Zu ihren Aufgaben gehörten Kurieraufgaben, die Entleerung oder Befüllung von Toten Briefkästen (TBK) und die fotografische Verarbeitung der Informationen. Bei den speziell als Funker ausgebildeten und übersiedelten inoffiziellen Mitarbeitern handelte es sich meist um sogenannte Schläfer, die selten in die Informationsbeschaffung eingebunden wurden. Sie sollten im Krisen- oder Ernstfall die Verbindung zur Zentrale per Funk aufrechterhalten. In der Regel wurde die Funktionsfähigkeit des Gerätes jährlich einmal aktiv getestet.

Da durch die Zuspitzung des Kalten Krieges eine heiße Konfrontation nicht auszuschließen war, wurden neben den eigenständigen Funkern auch Residenten und/oder deren Ehefrauen zum aktiven Funk befähigt und mit entsprechenden modernen Geräten ausgestattet.

Wissenschaftliche Forschungsreihen umfassten oft Hunderte, manchmal Tausende Blätter Aufzeichnungen. Großformatige Blaupausen und Fließschemata ganzer Industrie-Anlagen erforderten eine Unmenge an Fotomaterial. Dementsprechend groß war der Aufwand der fotografischen Verarbeitung, der meist durch die Ehefrauen bewältigt wurde. Der Transport solcher Mengen Filmmaterial in die DDR war ebenfalls nicht ganz einfach.

Das Volumen konnte Dank des wissenschaftlich-technischen Fortschritts stetig verkleinert werden – obgleich die Datenmengen zunahmen. Mitte der 60er Jahre wurden die Unterlagen für die Mikroelektronik noch auf Magnetbändern aus den USA beschafft. Eine Reduzierung oder Verdichtung war nicht möglich. Unser Mann, ein Soldat in der Versorgungsstaffel der US-Luftwaffe, umging die Zoll- und Grenzkontrolle, indem er in seinem Pilotenkoffer wöchentlich die Rollen von IBM über den Großen Teich beförderte. Später kamen elektronische Speichermedien, die vieles möglich machten.

Die Zeit der Bildung von Residenturen endete für den Sektor Wissenschaft und Technik in den 70er Jahren. Grund dafür waren einige herbe Verluste. Rasterfahndungen hatten übersiedelte Kundschafter auffliegen lassen, Fehler von IM und andere Ereignisse lösten eine Kettenreaktion aus. Es kam zu Verhaftungen, wir mussten etliche Quellen zurückziehen. Notwendigerweise gingen wir wieder zur Einzelführung über. Zur Anleitung der IM im Operationsgebiet setzten die Führungsoffiziere Instrukteure ein. Der Instrukteur wurde dem IM unter Pseudonym vorgestellt. Umgekehrt war das kaum möglich. Bei der Auswertung der Informationen, der Übermittlung von Aufgabenstellungen an den Residenten bzw. den IM war es unumgänglich, dass der Instrukteur wusste, *wo* die Quelle wirkte. Der Resident, der keine eigenen Informationen lieferte, war in einigen Fällen dem Instrukteur bekannt, allerdings nur unter dessen Decknamen.

Bei der Auswahl von Instrukteurkandidaten spielte die fachspezifische Ausbildung eine große Rolle. Zu einer Quelle im Nuklearbereich war ein entsprechend ausgebildeter Instrukteur erforderlich. Die meisten Instrukteure wurden daher unter Studenten in der DDR ausgesucht. Das waren junge Menschen, die sich in der gesellschaftlichen Arbeit ausgezeichnet hatten. Sie mussten wie ein Führungsoffizier in der Lage sein, die Aufgabenstellung der Zentrale umzusetzen. Das war oft eine beachtliche intellektuelle Leistung. Der Führungsoffizier konnte daheim jede Information, jedes berichtete Detail säuberlich in eine Akte notieren – der Instrukteur musste ohne Aufzeichnungen auskommen.

Anleitung und Notieren von mündlichen Berichten erfolgten ausschließlich aus dem Gedächtnis. Erst nach Rückkehr konnte er schriftlich alles niederlegen, soweit er es im Kopf gespeichert hatte.

In vielen Fällen war die Besprechung der gelieferten Informationen erst beim nachfolgenden Treff möglich, da alles erst ausgewertet werden musste. Das traf auch dann zu, wenn die Informationen parallel durch einen Kurier befördert worden waren.

Es gab auch nicht wenige Fälle, bei denen der Instrukteur die Kurieraufgabe selbst erledigte.

Die Anforderungen an die Persönlichkeit eines Instrukteurs waren sehr hoch. Er sollte wie der Führungsoffizier als Vorbild wirken, überzeugend argumentieren und stabile zwischenmenschliche Beziehungen herstellen können. Er musste gut ausgebildet sein. Das betraf vordergründig auch Fragen der Sicherheit, der Konspiration und des Verhaltens für den Fall einer Konfrontation mit gegnerischen Organen. Der Instrukteur sollte die neuesten Erkenntnisse über die gegnerische Abwehrarbeit beherrschen und dieses Wissen auch an den IM weitergeben, den er anleitete.

Meist waren diese hohen Anforderungen nicht nebenbei zu bewältigen, zumal wenn eine Spitzenquelle anzuleiten war. Es wurden in solchen Fällen hauptamtliche Instrukteure eingesetzt, die zum Teil in sogenannten Außengruppen zusammengefaßt wurden.

Zu besonders wichtigen Residenten bzw. Quellen nahmen in bestimmten Abständen die Führungsoffiziere direkt Kontakt auf. Meist traf man sich mit dem IM in kapitalistischen Drittländern Europas. Der MfS-Offizier reiste mit DDR-Diplomatenpass unter Pseudonym oder mit einem gefälschten Reisepass der BRD. Diese Treffs besaßen beachtliche Bedeutung, sie waren in gewisser Hinsicht Höhepunkte in der Zusammenarbeit. Meist nahm auch die Ehefrau des IM am Treff mit einem Abgesandten der Zentrale teil. Bei solchen Begegnungen wurden grunsätzliche Fragen der langfristigen Perspektive, der Sicherheit und der Informationsbeschaffung kameradschaftlich beraten.

Die Maßnahmen am 13. August 1961 bedeuteten, wie bereits wiederholt festgestellt, für unsere Tätigkeit eine Zäsur auf nahezu allen Feldern. Das betraf nicht nur die Übersiedlung der Kundschafter, sondern auch den Transport der Informationen, die

Abdeckung der Reisen von Kurieren und Instrukteuren sowie die Umstellung von Reisewegen und Verkehrsmitteln.

Bis 1961 nutzten wir fast ausschließlich Eisenbahnverbindungen von Westberlin ins Bundesgebiet bzw. die sogenannten Interzonenzüge. In der ersten Zeit konnten wir mit DDR-Papieren und unter falschem Namen reisen. Nach 1961 wurden ausschließlich gefälschte Personaldokumente genutzt. Diese waren nicht mehr fiktiv, sondern immer auf Doppelgängerbasis ausgestellt. Das verfeinerte Fahndungssystem der Abwehrorgane der BRD machte es zum Beispiel möglich, mittels Funk und später mit Computern umgehend festzustellen, ob eine Person mit dem eingetragenen Namen am angegebenen Ort polizeilich gemeldet war oder nicht. Ein fiktiver Ausweis konnte also enttarnt werden. Es mussten also stets geeignete Personen gefunden werden, mit deren Namen die Instrukteure reisen konnten. Die Adresse und das Wohnumfeld des Doppelgängers mussten ebenfalls bekannt sein, um nottfalls auf Nachfragen reagieren zu können.

Aber nicht nur die Reisedokumente mussten echt wirken, auch die gesamte Ausstattung vom Scheitel bis zur Sohle und die Umgangsformen hatten bei der Kontrolle zu überzeugen.

Nach 1961 blieb für unsere Instrukteure als unbemerkte Einreise in die BRD nur der Weg über den Bahnhof Friedrichstraße, um von Westberlin aus via Bahn oder Flugzeug ins Bundesgebiet zu gelangen.

Diese Konzentration von illegalen Einreisen auf einem Kanal war gefährlich. Es stieg die Gefahr, dass erfahrene westdeutsche Kontrollbeamte allein reisende junge Männer besonders beobachteten. Als Alternative wurden große Umwege gewählt. Eine Route führte mit der Eisenbahn via CSSR nach Wien, eine andere per Eisenbahn-Fähre nach Gedser oder Trelleborg, eine dritte per Flugzeug von Berlin-Schönefeld in europäische Hauptstädte Westeuropas. Von Österreich, Schweden oder anderen Drittstaaten ging es dann in die BRD weiter.

Der Weg zurück nach Berlin war folglich ebenso lang.

Eine andere Route führte über die »grüne Grenze«, also außerhalb der offiziellen Grenzübergänge. Von den zuständigen Abwehr-Diensteinheiten waren bereits vor 1961 Grenzschleusen aufgebaut worden, die später ausgebaut wurden. Damit war es möglich, ohne Kontrollen hin- und wieder zurückzukommen.

In der Regel wurde der Instrukteur von einem ortskundigen Grenzschleuser bis zum nächsten Bahnhof oder zu einer Bushaltestelle auf Bundesgebiet gebracht. Dort holte er ihn zu einer zuvor verabredeten Zeit auch wieder ab. Die zuständige Abwehr-Diensteinheit sicherte den Grenzabschnitt mit der Schleuse in jener Zeit, um Zwischenfälle mit den eigenen Grenztruppen zu vermeiden.

Schleusen über die »grüne Grenze« konnten, das ist verständlich, nur genutzt werden, wenn kein Schnee lag und wirklich die Grenze grün war.

Der Transport operativ beschaffter Informationen erfolgte nach 1961 ebenfalls auf verschiedenen Wegen. Nicht alles war neu. Die klassische Form war die unpersönliche Ablage in einem Toten Briefkasten (TBK). In den meisten Fällen sah dabei der Kurier den informationsbeschaffenden Kundschafter nicht – daher »unpersönliche Ablage«. Der von der Zentrale geschickte Kurier und der IM im Operationsgebiet leerten und belegten zu festgelegten Zeiten den TBK.

Der Kurier war in der Regel ein Bürger aus der DDR. Im Unterschied zum Instrukteur waren bei ihm keine fachspezifischen Kenntnisse erforderlich. Er musste jedoch zuverlässig sein und war in Sicherheitsfragen, Konspiration, Nutzung von Reisewegen und Personaldokumenten wie ein Instrukteur gründlich präpariert worden.

Zur unpersönlichen Übermittlung von Informationen gab es auch TBK in Eisenbahnzügen, die zwischen der BRD und der DDR verkehren. Die Einrichtung und Entleerung dieser TBK erfolgte durch Offiziere im besonderen Einsatz (OibE), die in Betriebsbahnhöfen, in denen diese Züge gewartet wurden, einer abgedeckten Tätigkeit nachgingen.

In einigen Fällen wurden Informationen auch über eine sogenannte Wurfschleuse ubermittelt: Es gab Stellen an der Grenze, wo man unbeobachtet von der BRD oder Westberlin aus etwas über die Grenzsicherungsanlagen werfen konnte. Die Zeiten der Nutzung waren genau festgelegt, damit auf DDR-Seite die Materialien unverzüglich weitergeleitet werden konnten.

Ein Mitarbeiter unternahm nach 1961 den Versuch, Brieftauben für den Transport von Informationen einzusetzen. Das trug ihm den Spitznamen »La Paloma« ein. Allerdings war die Verlustquote derart hoch, dass wir davon Abstand nahmen, einmaliges Material durch Raubvögel oder andere Naturkatastrophen aufs Spiel zu setzen.

Die Transit-Autobahnen wurden intensiv zu Kurztreffs und zur Materialübergabe genutzt.

Der Besucherverkehr zur Leipziger Messe wurde selbstverständlich zur Gewinnung neuer Kontaktpersonen aus den von uns bearbeiteten Objekten, von Personen mit einem für uns interessanten Beruf sowie von Studenten genutzt. Neben den geschäftlich Tätigen fand diese Messe bei vielen anderen Menschen ein reges Interesse oder diente dem Besuch von Verwandten und Bekannten. In der speziell für westliche Messebesucher eingerichteten polizeilichen Meldestelle saßen unsere OibE. Sie erfassten die Daten operativ interessanter Personen.

Mit diesen an die Diensteinheiten übermittelten Daten war es ein Leichtes, Kontakt zu suchen und unter verschiedenen Vorwänden aufzunehmen. Diese Vorwände, »Legenden« genannt, konnten Umfragen oder Forschungsarbeiten über die Lage in der BRD sein. Diese Art der Kontaktsuche war mühsam und die Erfolgsquote, gemessen an der Zahl der Kontaktversuche, ziemlich niedrig.

Die wenigen zur Verfügung stehenden Tage des Messebesuchs gestatteten keine qualifizierte und damit längerfristige Herangehensweise. Viele Personen wurden durch die direkte Kontaktaufnahme auch verschreckt, wozu nicht zuletzt die Medien in der BRD beitrugen. Sie warnten regelmäßig die Bundesbürger vor entsprechenden Gesprächen. Konnte aber ein positives Ergebnis erzielt werden, mussten unter der benutzten Legende sofort Vereinbarungen für ein weiteres Treffen festgelegt werden. Meist wurde eine Zusammenkunft in Berlin vorgeschlagen, oder es wurde eine Deckadresse ausgegeben, über welche die Kontaktperson den Zeitpunkt der Anreise mitteilen sollte. Der Treffort wurde schon in Leipzig festgelegt. Trotz der erwähnten geringen Erfolgsquote entstanden auf diese Weise eine Reihe wichtiger Verbindungen in die von uns bearbeiteten Hauptobjekte.

Eine wirksame Methode der operativen Arbeit ging von abgedeckten Firmen aus, die in der DDR ihren Sitz hatten. Sie wurden geschaffen, um bei Reisen ihrer Mitarbeiter ins Operationsgebiet

Kontakte zu schließen, Informationen zu beschaffen oder abzuschöpfen und Händler zum Unterlaufen der Embargobestimmungen zu bewegen. Auch auf der Leipziger Messe waren solche Firmen zum Teil vertreten und konnten unauffällig an den Messeständen westlicher Aussteller agieren.

Unter dem Dach des Bereiches Kommerzielle Koordinierung (KoKo) im Ministerium für Außenhandel der DDR waren einige solcher Firmen gegründet worden. Sie waren einer operativen Diensteinheit unterstellt und beschäftigten sich ausschließlich mit operativen Aufgaben. Sie firmierten wie die Außenhandelsfirmen des Bereiches Kommerzielle Koordinierung als GmbH, d. h. als juristisch selbständige Betriebe. Es erfolgten mit KoKo lediglich Koordinierungen, wenn es um Fragen der Abdeckung der Firmen ging. Diese Firmen verfügten über eigene Fahrzeuge, mit denen sie in Westberlin und der BRD unterwegs waren.

Durch den Beitritt einzelner Mitarbeiter zu internationalen Institutionen und wissenschaftlichen Gesellschaften erweiterten sich die Abschöpfmöglichkeiten.

Nach ähnlichem Muster wurden Firmen oder Sonderbereiche im Ministerium für Schwermaschinenbau, dem Kombinat Carl Zeiss Jena und den Leuna-Werken aufgebaut. Dort waren qualifizierte Diplom-Ingenieure, Diplom-Chemiker, Elektroniker, Datenverarbeiter und Kaufleute beschäftigt. Sie wurden als hauptamtliche Mitarbeiter des MfS geführt. Ihre Entlohnung erfolgte zum Teil über das betreffende Ministerium bzw. die Kombinate, andere wurden direkt als hauptamtliche Mitarbeiter vom MfS bezahlt. Reisekosten in DM wurden über die Operativkasse der Diensteinheit finanziert.

Mit diesen Firmen erhielt die operative Arbeit nicht nur einen großen Mobilitätsschub. Es wurde auch eine Anzahl von Kaufleuten zur Zusammenarbeit gewonnen, die sich über die Embargovorschriften hinwegsetzten. Sie lieferten Computeranlagen und andere von der Cocom-Liste für die DDR gesperrte Erzeugnisse. Diese mussten vom Westen unbemerkt über die Grenze gebracht werden. In einigen Fällen war das durch Falschdeklaration möglich. Mehrheitlich wurde jedoch eine illegale Einfuhr bevorzugt.

Dafür boten sich die Transitautobahnen nach Westberlin an. LKW mit deklarierter Ware für Westberlin wurden bei der Durchfahrt entladen. Neben der Autobahn hatten wir uns eine geräumige Scheune zugelegt. Durch das Tor konnten bequem LKW hineinfahren und ohne zufällige Augenzeugen entladen werden.

Andere Anlagen und Geräte wurden nach Dänemark oder Schweden geliefert und von dort durch einen Vertrauensmann mit der Ostseefähre nach Warnemünde bzw. Saßnitz geschickt. Für den Zoll wurde die Ware entweder falsch deklariert oder als Transitgut für Westberlin oder Österreich ausgewiesen. Und in Österreich gab es Partner, die von der BRD gelieferte Anlagen nach Nordeuropa adressierten.

Für größere Geräte und Anlagen gab es auch aufwendige Routen. So kamen einmal Computer mit Flugzeug von Singapur über Belgrad nach Berlin-Schönefeld, die offiziell für Finnland bestimmt waren. Oder ein Schiff, unterwegs von Fernost mit Ziel Helsinki, musste einen unplanmäßigen Stopp in Rostock einlegen.

Das Risiko, das die Händler eingingen, hatte natürlich seinen Preis. Auch die Umwege der Waren waren nicht ganz billig. Deshalb beschränkten wir uns bei der Beschaffung auf Güter, die durch den Außenhandel der DDR *nicht* auf dem Weltmarkt anderweitig gekauft werden konnten.

Zur Gewinnung und Ausbildung neuer Mitarbeiter richtete jede Abteilung in den 60er Jahren eine operative Außengruppe ein. Unter verschiedenen Abdeckungen wurden sie meist in leerstehenden Ladenobjekten oder schwer vermietbaren Wohnungen untergebracht. Da diese Objekte in der Regel nachts keinen Schutz boten, war angewiesen, Schriftstücke abends in die Dienststelle zu überführen. Ein erfahrener Referatsleiter der Diensteinheit wurde als Leiter der Außengruppe eingesetzt. Die neu gewonnenen zukünftigen Mitarbeiter hatten bis zur Einstellung als Offiziere im Sektor Wissenschaft und Technik den Status eines hauptamtlichen IM. Sie wurden anfänglich aus der Operativkasse jeder Abteilung, später wie alle Mitarbeiter aus der Kasse des MfS bezahlt.

Die Ausbildung erfolgte individuell durch den Außengruppenleiter. Er übermittelte seine Erfahrungen und schulte den Mitarbeiter durch praktische Einsätze in der DDR. Diese Einsätze hatten das Ziel, neue Mitarbeiter zu suchen und geeignete Kader für den Einsatz als Instrukteure und Kuriere zu finden sowie unter Anleitung des Leiters Deckadressen, Decktelefone oder konspirative Wohnungen zu entwickeln. Dabei stellten sich bald die Stärken und Schwächen des künftigen Mitarbeiters heraus. Es konnte bereits im Vorfeld entschieden werden, wo er voraussichtlich eingesetzt werden könnte. Nur wenige schienen gänzlich ungeeignet.

Nach einer unterschiedlichen Verweildauer in der Außengruppe wurde der hauptamtliche IM zum Besuch der Schule der HV A in Gosen delegiert. Nach etwa einjähriger Ausbildung erfolgte der Einsatz als Offizier in der jeweiligen Abteilung.

In der konspirativen Arbeit kamen diverse technische Hilfsmittel zum Einsatz. Diese wurden entsprechend den Anforderungen vom Operativ-Technischen Sektor (OTS) oder von der Abt. VIII der HV A entwickelt. So erhielten Residenten und wichtige IM bereits Ende der 50er Jahre eine einseitige Funkverbindung, d. h. sie konnten von der Zentrale mit Funksprüchen erreicht werden – aber nicht umgekehrt. Nach dem Aufbau eines Funkobjektes bei Berlin durch die Abt. VIII der HV A waren diese Verbindungen zu festgelegten Zeiten möglich. Die Empfangszeiten wurden mit den IM des Operationsgebietes entsprechend ihres Tagesablaufes abgestimmt. Sie erhielten den Auftrag, sich ein Kofferradio mit gespreizter Kurzwelle zu kaufen. Über die festgelegten Frequenzen wurden verschlüsselte Texte übermittelt.

Der in der Anfangsphase benutzte Code zur Verschlüsselung der Sprüche entsprach nicht dem höchsten Sicherheitsstandard. Es gelang den Abwehrorganen der BRD in den 70er Jahren, diesen Code zu knacken. Dadurch wurde es möglich, die aufgezeichneten Funksprüche aus den Anfängen des Funkverkehrs zu entschlüsseln. Das hatte erhebliche Auswirkungen für einige IM.

Später benutzten wir Codes, welche mit Zahlenreihen arbeiteten, die ein sogenannter Zufallsgenerator erzeugte. Der Resident bzw. die Quelle und der mit der Verschlüsselung beauftragte Mitarbeiter der Zentrale besaßen jeweils ein identisches Band mit solchen Zahlenfolgen. Diese wurden nur einmal zur Ver- und Entschlüsselung genutzt; d. h. der IM im Operationsgebiet schnitt nach der Entschlüsselung das benutzte Stück vom Band ab und vernichtete es. Selbst bei Verhaftung und Auffinden des Bandes war so eine rückwirkende Entschlüsselung von Funksprüchen nicht möglich. Nur wer im Besitz der mit Zufallsgenerator entwickelten Zahlenreihen war, konnte derart codierte Texte entschlüsseln.

Zu einem späteren Zeitpunkt wurden wichtige Residenten mit speziellen Kurzwellenempfängern ausgerüstet, so dass die Funksprüche auch mit anderen nichtkommerziellen Frequenzen ausgestrahlt werden konnten.

Im Operationsgebiet waren spezielle Funker stationiert. Deren Funkgeräte sollten, wie bereits mitgeteilt, nur in Zeiten besonderer Spannungen bzw. im Kriegsfall eingesetzt werden. Auch hier wurde der Verschlüsselungscode verwandt. Die Funkgeräte wurden von Zeit zu Zeit gegen neuere Geräte ausgetauscht.

Zur Ausrüstung gehörte auch ein sogenannter Schnellgeber. Das war ein Gerät, auf welchem der verschlüsselte Funkspruch ohne Inbetriebnahme des Funkgerätes aufgezeichnet wurde. Beim Einschalten des Funkgerätes konnte mit diesem Schnellgeber in Bruchteilen von Sekunden der Spruch in den Äther gehen, das Funkgerät wurde danach sofort wieder ausgeschaltet. Auf diese Weise war eine Peilung durch Abwehrorgane kaum möglich. Außerdem wurde prinzipiell niemals aus der eigenen Wohnung gefunkt. Es wurde stets mobil gesendet.

Mit solch einem Schnellgeber konnten auch codierte Texte über das öffentliche Telefonnetz an ein Decktelefon (DT) in der DDR durchgegeben werden. Dazu wurden Telefonzellen genutzt. Es genügte eine kurze Gesprächspause, um die Nachricht durchzugeben, die akustisch nicht wahrnehmbar war. Dazu brauchte man beim Empfang ein Tonbandgerät. Wichtig für die operative Arbeit war die Verarbeitung der beschafften Information in solch eine Form, die einen konspirativen Transport ermöglichte.

Die anfangs benutzte Minox-Kamera zur fotografischen Verarbeitung stieß bald an technische Grenzen. Die Minox war zum schnellen Fotografieren in der Arbeitsstelle gedacht. Der Umfang der wissenschaftlich-technischen Informationen konnte wegen des Zeitaufwandes schwerlich vor Ort aufgenommen werden. Deshalb wurden Unterlagen von unseren Kundschaftern oft abends mit nach Hause genommen und früh wieder in das Objekt gebracht. Um eventuelle Stichproben zu überstehen, wurden präparierte Taschen mit verdecktem Fach eingesetzt.

In der Wohnung erfolgte die fotografische Bearbeitung zunächst mit Spiegelreflex-Kameras. Je nach Menge der Dokumente entschieden wir uns später für eine Schmalfilmkamera mit Einzelbildauslösung.

Die eingangs erwähnte Herstellung von Mikraten zur Informationsübermittlung spielte in der wissenschaftlich-technischen Aufklärung nur anfangs eine Rolle. Dafür stand bei Bedarf ein speziell entwickeltes optisches Gerät mit dazu gehörigem Mikrofilm zur Verfügung.

Die Autoren haben sich untereinander abgestimmt, welche der von uns praktizierten Arbeitsmethoden hier offengelegt werden können. Wir haben nur jene genannt, die der Gegner bereits in Erfahrung brachte.

Daher erheben meine Ausführungen auch keinen Anspruch auf Vollständigkeit.

Die Kunde vom Wirtschaftskrieg unter Freunden ist längst auch nach Deutschland gedrungen, wo Wirtschaftsspionage einen Schaden von schätzungsweise 20 Milliarden Mark jährlich anrichtet.
Bereits 1991 schrieb der BND in einer vertraulichen Analyse: »Die amerikanischen Nachrichtendienste sollen verstärkt Wirtschaftsspionage betreiben und so zur wirtschaftlichen Sicherheit der USA beitragen.« Während die Deutschen so etwas offiziell nicht tun (es gibt dazu keinen Auftrag des Parlaments), hat US-Präsident Clinton seinen Geheimdiensten ein größeres Engagement bei der Beschaffung von Wirtschaftsdaten verordnet.

aus: »Verrat unter Freuden. Wie die NSA deutsche Firmen ausspioniert und dabei einen Milliardenschaden anrichtet«, in: *Die Zeit*, 30. Oktober 1999

Zu den Ergebnissen auf den Gebieten Militärtechnik, Metallurgie und Maschinenbau

Von Günter Ebert und Manfred Leistner

Die Regierung unter Kanzler Konrad Adenauer betrieb seit ihrer Konstituierung die Politik der Remilitarisierung. Die mit Antikommunismus geschürte Angst vor der Sowjetunion und der Drang zur separatistischen Selbstbehauptung der rheinischen Republik (»Lieber das halbe Deutschland ganz als das ganze Deutschland halb«) ließen Bonn zunächst an einer Europäischen Verteidigungsgemeinschaft (EVG) basteln. Diese kam aber nicht zustande. Zum einen, weil die USA den von ihr am 4. April 1949 gegründeten Nordatlantikpakt (NATO) präferierte, mit dem sie sich in Europa festsetzte (was Teil der Washingtoner Nachkriegsstrategie war), die Franzosen die EVG ablehnten und weil sich insbesondere in der BRD massiver Widerstand gegen eine Aufrüstung unmittelbar nach dem von Deutschland losgetretenen Weltkrieg formierte.

Bonn regierte darauf. Man verbot die FDJ und auch die KPD, die noch im ersten Bundestag saß, was Adenauer nicht daran hinderte, am 23. November 1951 einen Antrag auf Feststellung der Verfassungswidrigkeit dieser Partei beim Bundesverfassungsgericht zu stellen. 1955 trat die BRD der NATO bei, womit die vollständige Westintegration der Bundesrepublik vollzogen und die deutsche Einheit definitiv erledigt war. Die im Potsdamer Abkommen verfügten Verbote des Baus von Flugzeugen, Kriegsschiffen und anderen waffentechnischen Systemen wurden von den westlichen Alliierten gelockert und schließlich aufgehoben.

Das hatte natürlich Auswirkungen auch für die DDR – sowohl für die Innenpolitik als auch ihre außenpolitische Verankerung. Wenn die BRD eine Armee aufbaute, sich weigerte, den Nachbarstaat anzuerkennen und diesen fortgesetzt »vom kommunistischen Joch« befreien wollte, musste dieser zwangsläufig nationale Streitkräfte bilden. Und: Wenn die BRD sich dem westlichen Militärpakt anschloß, benötigte man im Osten ebenfalls ein kollektives Verteidigungssystem. Bekanntlich schlossen in Warschau im Mai 1955 – eine Woche nach Unterzeichnung der Pariser Verträge, d. h. der Einbindung der BRD in die NATO – Albanien, Bulgarien, die DDR, Polen, Rumänien, die Tschechoslowakei, Ungarn und die UdSSR einen Vertrag über Freundschaft, Zusammenarbeit und gegenseitigen Beistand.

Im System der Landesverteidigung der DDR übernahm das Ministerium für Staatssicherheit seinen Platz. Und dort wiederum erhielt die Wissenschaftlich-Technische Aufklärung die Aufgabe, a) umfassende Informationen über Konzipierung, Entwicklung und Produktion konventioneller waffentechnischer Systeme in der BRD und anderer NATO-Staaten zu beschaffen, und b) die Volkswirtschaft der DDR zu stärken, indem Informationen zu Technik und Knowhow beschafft werden sollten, die vom Westen aus politischen Gründen mit Boykott belegt waren.

I. Aufklärung auf dem Gebiet der konventionellen Rüstung

Das Auffinden von Rüstungs-Firmen und -Institutionen war nicht schwierig. Die meisten an der Rüstung in Nazi-Deutschland beteiligten Konzerne und Betriebe meldeten ihr Interesse an den von der Bundesregierung finanzierten Rüstungsaufträgen an. Zudem saßen an den staatlichen Schalthebeln Menschen mit Erfahrungen aus der Zeit vor 1945. Ihr Wissen lenkte die Aufträge in die bewährten, traditionsreichen Waffenschmieden.

Am Anfang scheuten sich die ehemaligen Waffenproduzenten, sich offen zur Fortsetzung ihrer früheren Geschäftstätigkeit zu bekennen. So bezeichneten sich etwa Unternehmen des Flugzeugbaus im Norden und Süden der Bundesrepublik schamhaft und irreführend als »Entwicklungsringe«, andere als »Ingenieurbüros« oder »Entwicklungsbüros«. Ähnlich harmlos klingende Namen gab es für die Anfänge des Kriegsfahrzeugbaus und des Baus von Kriegsschiffen.

Nach wenigen Jahren verloren sich die anfänglichen Skrupel. Es bildeten sich jene Objekte heraus, die von uns schwerpunktmäßig bearbeitet wurden. Das waren:

- der Konzern Messerschmidt-Bölkow-Blohm (MBB) mit Hauptsitz in Ottobrunn bei München und Zweigwerken in Hamburg (Hamburger Flugzeugbau [HFB]) und Süddeutschland,
- die Dornierwerke am Bodensee,
- der Konzern Vereinigte Flugtechnische Werke (VFW Fokker) mit Hauptsitz in Bremen,
- die Motoren- und Turbinen-Union (MTU) mit Hauptsitz in München und Zweigwerk in Friedrichshafen,
- die Industrieanlagenbetriebsgesellschaft (IABG) in Ottobrunn bei München,
- Thyssen-Henschel,
- der Flick-Konzern (mit Krauss-Maffei),
- der Krupp-Konzern (mit MaK Kiel und Gesellschaft für Systemtechnik Essen),
- Rheinmetall,
- Porsche,
- Firma Heiner Kissling Kassel (jetzt Henschel),
- der Daimler-Benz-Konzern,
- Heckler und Koch Oberndorf,
- Mauser,
- Diehl KG sowie
- die Werften Howaldt Werke-Deutsche Werft (HDW) Hamburg und Kiel,
- Blohm und Voss Hamburg,
- Thyssen-Nordseewerke Emden,
- Weser AG Bremen,
- Lürssen Werft Bremen und
- Abeking u. Rasmussen Bremen.

Westliche Militärstrategen schlossen aus den Erfahrungen des Weltkrieges, dass die Luftüberlegenheit über Sieg und Niederlage entscheide. Folglich sollte man sich künftig verstärkt dem Militärflugzeugbau zuwenden. Das führte auch zu einer entsprechenden Orientierung in der sich formierenden Rüstungsindustrie der BRD. Die künftigen Kampfflugzeuge sollten zugleich auch Trägermittel taktischer Atomwaffen sein. Diese Zielstellung korrespondierte mit dem NATO-Beschluss vom Dezember 1954, die in Europa stationierten Truppen mit taktischen Atomwaffen auszurüsten. Auf die Forderung der Adenauer-Regierung nach einem Mitspracherecht reagierten die USA mit dem Vorschlag, die BRD solle sich an der Entwicklung atomarer Trägermittel beteiligen.

Darum begannen wir Informationen in der Planungsphase von Projekten der Luftrüstung zu sammeln. Bekanntlich werden lange vor der Entwicklung und Produktion von Fluggeräten und ihrer Ausrüstung auf staatlicher Ebene, in militärischen Führungsstellen und auf der Leitungsebene von Unternehmen Überlegungen angestellt. Wir konnten mit Hilfe gut platzierter Quellen die Geburt entsprechender Ideen aufklären und lange vor ihrer Realisierung darauf reagieren.

Ende der 50er Jahre begann man den US-Abfangjäger *Lockheed F-104* (»Starfighter«) in der Bundesrepublik in Lizenz zu produzieren. Als Mehrzweckflugzeug sollte der Jagdbomber auch Kernwaffen in Ziele tragen. Wir konnten etliche Neuerungen aufklären, etwa die Verstärkung der Flugzelle, den Einbau eines neuen Radargerätes (NASARR) und eines Navigationsgerätes der Firma Litton. Das daraus resultierende größere Abfluggewicht wurde mit einem leistungsfähigeren Triebwerk mit Nachbrenner ausgeglichen. Nach 1962 wurde der *F-104 G* (G stand für »Germany«) in Luftwaffe und Marine der BRD eingeführt. Bis 1970 gingen 123 Maschinen zu Bruch, dabei kamen 61 Piloten ums Leben.

Wir konnten vollständig über die Ursachen dieser Abstürze berichten. In diesen Informationen wurden die taktisch-technischen Möglichkeiten und Grenzen dieses Flugzeuges beschrieben. 1974 begann man mit der Ausmusterung der 916 als »Witwenmacher« und »Fliegender Sarg« bezeichneten Maschinen, deren Ankauf 1958 die Bundesregierung beschlossen hatte. Nach unseren Erkenntnissen war durch die nachträgliche Aufrüstung die Maschine einfach überladen worden.

Die aus NATO-Sicht ärgerliche Geschichte des bundesdeutschen »Starfighters« führte nebenbei auch noch zu einer innenpolitischen Krise, die man heute als »Kollateralschaden« bezeichnen würde. Der seinerzeitige Bundesverteidigungsminister Franz Josef Strauß war der entscheidene Wortführer jener Kreise, die dieses Flugzeug haben wollten. Er setzte sich selbst über das vernichtende Urteil von Testpiloten hinweg, die die Maschinen in den USA geflogen hatten. Das Nachrichtenmagazin *Der Spiegel* enthüllte, unter welchen Umständen der Vertragsabschluss mit Lockheed zustandegekommen war und weshalb nicht die technisch eindeutig bessere französische »Mirage« gekauft worden war, für die zuvor auch Strauß plädiert hatte. Strauß, so hieß es und auch uns war das bekannt, wollte unbedingt ein Flugzeug haben, das Atomwaffen »bis zum Ural« tragen konnte. Die Amerikaner hatten ihm nämlich zugesagt, im Ernstfall auch nukleare Sprengköpfe zur Verfügung zu stellen.

Und: Der Rüstungskonzern Lockheed hatte, um den Export anzuheizen, diverse Schmiergelder gezahlt – so etwas gehört zu dieser Branche. Wegen seines Gesinnungswechsels während einer USA-Reise geriet Bundesminister Strauß nunmehr unter Verdacht, ebenfalls von Lockheed bestochen worden zu sein. Ein Untersuchungsausschuss des Bundestages, der den Vorwurf aufklären sollte, endete wie weiland das Hornberger Schießen: Eine Bestechung konnte nicht nachgewiesen werden, man ließ den Vorwurf fallen. Als jedoch der Inspekteur der Luftwaffe, Generalleutnant Werner Panitzki, in einem Interview die Beschaffung des Kampfflugzeugs als eine »rein politische Entscheidung« kritisierte, wurde er entlassen.

Das Nachfolgemodell für den »Starfighter 104 G« wurde das allwettertaugliche Überschalljagdflugzeug mit Jagdbomberfähigkeit und hoher Reichweite F 4 »Phantom« der US-Firma McDonnel Douglas in den Versionen RF 4E als Aufklärer (1971-1994), F 4F als Abfangjäger/Bodenzielbekämpfung (seit 1973) und F 4E als Abfangjäger/Pilotenausbildung zweisitzig (1974-1999). Die Maschinen wurden in den USA gebaut und in der BRD für ihre Einsatzzwecke ausgerüstet. Sie sollten die Lücke bis zur Indienststellung einer eigenen Entwicklung füllen. Zur F 4 »Phantom« erhielten wir von unseren Kundschaftern alle notwendigen Informationen, so dass sie für uns als voll aufgeklärt galt

In den 60er Jahren begannen Forschungen für einen Senkrechtstarter. Josef Kammhuber (1896-1986) befehligte als General der faschistischen deutschen Luftwaffe die sogenannten Nachtjäger, 1956 wurde er von der Bundesregierung als Generalleutnant reaktiviert. Er übte bis 1962 das Amt eines Inspekteurs der Luftwaffe aus. In dieser Funktion forderte Kammhuber die Entwicklung eines Senkrechtstarters. Dabei berief er sich auf seine Erfahrungen im Zweiten Weltkrieg.

Kundschafter in verschiedenen Forschungsbereichen der Luftrüstung informierten umfassend zu den folgenden Projekten:

- über die Entwicklung eines Senkrechtstarters EWR VJ 101 in den Flugzeugwerken VFW Fokker und deren gemeinsames Projekt mit einem italienischen Hersteller, das unter der Bezeichnung VAK 191 B lief;
- über das Projekt eines senkrecht startenden Transportflugzeuges (»DO 31«) der Dornier-Werke;
- über ein im Februar 1965 mit den USA geschlossenes Abkommen zur gemeinsamen Entwicklung eines senkrecht startenden Tiefflugbombers, der von einer Plattform in den Maßen 15 mal 15 Meter startbar sein sollte.

Obwohl diese Projekte 1968 wegen nicht lösbarer technischer Probleme eingestellt wurden, waren diese Informationen dennoch von großer Bedeutung: Sie ließen uns eigene Fehlentscheidungen und -entwicklungen vermeiden.

Von mehreren Kundschaftern wurden wir über die Entwicklung von Hubschraubern bei MBB informiert. Zunächst als ziviles Gerät konzipiert, wurden die Helikopter sehr schnell zu einem militärisch nutzbaren Mehrzweckhubschrauber (BO 105 V 2 und BO 115) entwickelt.

Der Erstflug dieses Gerätes fand am 1. Februar 1967 statt. Es zeigte sich, dass er dank seiner elektronischen Ausstattung und eines beachtlichen Triebwerkes hervorragende Eigenschaften aufwies. Wir konzentrierten uns bei der Aufklärung auf die Beschaffung der Elektronik bzw. der einschlägigen Informationen sowie auf technische Lösungen, etwa die Verwendung von zwei Triebwerken und eines gelenklosen Rotorsystems.

Auf der Basis des BO 105 entwickelte MBB den Panzerabwehr-Hubschrauber BO 115. In Verbindung mit dem Panzerabwehr-Lenkflugkörper HOT wurde uns von Schießübungen berichtet, bei denen aus 3.500 m Entfernung getroffen wurde. Wir beschafften Details zu diesem gefährlichen Waffensystem.

Die »Starfighter«-Pleite und das wachsende Selbstbewusstsein der europäischen NATO-Staaten veranlasste diese, ein eigenes Mehrzweck-Kampfflugzeug gemeinsam zu entwickeln. Das Projekt trug die Bezeichnung MRCA (*Multi Role Combat Aircraft*) und sollte, wenn denn das Vorhaben erfolgreich sein würde, in allen NATO-Staaten eingesetzt werden.

Die Arbeit an dem neuen Kampfflugzeug wurde von unseren Quellen aufmerksam überwacht. Das kurzstartfähige, schneller als 2 Mach, d. h. mit doppelter Schallgeschwindigkeit fliegende Flugzeug sollte mit hoher Steigleistung und Manövrierfähigkeit Luftüberlegenheit gewinnen und zur Erdkampfunterstützung eingesetzt werden. Es sollte als Eindringflugzeug in Baumwipfelhöhe operieren (Geländefolgeflug), das gegnerische Radar unterfliegen und nicht nur als Abfangjäger, sondern auch als Trägermittel für Kernwaffen eingesetzt werden.

Institutionen der BRD, Großbritanniens und Italiens gründeten die Entwicklungs- und Fertigungsfirma *Panavia Aircraft GmbH München*. Die erste Maschine des Typs MRCA flog am 30. Oktober 1974, sie erhielt den Namen »Tornado«.

Wir verfolgten mit unseren Kundschaftern umfassend die Entwicklung und Weiterentwicklung dieses Kampfflugzeuges. Als 1982 die ersten Tornados an die Bundesluftwaffe übergeben wurden, waren sie mit vier Luft-Luft-Raketen (»Sidewinder«), einer Lenkrakete (»Sky Flash«) und einem völlig neuem Bodenradar für den Tiefflug ausgerüstet. Das zweistrahlige Flugzeug mit variabler Flügelgeometrie war das erste Kampfflugzeug, welches mit einer elektronisch signalisierten Flugsteuerung (Fly-By-Wire) ausgestattet war.

Auch darüber waren wir detailliert im Bilde.

Nicht minder wichtig waren unsere Informationen über die Entwicklung völlig neuer Waffensysteme für den Tornado. So konnten wir frühzeitig über den Lenkflugkörper HARM (*Highspeed Antiradiation Missile*) berichten. Diese Rakete folgte dem Radarstrahl einer aktiven Radarstation und zerstört diese. Nach dem Ende der DDR erfolgte eine Verfeinerung dieses Waffensystems in Kooperation mit den USA und Italien. Es wurde im NATO-Krieg auf dem Balkan und gegen den Irak eingesetzt.

Um den »Tornado« schwerer bekämpfen und treffen zu können, entwickelte man sogenannte Abstandswaffen. Diese sollten in großer Distanz zum Gegner abgefeuert werden. Das musste zwangsläufig zu einer Verbesserung der Zielgenauigkeit führen. In die Lenkflugkörper wurden Trägheitsnavigationssysteme, spezielle Radarhöhenmesser sowie Infrarotsensoren für tageslichtunabhängige Zielerfassung und Endphasenlenkung eingebaut. Wir verfolgten mit unseren Kundschaftern diese Entwicklung zeitgleich.

Unsere Berichterstattung zu einer weiteren MBB-Entwicklung für den »Tornado« wurde mit dem Ende der DDR abgebrochen. Es handelt sich um eine Streubombe als Abstandswaffe. Unter der Bezeichnung »Strebo BD1« wurde eine Superbombe konzipiert, die nach ihrer Detonation eine Fläche von mehreren Hektar mit einer Vielzahl gefährlicher Sprengkörper belegen sollte.

Heute ist die Streumunition eine der am meisten eingesetzten Luftabwurfwaffen. Sie verdrängte die Splitterbombe und den großflächigen Einsatz von Napalm.

Produziert und eingesetzt werden Streubomben von zahlreichen Staaten, unter anderem von den USA, Frankreich, der BRD, Großbritannien, der Schweiz und Israel. Als erstes europäisches Land hat sich Belgien offiziell gegen Streubomben eingesetzt und verabschiedete ein Gesetz zum Verbot der Produktion, des Verkaufs und des Einsatzes von Streubomben. Wie das Berliner Bundesministerium der Verteidigung am 8. Juni 2006 ankündigte, werde die Bundeswehr langfristig lediglich Streumunitionsträger ausmustern, die eine Blindgängerwahrscheinlichkeit von über ein Prozent haben. Die Bundeswehr wolle in Zukunft nicht auf Streumunition verzichten und lediglich Streumunitionsträger durch effektivere Systeme mit einer geringen Fehlerquote ersetzen, hieß es. Streubomben wurden (und werden) in Afghanistan, im Irak, im Libanon und auf dem Balkan eingesetzt. Die NATO bestätigte, dass sie etwa bei Einsätzen im Kosovo insgesamt 1.392 Streubomben abwarf. Nach örtlichen Schätzungen explodierten pro Behälter zwischen drei und 26 Prozent der Submunitionen nicht. Die NATO selbst geht von ungefähr zehn Prozent Blindgängern aus, also von 30.000 nichtdetonierten Sprengsätzen. Bis zum Mai 2000 wurden unter UNO-Aufsicht 4.069 dieser Blindgänger entschärft. Nach Angaben des Roten Kreuzes waren mindestens 50 Todesfälle und 101 Verletzungen auf Explosionen solcher Submunitionen bis Ende Mai 2000 zurückzuführen. Gefährdet waren und sind nicht nur Unschuldige auf dem Land. 235 Bomben verschiedener Art, darunter auch Streubomben, wurden über der Adria abgeworfen. Im Mai 1999 verfing sich ein sogenanntes Bomblet in einem Fischernetz – dabei erlitten drei italienische Fischer Verletzungen.

Die Triebwerke für den Tornado »Rolls-Royce RB 199-34R« wurden von der Firma Turbo Union hergestellt, ein Zusammen-

schluss der MTU München (Motoren- und Turbinen-Union), Rolls-Royce (Großbritannien) und FIAT (Italien).
Durch einige Kundschafter hatten wir Einblick in entsprechende Entwicklungen.

Anfang der 80er Jahre begannen Arbeiten zur Entwicklung eines Abfangjägers für die 90er Jahre, den »Eurofighter«. Wie bereits beim »Tornado« handelte es sich um ein Gemeinschaftsprojekt der NATO-Staaten BRD, Großbritannien, Italien. Später kam Spanien hinzu. Frankreich verließ 1985 das 1983 gegründete Konsortium zum Bau des »Jägers 90«.

Unsere Kundschafter konnten umfassend zur 1986 abgeschlossenen Definitionsphase und über die ersten Entwicklungsarbeiten berichten. Bis zum Abschluss unserer Tätigkeit lagen Informationen zu den technisch-taktischen Anforderungen an dieses Flugzeug als Hochleistungsjäger im Luftkampf und seiner Fähigkeit zum Luft-Boden-Einsatz vor.

1994 startete der Prototyp, 2004 wurden die ersten sieben Maschinen in Dienst gestellt – sie wurden zur Ausbildung in Laage bei Rostock stationiert. Die Kohl-Regierung beschloß 1997, 180 »Eurofighter« zum Stückpreis von (heute) 75 Millionen Euro zu kaufen und in Dienst zu stellen. Nicht nur wegen der Kosten steht der Kampfjet unverändert in der Kritik: Mit Hinweis auf das Ende des Kalten Krieges und damit des Wegfalls einer (vermeintlichen) Bedrohung bestehe keine militärische Notwendigkeit mehr, ein solches Mehrzweckkampfflugzeug zu betreiben.

Die Panzerwaffe spielte in den Planungen der NATO wie auch der Bundeswehr eine große Rolle. Vornehmlich die tradierten deutschen Rüstungskonzerne engagierten sich für die Modernisierung und Weiterentwicklung dieses Waffensystems. Zur Lösung unseres Informationsauftrages konzentrierten wir uns auf die zum Flick-Konzern gehörende Firma Krauss-Maffei München. Dieser Rüstungsbetrieb war der Generalauftragnehmer für die Panzerwaffe.

Daneben konzentrierten wir unsere Aufklärungsarbeit auf Rüstungsbereiche des Krupp-Konzerns, Thyssen-Henschel, Rheinmetall, Blohm und Voss sowie die Porsche AG. Einer Anzahl von Kundschaftern gelang es, die militärtechnische Leistungsfähigkeit der Kampfpanzer »Leopard 1«, »Leopard 2« sowie den Flakpanzer

»Gepard« aufzuklären. Auch die übrigen Modelle der Panzerfamilie (Transport- und Brückenlegepanzer, der Luftlandepanzer »Wiesel« und die »Panzerhaubitze 70«) blieben für uns kein Geheimnis.

Ebenso die Technik zur Stabilisierung der Glattrohrkanone des »Leopard 2«, wodurch ein treffsicherer Schuss während der Fahrt möglich wurde.

Bei Einführung des »Leopard 2« in den Bestand der Bundeswehr stand uns das umfangreiche Wartungs- und Reparaturhandbuch für diesen Panzer zur Verfügung.

Militär- und Rüstungsexperten vornehmlich aus der BRD bemühten sich darum, einen einheitlichen Panzertyp als Hauptbewaffnung in die NATO-Landstreitkräfte einzuführen. Nahezu jede Streitkraft hatte auch eigene Panzer. Wir konnten von Anfang an zu diesen Planungen berichten, die schließlich 1964 in ein bilaterales Abkommen zwischen der BRD und den USA mündeten. Gemeinsam wurde an dem Projekt eines Panzers mit der Bezeichnung »MBT 70« (*Main Battle Tank*) gearbeitet. Beide Länder bauten einen Prototyp. Sichtlich aus Konkurrenzgründen (und aus Kostengründen: ein Panzer sollte 2,3 Millionen DM kosten) wurde das Modell aus der BRD verworfen. Zum deutschen Prototyp konnten wir ausführliche Informationen liefern. 1971 wurde das Projekt eingestellt. Auf dieser Basis baute der Kampfpanzer »Leopard 2« auf.

Unsere Aufklärer beschafften ebenfalls Muster und Unterlagen zu Kleinwaffen und Munition. Es bestand ein wachsender Informationsbedarf bei Gewehren, Maschinengewehren, Maschinenpistolen, Minen etc. Wir konzentrierten unsere Arbeit auf den wichtigsten Produzenten von Handfeuerwaffen der BRD, die Firma Heckler und Koch in Oberndorf. Daneben nutzten wir zur Musterbeschaffung Angehörige der Bundeswehr, die Überwachung von Truppenübungsplätzen sowie die Bereitschaft einzelner Waffenhändler der BRD.

Als erstes konnten wir das *Sturmgewehr G 3* bereitstellen, mit dem die Soldaten der Bundeswehr über Jahre ausgerüstet waren. Es wurde in großen Stückzahlen und als Lizenz ins Ausland verkauft. Auch das 1977 entwickelte *Sturmgewehr G 11* (Kal. 4,7 mm) stellten wir als Muster zur Verfügung.

Später wurden von uns wichtige Informationen zum *G 36* geliefert, einer Maschinenpistole, der die sowjetische *Kalaschnikow* durchaus ebenbürtig war.

Die DDR produzierte die Kalaschnikow in Lizenz und entwickelte sie mit kleinerem Kaliber weiter. Als problematisch erwies sich die Standfestigkeit des Laufes. Mit Hilfe unserer Informationen wurde eine neuartige Technologie der Härtung von Waffenläufen möglich. Auch die unter Embargo stehenden Produktionsanlagen zu dieser Technologie wurden mit unserer Hilfe importiert.

In den 70er Jahren forschten die Firmen Mauser, Diehl KG, Industriewerke Karlsruhe und Rheinmetall an der Entwicklung hülsenloser Munition für verschiedene Waffenarten. Unsere Kundschafter besorgten Muster verschiedener Varianten.

Allerdings entstanden technische Probleme, die die Entwicklerfirmen nicht lösen konnten. So verbrannte das Pulver nicht ohne Rückstände in der Waffe. Darum wurden die Forschungen eingestellt. Auch diese Informationen verhinderten, dass wir nicht in die gleiche Sackgasse gingen.

Erfolgreicher waren Versuche mit teilweise brennbarer Hülse für großkalibrige Waffen, z. B. für die 120 mm-Glattrohrkanone des Panzers »Leopard 2«. Unsere Kundschafter informierten über die bei Rheinmetall betriebenen Forschungen zum Einsatz flüssiger Treibmittel in Panzer-Kanonen. (Diese Entwicklung war bei Einstellung unseres Dienstes noch nicht einsatzreif.)

Die von der Rheinmetall AG entwickelte Glattrohrkanone machte es möglich, sogenannte KE-Geschosse (KE stand für kinetische Energie) und Hohlladungsgeschosse zu verschießen. Die extrem hohe Geschwindigkeit beim Auftreffen wurde durch die Pfeilform des Geschosses erreicht, zur Stabilisierung des Fluges dienten Flügel, die vor dem Aufschlag abgeworfen wurden. Durch die Masse des Geschosses und seine hohe Geschwindigkeit wurde eine Energie erzeugt, die die stärkste Panzerung durchschlug. Unsere Kundschafter konnten zu diesen Entwicklungen und zu den Ergebnissen bei der Erprobung berichten.

Aus der Fachliteratur erhielten wir in den 70er Jahren Hinweise auf Experimente mit panzerbrechenden Geschossen auf Uranbasis in den USA. Kundschafter wurden beauftragt, eventuelle Entwicklungen oder Einsätze in der BRD aufzuklären. Es stellte sich bald heraus, dass die Firma Diehl KG auf ihrem Schießplatz in Grafenwöhr mit dem Kampfpanzer »Leopard 2« solche Munition verschießen ließ.

Wir ließen den Truppenübungsplatz Grafenwöhr durch einen Kundschafter absuchen und wurden fündig. Ein fast vollständig erhaltener Penetrator (das eigentliche Geschoß) und genügend Geschoßmaterial kamen nach Berlin und wurden chemisch analysiert. Wir konnten den Nachweis führen, dass in der BRD Uranmunition zumindest erprobt wurde.

In dieser frühen Phase kamen wir auch in den Besitz eines Musters der Uranmunition aus US-amerikanischer Produktion.

Erstmals war diese sogenannte uranabgereicherte Munition von der NATO im zweiten Golfkrieg (»Desert Storm«) im Jahre 1991 eingesetzt. Publik wurde die Sache dadurch, dass schon bald unter der Zivilbevölkerung, und dort inbesondere bei Kindern, bestimmte Krankheiten gehäuft auftraten, deren Ursache Strahlenschäden waren. Der deutsche Arzt Siegwart-Horst Günter publizierte den Verdacht. Er wurde umgehend von den USA und ihren Verbündeten dementiert. Erst als sich bei Golfkriegsveteranen und bei ihren nach dem Krieg gezeugten Kindern die gleichen Symptome zeigten und Missbildungen auftraten, bestätigten die USA den bislang bestrittenen Verdacht.

Sie setzten DU-Geschosse (*depleted uranium* = abgereichertes Uran) als panzerbrechende Munition ein. Die Projektile enthielten abgereichertes Uran, welches einen geringeren Anteil der spaltbaren Uranisotope 234U und 235U als Natururan enthalten und damit größtenteils aus dem nicht spaltbaren Isotop 238U bestehen. Aufgrund der hohen Dichte (18,95 g/cm^3) des Urans entfalten diese Geschosse beim Auftreffen auf das Ziel eine große Durchschlagskraft. Abgereichertes Uran fällt bei der Anreicherung von Uran für die Energieerzeugung oder Waffenproduktion als Abfall an. Für 1 Kilogramm 5 Prozent *angereichertes* Uran benötigt man 11,8 Kilo natürliches Uran. Somit fallen 10,8 kg *abgereichertes* Uran an, welches zu Munition verarbeitet werden kann.

Die Munition stellt aufgrund der Radioaktivität und ihrer chemischen Giftigkeit eine extrem hohe Belastung für Mensch und Umwelt dar. Der tonnenweise Einsatz dieser Geschosse führte zur Verseuchung ganzer Landstriche und zur Vergiftung tausender Zivilisten und Soldaten im Irak. Trotz dieser Erfahrungen wurde diese Waffe auch auf dem Balkan 1999 und im dritten Golfkrieg 2003ff. eingesetzt.

Durch die systematische Bearbeitung der Übungs- und Erprobungs-Stellen der Bundeswehr erhielten wir Kenntnisse von Bomben mit besonders großer Zerstörungskraft zum Aufbrechen verbunkerter Ziele oder zur Zerstörung von Flugzeuglandebahnen. Es wurden auch Informationen zu Experimenten mit Kerosin- und Benzinbomben sowie Vakuumbomben beschafft.

Unsere Erkenntnisse und die Nützlichkeit der Beschaffung von Mustern der in den NATO-Staaten eingesetzten Militärtechnik veranlassten uns, diesen Aufgabenbereich auszubauen. Es wurde eine Vielzahl von Verbindungen aufgebaut, so dass Truppenübungsplätze sowie Entwicklungs- und Erprobungsstellen der Bundeswehr systematisch untersucht werden konnten. Die Palette des besorgten Materials war sehr breit. Sie reichte von Verpackungsmaterial, zum Beispiel von Anti-Dot-Mitteln (Schutz vor chemischen Kampfstoffen), bis hin zur Technik, etwa zu Geräten für eine computergesteuerte Funkfrequenzüberwachung, Abhörtechnik, Nachtsichttechnik auf Infrarotbasis und Wärmebildkameras.

Aus den Atlas-Werken Bremen wurde ein Muster der Infrarot-Technik besorgt, welche oberhalb des Rotors von Hubschraubern eingebaut wurde, mit der gegnerische Kräfte frühzeitig aufgespürt werden sollten.

Das Potsdamer Abkommen untersagte Deutschland auch den Bau von Kriegsschiffen. Doch bekanntlich rückten die westlichen Alliierten schon bald von dem Vertrag ab, den sie selbst geschlossen hatten und auf dessen Einhaltung sie hätten eigentlich dringen müssen. Mitte der 50er Jahre wurden auf den westdeutschen Werften Kriegsschiffe auf Kiel gelegt, woran zumindest im Westen niemand mehr Anstoß nahm.

Allerdings war uns bekannt, dass bereits seit 1950 heimlich auf vielen Reißbrettern Kriegsschiffe konzipiert worden waren. Über die ersten offiziellen Rüstungsprojekte – den für die Ostsee vorgesehenen Schnellbooten – konnten wir komplett berichten. Sie wurden von der Lürssen-Werft Bremen realisiert. Schon bald wurden diese Boote durch andere Typen mit höherer Wasserverdrängung ersetzt.

Unser besonderes Interesse galt der kontinuierlich verbesserten Ausrüstung mit Torpedorohren, Geschützen, Feuerleitsystemen, später auch mit Raketen und Marschflugkörpern. Auf diese Weise wurden diese Boote zu einer immer gefährlicheren Angriffswaffe.

Unsere Kundschafter klärten die Forschungs- und Entwicklungsarbeiten für leistungsstarke Torpedos der Typen »Seeaal« und »Seeschlange« auf. Dabei galt unser Augenmerk den Antriebs- und Steuersystemen, der Tarnung und der Treffsicherheit.

Sie informierten auch über eine weit in die Zukunft reichende geplante Neuentwicklung zu einem Torpedo, das bis zu 50 km weit über ein Glasfaserkabel ins Ziel gesteuert werden konnte. Es sollte mit 90 km/h auf sein Ziel zurasen, ohne von Unterwassersensoren registriert zu werden. Eine solche Waffe, deren Einsatz auch gegen Atom-U-Boote in großer Tiefe geplant war, hätte deutliche Auswirkungen auf das militärische Gleichgewicht gehabt. Mit der Einstellung unserer Arbeit 1989 endete auch dazu unser Überblick zu solchen Projekten.

1959 wurde in Lübeck, auf den Werften in Kiel und Emden mit dem Bau von U-Booten begonnen. In Abstimmung mit der NATO sollte die BRD leistungsstarke U-Boote mit geringer Tonnage bauen. Es wurden die Klassen 201 bis 206, später die größeren Klassen 210 bis 212 entwickelt und gebaut. Sie galten sehr schnell als kampfstärkste U-Boote ihrer Klasse. Obgleich die Produktion der Boote in den Nordseewerken in Emden erfolgte, war es ein internationales Projekt: Die Gefechtsinformations- und Feuerleitsysteme stammten wie Teile der Hülle aus Norwegen, das Angriffssonar aus Deutschland, das Lateralsonarsystem aus Frankreich. Heute sind die NATO-Boote vor allem im Mittelmeer aktiv und erweisen sich als unverändert effektiv bei der Sammlung geheimdienstlicher Daten.

Wir waren mit Kundschaftern in Teilbereichen der Entwicklung dieser U-Boote präsent. Wir lieferten einen kompletten Überblick zu diesem Waffensystem. Unsere Informationsbeiträge bezogen sich auch auf die Torpedos, Forschung und Entwicklung neuer Antriebssysteme wie Brennstoffzellen und den beabsichtigten Einsatz nuklearer Antriebe.

Umfangreichere Informationen konnten wir zum geplanten Mini-U-Boot »Attack« bereitstellen. Es lag uns das gesamte Konzept seiner Konstruktion und seiner waffentechnischen Ausrüstung vor. Die Umsetzung dieses Planes erfolgte nicht vor Beendung unserer Arbeit.

Eine große Zahl wertvoller Informationen konnten wir zu technischen Details neu entwickelter Minenräumtechnik liefern. Es wurden ferngesteuerte Geräte entwickelt, die von einem Leitboot aus Minen durch elektromagnetische- oder Schall-Wellen zur Explosion bringen sollten. Bedeutend waren dabei nicht nur technische Angaben, sondern auch Erfahrungsberichte über ihre Handhabung.

Unter Federführung der Forschungsanstalt der Bundeswehr für Wasserschall und Geophysik (FWG) in Kiel wurden Hydrophon-Systeme zur Analyse des sogenannten Schallwetters im Wasser entwickelt. Damit sollten Schiffsbewegungen in der Ostsee und den Ostseeausgängen kontrolliert werden.

Obwohl es nach internationalem Recht verboten war, wurden im Fehmarn-Belt Testversuche mit sehr großen heb- und senkbaren Hydrophonträgern unternommen. Die Forschungsergebnisse zur Schallausbreitung wurden auch anderen NATO-Forschungseinrichtungen und den USA übergeben.

Auch wir profitierten von der Erkenntnis, dass jedes Schiff an seinem Geräusch erkennbar ist, es also gleichsam einen akustischen Fingerabdruck besitzt. Den Seestreitkräften des Warschauer Paktes war es nunmehr möglich, geeignete Gegenmaßnahmen zu entwickeln.

Ausgewählte Beiträge zur Unterstützung der Industriezweige Metallurgie und Maschinenbau

Durch die Spaltung Deutschlands wurde die historisch gewachsene Wirtschaftsstruktur zerstört. Auf dem Territorium der sowjetischen Besatzungszone bzw. der DDR gab es lange Zeit keinen geschlossenen Zyklus der metallurgischen Industrie. Für die Wissenschaftlich-Technische Aufklärung ergaben sich vor diesem Hintergrund konkrete Aufgaben: Sie hatte ihren Teil zum Aufbau und zur Entwicklung unserer Volkswirtschaft auch in diesem Bereich zu leisten.

So galt unser Augenmerk Verfahren zur Stahlproduktion und -veredelung. Insbesondere die Entwicklung moderner Waffensysteme für die Landesverteidigung, die Reaktor- und Weltraumtechnik stellten extrem hohe Ansprüche an Reinheit, Festigkeit und Elastizität der Stähle. Zur Unterstützung der in der DDR laufenden Forschungsarbeiten wurden einige Kundschafter auf dieses Problem orientiert. Bereits in den 60er Jahren konnten aus verschiedenen westlichen Unternehmen und Forschungsstätten umfangreiche Unterlagen geliefert werden. Es gelang, die komplette Dokumentation eines Elektronenstrahl-Mehrkammerofens zur Erzeugung hochreiner Stähle zu beschaffen. Diese Unterlagen beschleunigten die Forschungen im Institut Manfred von Ardenne. Mit Hilfe dieses Instituts wurde ein solches Verfahren im Edelstahlwerk »8. Mai« in Freital bei Dresden erfolgreich in die Produktion überführt. Es konnte dadurch eine spürbare Verbesserung der dringend benötigten Stähle für die Reaktor-, Weltraum- und Waffentechnik erreicht werden.

Ein wichtiger Schritt bei der Stahlerzeugung ist die Reduzierung des Kohlenstoffgehalts in der Roheisenschmelze. Der dafür angewandte Konverterprozess (Windfrisch-Verfahren) bedurfte Anfang der 60er Jahre einer technologischen Weiterentwicklung, um sowohl die Produktivität zu erhöhen als auch die Qualität der Erzeugnisse zu verbessern.

Weltweit, auch in der Stahlindustrie der DDR, wurde daran gearbeitet, durch Einblasen von zusätzlichem Sauerstoff in die Roheisenschmelze den Kohlenstoffgehalt noch weiter zu reduzieren. Überall arbeiteten die Fachleute an der Verbesserung des sogenannten Sauerstoff-Aufblas-Verfahrens. Schließlich brachte eine Sauerstofflanze (LD-Verfahren) einen Qualitätssprung. Unsere Kundschafter informierten mit umfangreichen Dokumentationen über diese Technik, die Erfahrungen in der täglichen Anwendung und über die erreichte Qualität. Auf diese Weise erhielten unsere Forscher, Techniker und Ingenieure gutes Basismaterial für die Eigenentwicklung.

Mitte der 60er Jahre gelangte das sogenannte Stranggießen von Stählen zur technologischen Reife. Über viele Jahre war daran geforscht worden, wie man das Gießen von Stahl und das anschließende Walzen zu einem einheitlichen Prozess zusammenführen kann. Auch in der DDR wurde in dieser Richtung exprimentiert. Der gegossene Strang musste nach der ersten Phase des Gießens aus der vertikalen in die horizontale Richtung gebogen werden. Das war bei diesem Verfahren die größte technologische Herausforderung. Zur Überwindung dieser Schwierigkeit platzierten wir in führenden westlichen Anlagenbaufirmen Kundschafter, sie lieferten detaillierte Informationen zum gesamten technologischen Prozess, zu Erfahrungen beim Anfahren und im Betrieb einer solchen Anlage. Unsere Techniker und Projektanten waren nach Bereitstellung dieser Unterlagen in der Lage, eigene Entwicklungen voranzutreiben und bei Anlagenimporten den Betrieb schneller zu beherrschen.

Um eine höhere Korrosionsfestigkeit zu erreichen, wurden Stähle mit Zink bzw. Kunststoffen beschichtet. Bei der Verwendung von Zink bestand das Problem darin, dass die Zinkschicht nicht gleichmäßig aufgetragen werden konnte. Aus Sicherheitsgründen wurde deshalb eine dickere Zinkschicht aufgebracht. Daher war der Verbrauch höher als gewünscht.

Wir beschafften die auf der CoCom-Liste stehende, computergestützte Meß- und Regeltechnik. Dadurch konnte eine optimale Beschichtung erfolgen. Die Volkswirtschaft der DDR sparte große Mengen Zink.

Der Spareffekt hatte in der seinerzeit noch von »Tonnenideologie« beherrschten DDR-Wirtschaft eine Kehrseite: Der Zink produzierende Betrieb musste weniger liefern, als im Plan vorgegeben war, was am Jahresende hieß: Er hatte die verlangte Menge nicht geliefert, d. h. nicht liefern müssen, darum blieb er unterm Soll und galt als Plan-Schuldner. Durch die Einsparung großer Mengen Zink sank im Kombinat Eisenhüttenstadt die Tonnage erzeugter Bleche, also auch hier keine Planerfüllung.

Durch unsere Initiative konnten wenigstens in diesem Fall negative Auswirkungen dieser unsinnigen, innovationshemmenden Planabrechnung verhindert werden.

Unser Beitrag zur Beschichtung von Blechen mit Kunststoffen war ebenfalls beträchtlich. Wir konnten der Industrie Unterlagen zu entsprechenden technologischen Verfahren, zu Anlagen und praktischen Erfahrungen im Produktionsprozess zur Verfügung stellen.

Wir unterstützten jedoch nicht nur auf technischem und technologischem Gebiet die metallurgische Industrie der DDR. Am Anfang existierte eine technologische Lücke zwischen Stahlerzeugung und Weiterverarbeitung der Brammen zu Blechen. Die DDR musste im Westen das Auswalzen als Dienstleistung kaufen. Da das oft und vor allem kurzfristig organisiert werden musste, haben mit uns verbundene Unternehmer – natürlich gegen klingende Münze – ihre Kontakte zu den betreffenden Walzwerken genutzt und halfen den Bedarf unserer Kombinate mit Blechen zu decken. Auf diese Weise konnten Engpässe behoben werden.

Die Palette der Aufgaben auf dem Gebiet des Maschinenbaus war sehr umfänglich. Oft dienten unsere Informationen der Verbesserung der Qualität vorhandener Erzeugnisse. Ich möchte hier keinen vollständigen Überblick über die Leistungen unserer Kundschafter auf diesem Gebiet geben und mich auf einige wenige Beispiele beschränken.

Fahrzeugbau: Von 1951 bis 1959 wurden Unterlagen zur Konstruktion von Viertaktmotoren aus den Volkswagen-Werken bereitgestellt. Sie waren zur Unterstützung eigener Entwicklungen gedacht, die zu jener Zeit in Betrieben der DDR liefen. Bekanntlich wurde durch zentrale Entscheidungen auf die Weiterentwicklung des Zweitakt-Motors gesetzt. Daher passte das von uns unterstützte Konzept nicht mehr in die Entwicklungsrichtung und wurde eingestellt.

In den 60er Jahren machte der Kreiselkolbenmotor des Konstrukteurs Wankel von sich reden. Die wirtschaftsleitenden Organe und die Fahrzeugindustrie der DDR waren zur Prüfung einer eventuellen Alternative an Informationen interessiert. Wir beschafften die kompletten Konstruktionsunterlagen des Wankel-Motors. Unsere Fahrzeugingenieure analysierten und kamen zu der Auffassung, dass der Wankel-Motor für uns keine Alternative sein würde. Jahre danach bestätigte sich die Richtigkeit der Entscheidung, dieses Konzept nicht weiter zu verfolgen. Bekanntlich wurde in der BRD durch NSU ein PKW mit Wankelmotor unter der Bezeichnung Ro 80 auf den Markt gebracht. Die Produktion des Ro 80 wurde mit Ende des Modelljahres 1977 nach 37.450 gebauten Fahrzeugen innerhalb zehn Jahren eingestellt; Mazda baute im gleichen Jahr ca. 50.000 Autos mit Wankelmotor. Der japanische Autohersteller ist noch der einzige, der derzeit in kleinen Stückzahlen diesen Motortyp herstellt. Das jüngste Modell ist der seit 2005 gefertigte Mazda 5 HRE Hydrogen RE Hybrid Concept.

In den 50er Jahren begannen *Glaswolle* bzw. *Glasvliese* weltweit für die Wärmedämmung und für andere Isolierzwecke interessant zu werden. In der DDR fiel die sogenannte Schlackewolle beim

Verhüttungsprozess von Erzen an, die man bislang als Isolationsmaterial nutzte. Wesentlich produktiver war ein Verfahren, »Wolle« aus Glas zu gewinnen. Die DDR-Industrie begann 1959/60 mit einem eigenen Verfahren Glasvlies herzustellen. Im Vorfeld konnten wir dabei über unsere Kundschafter Unterstützung geben. Zunächst wurden Informationen aus verschiedenen Konkurrenzfirmen zur Produktion besonders feiner Glaswolle bereitgestellt und Muster verschiedener Glasvliese besorgt. Die vollständige Dokumentation zur wärmedämmenden Wirkung der nach dem TEL-Verfahren hergestellten Glaswolle wurde an Hand eines Musterhauses beschafft. (Das TEL-Verfahren ist ein zweistufiges Schleuderblasverfahren zur Herstellung von gleichmäßigen und schmelzperlenfreien Glasfasern für Dämmstoffe.)

Mit Hilfe eines Kundschafters sorgten wir dafür, dass ein Fachmann der DDR-Glasindustrie im Westen eine Produktionslinie studieren und beurteilen konnte. Nach Bestätigung der hohen Qualität dieser Anlage und ihrer Kompatibilität zur DDR-Wirtschaft wurde versucht, diese Anlage zu importieren. Das wurde uns nicht erlaubt. Um die Embargobestimmungen zu umgehen, organisierte ein mit uns kooperierender westlicher Handelsvertreter die Lieferung der Anlage über ein Drittland. Diese Anlage nahm schon bald ihre Produktion im Glasfaserwerk Steinach in Thüringen auf. Damit wurde z. B. die Produktion von Korrosionsschutzbinden für Stahlrohrleitungen gesichert. Die hohe Qualität und besseren Verarbeitungsmöglichkeiten wurden uns vom Anwender, dem Rohrwerk Riesa, bestätigt.

Der wachsende Bedarf an *Glasröhren* – für Leuchtstofflampen wie in der Pharmaindustrie als Tablettenröhrchen – konnte bald nicht mehr mit den bestehenden Produktionsanlagen gedeckt werden. Wir stellten über unsere Kundschafter Dokumente zu modernsten Anlagen und Technologien zur Verfügung. Die Arbeit unserer Forscher und Techniker wurde dadurch bei der Eigenentwicklung maßgeblich unterstützt. Auch unsere Informationen zu den eingesetzten Rohstoffen und den Zusatzstoffen beschleunigte die Lösung dieses Problems.

Der *Energiebedarf* im eigenen Land und den Ländern des RGW mit zum Teil erheblichen Stromwegen warf in den 70er Jahren viele neue Fragen auf. Eine war die nach einer verlustärmerer Hochspannungsleitung. Das aufgelegte Forschungsprogramm wurde von uns mit entsprechenden Informationen unterstützt. Das betraf dokumentarische Unterlagen und Probemuster zu neuartigen Hochspannungskabeln, Isolatoren und Abstandshaltern. Von großem Nutzen waren auch die besorgten Messprotokolle beim Testen dieser Neuentwicklungen. Die Verluste beim Energietransport über größere Entfernungen konnten deutlich gesenkt werden.

Zur besseren Versorgung der Bevölkerung mit alkoholfreien Getränken wurde Anfang der 70er Jahre der Aufbau eines neuen Betriebes geplant. Zur Unterstützung des dabei tätigen Maschinenbaubetriebes erhielten wir den Auftrag, Informationen über moderne Hochleistungs-Flaschenabfüllanlagen zu beschaffen. Ein Kundschafter war in der Lage, uns in kürzester Zeit die kompletten Konstruktionsunterlagen zu übergeben. Die Anlage wurde später im VEB Spreequell eingesetzt.

Ein Kundschafter arbeitete in der BRD auf dem Gebiet des Arbeitsschutzes. Da in der DDR der Arbeitsschutz ein wesentliches Element der allgemeinen Fürsorge war, fanden diese Informationen großes Interesse. Wir konnten das spezielle Fachgebiet dieses Aufklärers nutzen, um bessere Schutzkleidung und -maßnahmen zu bekommen. Das betraf Bereiche wie die Nukleartechnik, Quarantäneeinrichtungen und Chemieanlagen. Ferner besorgte er Informationen zum vorbeugenden Katastrophenschutz bis hin zur ABC-Schutzkleidung beim militärischen Einsatz von Massenvernichtungswaffen.

Die Informationen und Muster fanden dankbare Abnehmer im Institut für Strahlenschutz der DDR.

In vergleichbarer Weise wurden wir aktiv, um den Textilmaschinenbau, den Verarbeitungs- und Werkzeugmaschinenbau, die Bergbautechnik und den Chemieanlagenbau voranzubringen.

Informationen zu Wirtschafts- und wirtschaftspolitischen Fragen

Unsere Informationsarbeit beschränkte sich nicht nur auf Dokumente zu Anlagen, Geräten und Technologien. Seit Gründung dieser Aufklärungslinie ging es stets auch um die Beschaffung von Informationen über Wirtschafts- und wirtschaftspolitische Zusammenhänge. Möglichst frühzeitig sollten Entwicklungstendenzen in Industrie und Handel erkannt werden, um eine realistische Bewertung vornehmen zu können, was wiederum helfen sollte, unsere Wirtschaft voranzubringen.

Eine Anzahl wichtiger Kundschafter in bedeutenden Großkonzernen und Unternehmerverbänden der BRD und anderer Länder informierte kontinuierlich über Marktanalysen, Wirtschaftlichkeitsberechnungen, Leitungsstrukturen und -methoden ihrer Unternehmen. Dazu wurden auch persönliche Kontakte zu hochrangigen Vertretern solcher Konzerne gehalten, um auf diesem Wege sowohl Erkenntnisse abzuschöpfen als auch für die DDR-Wirtschaft nutzbare Verbindungen aufzubauen.

Im bescheidenen Umfang war es möglich, über unsere Verbindungen Unterstützungen bei aufgetretenen Devisen- und Zahlungsproblemen zu geben. Und das betraf durchaus auch den Handel mit unseren sozialistischen Verbündeten. Im Warenaustausch zwischen den Ländern des RGW erfolgte die Preisbildung aus dem Mittel der Weltmarktpreise der jeweils verflossenen fünf Jahre. Die in Ammendorf produzierten Personenwaggons für die Eisenbahn wurden zu einem beträchtlichen Teil in die Sowjetunion exportiert. Die sowjetische Seite hatte einen sehr niedrigen Preisvorschlag gemacht. Mit Hilfe der von uns beschafften Preisunterlagen aus dem westlichen Ausland gelang es unseren Außenhändlern allein bei diesem Geschäft, 300 Millionen transferable Rubel pro Jahr mehr zu erwirtschaften.

1997 forderte die SPD-Bundestagsfraktion in einem Papier, »multi- oder bilaterale Abkommen, um den Einsatz von Geheimdiensten für die Industriespionage auszuschließen«. Dieter Wiefelspütz, innenpolitischer Sprecher der SPD-Fraktion, scheint es heute peinlich zu sein, zu den Unterzeichnern des Papiers zu gehören: »Unsere Anfrage damals war etwas naiv.«

In: *Die Zeit*, 40/1999

# Die Unterstützung der elektronischen Industrie

Von Horst Müller und Klaus Rösener

Die Beschaffung von Informationen auf dem Gebiet der Elektrotechnik/Elektronik stand auf der Prioritätenliste der Wissenschaftlich-Technischen Aufklärung von Anfang an ganz vorn. Die elektrotechnische Industrie auf dem Gebiet der DDR hatte einen hohen Stellenwert. Das lag an ihrer Tradition wie auch am Anteil an der Industrieproduktion, und der war groß.

Das Ziel bestand in der Unterstützung ihrer Entwicklung, der Erhöhung ihrer Produktivität und Effektivität sowie ihrer Orientierung auf neue Entwicklungsrichtungen und Erzeugnisse.

Unsere Zielobjekte waren vor allem die führenden Konzerne der Branche in der Bundesrepublik Deutschland, in den USA und Japan. In den ersten Jahren der Arbeit ging es vor allem darum, in diesen Objekten Fuß zu fassen und Positionen aufzubauen, die in späteren Jahren wirksam werden konnten. Die Schwerpunkte lagen zunächst im Elektromaschinenbau, bei Elektromotoren, der Kabelherstellung und Starkstromtechnik. Wir interessierten uns aber auch für Nachrichtentechnik, Feinmechanik und Optik.

Mitte der 60er Jahre rückten die Elektronik und die elektronische Datenverarbeitung, später die Mikroelektronik, ins Zentrum der Wirtschaftspolitik der DDR und damit auch der Informationsbeschaffung der Wissenschaftlich-Technischen Aufklärung.

I. Die elektronische Datenverarbeitung

Die EDV-Anlage mit Betriebssystemsoftware
Charakteristisch für die EDV-Entwicklung zu Beginn der 60er Jahre war der von Carl Zeiss Jena entwickelte und produzierte Rechner *ZRA 1* (Zeiss-Rechenanlage 1) und *ZRA 2* mit Elektro-

nenröhren. Eine Weiterentwicklung dieser Technik schied angesichts der internationalen Trends aus. Der Energieverbrauch war zu hoch, und die Wärmeentwicklung der Rechner nicht hinnehmbar. Es mussten EDV-Systeme auf Halbleiterbasis und mit Blick auf Schaltkreisintegration entwickelt werden. Gemessen am Entwicklungstempo in der Welt stand für die Geräte- und Software-Entwicklung nur wenig Zeit zur Verfügung. Für diese Aufgabe mussten zudem neue und wesentlich erweiterte Industriepotentiale geschaffen werden.

Ein Ausgangspunkt war der an der Technischen Hochschule Dresden entwickelte Rechner auf Transistorbasis *R 100*. Auf diesen Erfahrungen fußend entstand der Rechner *R 300* mit Halbleitern. Eine Software als Betriebssystem, um über rechentechnische Funktionen hinausgehende Abläufe zu realisieren, gab es noch nicht. Der *R 300* wurde ab 1967 produziert. Sein technisches Niveau reichte jedoch nicht aus, ihn zu einem international vergleichsfähigen elektronischen Rechnersystem zu entwickeln.

Das zu jener Zeit von der Partei- und Staatsführung beschlossene Datenverarbeitungsprogramm orientierte auf die Herstellung leistungsfähiger Analog-, Hybrid- und Digitalrechner einschließlich der kompletten Betriebssystem-Software. Bei der Durchsetzung dieses Programms waren die DDR-Kapazitäten auf sich angewiesen, weil alle Versuche zur Nutzung international vorhandener Lösungen an der Embargo-Politik der westlichen Länder scheiterten.

Der VEB Elektronische Rechenmaschinen Karl-Marx-Stadt wurde mit den Hauptentwicklungen beauftragt. Weitere Entwicklungsstellen und Hochschulpotentiale wurden zugeordnet. Es wurden die besten der von den DDR-Hochschulen ausgebildeten naturwissenschaftlichen und technischen Kader eingesetzt. In der vorgegebenen Frist war es nicht möglich, gleichzeitig die umfangreichen konzeptionellen und technischen Entwicklungen von Software, Geräten und Technologien zu leisten, ohne dass Hilfe von außen in Anspruch genommen worden wäre.

Die entscheidende Unterstützung kam vom Sektor Wissenschaft und Technik der HV A. Uns war es gelungen, Mitte der 60er Jahre im führenden EDV-Unternehmen der Welt, dem USA-Konzern IBM (*International Business Machines*), eine Quelle an einer für die EDV-Entwicklung entscheidenden Position zu schaffen. Dadurch war es möglich, dass ab 1966 über viele Jahre hinweg Entwicklungsdokumente von IBM unmittelbar nach ihrer Verfügbarkeit in die DDR gelangten und für die Eigenentwicklung ausgewertet und aufbereitet werden konnten. Es begann mit den Dokumentationen des IBM-System 360, Modell 40, aus der IBM-Modell-Reihe 360 vom Klein- bis zum Großrechner.

Über diesen Kanal hatten wir einen kontinuierlichen Informationsfluss, so dass die wenigen Mitarbeiter von SWT kaum mit der Bearbeitung des noch in Papierform bereitgestellten Materials nachkamen. Wir mussten insbesondere die Herkunft des Materials »neutralisieren«, um unsere Quelle zu schützen, ehe wir die Papiere weitergaben. In der Industrie wurde begonnen, hauptamtliche Auswerter einzusetzen. Sie erhielten die Aufgabe, die Dokumente zu sichten und systemgebunden aufzubereiten. Das war anfangs nicht mit schnellem Erkenntnisgewinn verbunden, da es sich bei der Masse der Informationen nicht immer um geschlossene Zusammenhänge, beispielsweise Gesamtübersichten, Zentrale Verarbeitungseinheiten, Steuereinheiten, Haupt- und andere Speicher, Software etc., handelte.

Der Umfang der Dokumentationen war beträchtlich. Bereits die Anwenderdokumentationen zum Betreiben der Rechenanlage füllten mehrere große Aktenschränke. Entwicklungsdokumentationen waren mehr als zwanzigmal so umfangreich. Dennoch vervollständigte sich nach wenigen Wochen das Zusammenhangwissen erheblich, so dass sich zunehmend das Gesamtbild für eine gezielte Nachentwicklung abzuzeichnen begann. Unser großer Vorteil bestand darin, dass die Quelle bei IBM gezielt nach unseren Wünschen an der Vervollständigung des Materials arbeitete.

Und nicht unerwähnt soll die verantwortungsvolle Arbeit der Kuriere sein, die diese gewaltigen Mengen an Material unerkannt und sicher in die DDR schleusten.

Nach zwei Jahren begann IBM, die Entwicklungsunterlagen auf Mikrofiches zu dokumentieren. Das erleichterte uns die Arbeit. Die entsprechende Lesetechnik wurde sehr schnell von unserem optischen Gerätebau entwickelt. Der Aufwand zur Bearbeitung konnte nunmehr erheblich reduziert werden.

Nach einer mehrtägigen Klausurtagung entschieden die EDV-Fachleute, alle Kraft auf die elektronische Datenverarbeitung in der DDR auf die Nachentwicklung des IBM-Systems 360 zu konzentrieren. Diese Festlegung löste erneut viele Informationswünsche an die Quelle bei IBM aus. Besonders die Software für das Betriebssystem stand sofort im Mittelpunkt des DDR-Wunschprogramms. Den Experten der DDR war klargeworden, dass nicht einmal alle Programmierer und Mathematiker aller sozialistischen Länder ausreichen würden, um in vertretbarer Zeit ein Betriebssystem eigenständig zu entwickeln.

Fast zur gleichen Zeit wurde im Kreis von Arbeitsgruppen – anfangs im Rahmen des Rates für gegenseitige Wirtschaftshilfe (RGW), weiterführend auf bilateraler staatlicher Ebene – eine gemeinsame und einheitliche Entwicklung eines EDV-Systems beraten und eingeleitet. In den vielseitigen bilateralen Abstimmungen unter sowjetischer Federführung waren die durch die umfangreichen SWT-Unterstützungen gut vorbereiteten und umfassend informierten Fachleute und Auswerter der DDR vertreten. Sie brachten die entscheidenden Beiträge für die Systemkonzeption ein.

Im Ergebnis der sehr prinzipiell geführten Abstimmung wurde die von der DDR vertretene EDV-Konzeption aufgegriffen, weil sie sich am Primus der Branche orientierte und von der DDR bereits wichtige Vorleistungen erbracht worden waren. Am Ende entstand das Einheitssystem Elektronischer Rechentechnik (ESER) der RGW-Staaten.

Es wurden einzelnen Staaten bestimmte Aufgaben übertragen. Die VR Polen entwickelte und produzierte das Modell *R 30* (kleines Modell), die DDR das Modell *R 40* (mittelgroßes Modell) und die Sowjetunion die Modelle *R 50* und *R 60* (große Modelle), wobei die Software für die Betriebssysteme arbeitsteilig durch die Sowjetunion und die DDR bereitgestellt werden sollten.

Für SWT ergab sich daraus ein wesentlich erweitertes und komplizierteres Unterstützungsprogramm durch die operative Aufklärung. Einerseits mussten die Hardware-Weiterentwicklungen, insbesondere die Weiterentwicklung des IBM-System 370 verfolgt werden, und andererseits wurde die Nachentwicklung des Betriebssystems *OS-MVS* (Operating System für maschinelle virtuelle Systeme) zum absoluten Schwerpunkt.

Dazu musste der Source-Code, die Quellcode des Systems, besorgt werden. Der Quelltext ist der lesbare, in einer Programmiersprache geschriebene Text eines Computerprogramms. Er ist das bestgehütetste Geheimnis jeder Software-Entwicklung und wird unter strengstem Verschluss mit zusätzlicher personengebundener Zugangserfassung gehalten. Wir waren allerdings nicht die einzigen, die sich dafür interessierten. Wie uns Quellen bei Siemens und Fujitsu informierten, waren auch diese Konzerne dabei, die IBM-Betriebssystemsoftware zu knacken. Erfolglos. Das bewiesen die Entwicklungsarbeiten von Siemens und Fujitsu zur Entwicklung des Betriebssystems 3000, welche schon nach etwa zwei Jahren gescheitert waren. Das vorhandene Betriebssystem 2000 wurde daraufhin mit Siemens EDV-Anlagen fast nur auf dem westdeutschen Markt und das auch nur durch die Unterstützung der staatlichen Lobby weiter zum Einsatz gebracht.

Es dauerte eine gewisse Zeit, bis unsere Quelle das IBM-Datenverarbeitungsbetriebssystem unbemerkt kopieren konnte. Viele Legenden waren notwendig, und die Zählwerke am Computer und an der Magnetbandeinheit mussten für den Kopierzeitraum außer Betrieb gesetzt werden, damit niemand im IBM-Konzern mitbekam, was hier geschehen war. Zwölf große und hochdicht beschriebene Magnetbänder konnte wir unserer Industrie zur Betriebssystementwicklung übergeben.

Weiterhin beschafften wir umfangreiche Entwicklungsinformationen zum IBM-System 370 und erste Magnetbänder mit dem aktuellen IBM-Betriebssystem. Aus den Erkenntnissen wurden die Hardware-Forderungen für die DDR-Industrie abgeleitet, insbesondere zur Entwicklung der erforderlichen integrierten Logik- und Bauelemente.

In einer in Karl-Marx-Stadt neu errichteten Entwicklungsstelle des Kombinats Robotron wurden Ende der 60er Jahre alle technischen Voraussetzungen für die entwicklungsseitige Übernahme des IBM-Betriebssystems geschaffen. Dazu gehörten vor allem ein IBM-System 360 mit umfangreicher Peripherie, darunter eine Magnetbandeinheit mit 6.250 bpi (später im Kombinat Carl Zeiss Jena hergestellt), Wechselplattenspeicher mit 100 MB-Wechselplatten von CDC (*Control Data Corporation*, USA), die später mit 60 MB-Kapazität in Bulgarien produziert wurden, sowie eine große Anzahl von Monitoren.

Die Nachentwicklung vollzog sich so:

In einem Robotron-Rechenzentrum wurden die IBM-Daten von den Magnetbändern auf Wechselplatten überspielt. Dann holten sich die Auswerter die IBM-Daten in Schritten auf ihren Monitor. Sie änderten die spezifischen IBM-Erkennungsdaten in Robotron-Daten mit gleicher Wortlänge um, fertigten eine Beschreibung der erkannten Programmfolge und speicherten das Ergebnis als Robotron-Entwicklung. Dieser Vorgang wiederholte sich so oft, bis das eigene Betriebssystem in der verfügbaren Version komplett war.

Diese Arbeiten wurden von SWT laufend durch aktuelle Software-Informationen unterstützt. Die ständige Aktualisierung durch uns erfolgte bis zum Ende der 80er Jahre.

Internationale Einschränkungen in Form von Patenten, unter anderem für die Nutzung der so gewonnenen Software, gab es nicht. Ergänzungen in Form von Anwendungsprogrammen wurden durch verschiedene Quellen zusätzlich an das Kombinat Robotron zeitversetzt übergeben, wie ALGOL (*Algorithmic Oriented Language*), COBOL (*Common Business Oriented Language*), FORTRAN (*Formula Translation*) und in den 80er Jahren ORAKEL als Informations-Recherche und Verarbeitungssystem (z. T. in Quellcode).

Welchen Wert diese SWT-Unterstützung für die DDR-Wirtschaft hatte, wurde offensichtlich, als Unterlagen aus einem Prozess »CDC gegen IBM« vorlagen, der 1970/71 stattfand. Daraus wurde ersichtlich, dass IBM etwa zwei Milliarden Dollar Gesamtkosten für diese Entwicklung aufgebracht hatte, wobei etwa die Hälfte davon in Vorhaben gesteckt wurde, die sich als Fehlentwicklungen erwiesen.

Die DDR investierte in die Adaption des Betriebssystems etwa 200 Millionen DDR-Mark. Daraus ist ersichtlich, welch hoher ökonomischer Nutzen die operative Tätigkeit des Sektors Wissenschaft und Technik gebracht hatte. Die DDR allein hätte es ohnehin nicht vermocht, die immensen Kosten aufzubringen, die IBM investiert hatte.

Die Produktion des Robotron *R 40* wurde Ende der 60er Jahre in Dresden vorbereitet. Von 1973 bis 1979 wurden etwa 470 Stück gefertigt. Dabei zeigte sich, dass neue Erfordernisse im Änderungsdienst, anders als es bisher in der DDR üblich war, notwendig wurden.

Aus IBM-Informationen wurde bekannt, dass entwicklungsbedingte Änderungen an Produkten innerhalb des IBM-Konzerns in einer Stunde bereits weltweit produktionswirksam waren. Was lag also näher, als sich in die Übermittlung der Änderungsdaten einzuklinken. Wir schafften es, dass bei Robotron eine Kabelverbindung zwischen dem Rechenzentrum der Entwicklungsstelle und dem Produktionsbetrieb eingerichtet wurde, um möglichst kurze Überleitungszeiten bei Änderungen zu erreichen.

Nach dem Produktionsbeginn der EDV-Anlage *R 40* kam Robotron schon in den 70er Jahren aus den »roten Zahlen« und erwirtschaftete einen jährlich wachsenden Gewinn. Dieser kam vor allem durch Exporte der EDV-Anlagen in die Länder des RGW und in arabische Staaten, zum Beispiel Ägypten zustande. Ein *R 40* ging sogar an den Computer-Hersteller CDC in den USA. CDC kaufte den R 40 von Robotron ohne Betriebssystem. Eine Quelle berichtete, dass CDC ein gekauftes IBM-Betriebssystem auf der Robotron-Anlage auf seine Lauffähigkeit testen wollte. Das funktionierte, natürlich. Es wäre zwar ein wenig langsamer als das Original von IBM gelaufen, was der DDR-Hardware zugeschrieben wurde. Aber es lief.

Das war natürlich ein Betriebsunfall für uns. Es war abzusehen, dass diese Nachricht branchenintern in den USA verbreitet werden würde. Wir mussten darum unsere beiden Spitzenquellen bei IBM für einige Monate stilllegen, um sie nicht zu gefährden. Die eigenen Arbeiten in der DDR störte dies zu jenem Zeitpunkt nicht wesentlich.

Bei den EDV-Modellen, die im Rahmen des ESER durch andere RGW-Staaten entwickelt wurden, gab es erhebliche Qualitätsunterschiede. Dies zeigte sich auf der ESER-Ausstellung in der ersten Hälfte der 70er Jahre in Moskau. Die DDR-EDV-Anlage war die einzige, die ohne Probleme die Entwicklungsziele vollständig nachweisen konnte und auch als erste von der Ausstellungsabnahme als »ausstellungsbereit« erklärt worden war. Seitdem war die Nachfrage nach der *R 40* stets so groß, dass Robotron den Bedarf im Inland und für den Export kaum decken konnte.

Die Prozessrechentechnik

Zu Beginn der 80er Jahre wurde der Einsatz von Prozessrechentechnik in allen Industriebereichen der DDR dringend erforderlich, um die Produktionsprozesse logistisch besser führen zu können. Das Ziel war die Automatisierung. Bei der Suche nach geeigneten und in der DDR realisierbaren Lösungen kam die Wissenschafts- und Prozessrechnerlinie der Firma DEC ins Visier. US-Konzerne wie Hewlett Packard (HP) operierten international mit breitem Angebot. Musterrechner von HP und DEC einschließlich technischer Informationen wurden von verschiedenen Quellen des Sektors Wissenschaft und Technik besorgt, in die DDR geholt und Robtron bereitgestellt.

Auf dieser Grundlage wurde Mitte der 80er Jahre für die Wirtschaft der DDR eine Strategie entwickelt. Erstens sollte in den Industriebereichen sofort mit der Vorbereitung des Einsatzes solcher Rechner begonnen werden. Zweitens sollten wir DEC-Rechner besorgen und Robotron binnen zwei Jahren eine Nachentwicklung produzieren. Robotron hatte dazu die Betriebssystem-Software für alle Branchen und die Anwender-Software für die Elektrotechnik/Elektronik in Dresden bereitzustellen. Das zentrale Rechenzentrum für die Chemische Industrie war im Chemieanlagenbau Grimma geplant, das für den Maschinenbau/Metallurgie im Rechenzentrum Cottbus des Eisenhüttenkombinates Ost. Eine Ausnahme bildete der Schwermaschinenbau Magdeburg, für den Siemens-Rechner vorgesehen waren.

Ähnlich wollte auch die Sowjetunion vorgehen, die Bulgarien mit einbezog. Das Ganze erhielt im RGW den Namen *System der Kleinrechner* (SKR).

Nach der Beschaffung des Rechners *VAX 730* für die Chemische Industrie sah sich der Bereich Kommerzielle Koordinierung außerstande, die benötigte Menge an DEC-Rechnern mit unterschiedlichen Anforderungen zu besorgen. Daraufhin wurde die Aufgabe an den Sektor Wissenschaft und Technik der HV A übergeben. Das war eine Herausforderung, weil völlig andere operative Beschaffungsstrukturen notwendig wurden.

Eine operative Außengruppe musste strukturell neu profiliert und Verbindungen zu Händlerkreisen in der westlichen Hemisphäre hergestellt werden. Um das Gesamtpaket DEC zu realisieren, musste auch die technische Informationsbeschaffung durch inoffizielle Mitarbeiter koordiniert werden.

Benötigt wurden vorwiegend Rechner vom Typ *VAX 11-750* mit mehreren Bildschirm-Arbeitsplätzen sowie periphere Anschlusstechnik und Software. Robotron brauchte zusätzlich Musterrechner verschiedener DEC-Typen wie *Mikro-VAX* und *PDP 11/780* mit kompletter technischer Dokumentation. Dieser Auftrag wurde durch SWT ebenfalls realisiert.

Für diesen Wunsch gab es ganz konkrete Gründe. Es war nicht abzusichern, dass der Nachbau einer VAX 11/750 zeitlich vertretbar bzw. innerhalb von zwei Jahren mit den noch neu zu entwickelnden Schaltkreisen im Kombinat Mikroelektronik gelingen würde. Bereits der erforderliche 32-bit-Prozessor war für das Kombinat Mikroelektronik Erfurt eine gewaltige Herausforderung. Alle anderen Bauelemente für die *PDP 11* waren aus eigenem Aufkommen weitgehend verfügbar.

Der technische Rückstand beim Nachbau des *VAX 11/750* war groß. Bis zur Produktionsaufnahme würden etwa drei bis vier Jahren vergehen. Bei der *PDP 11/780* sogar zehn Jahre. Wenn man denn alles 1 zu 1 nachbaute. So wählte man den anderen Weg: Man nahm vorhandene Hardware-Bauelemente, was zu baulich größeren Rechnern führte. Die Leistungsparameter waren aber besser als bei der *VAX 750*. So konnte die Produktionsaufnahme in zwei Jahren erfolgen.

Die Sowjetunion setzte auf *VAX 11/750* und nahm Bulgarien mit der abgerüsteten Variante *VAX 11/730* mit ins Boot.

Die DDR-Industrie war die einzige im RGW-Bereich, die ihre Hausaufgaben erfolgreich gemacht hatte. Im Mai 1987 stellte Robotron den ersten nachgebauten Rechner mit der Bezeichnung *K 1840* in der DDR vor. Im Jahre 1988 wurden fünf Muster gefertigt, anschließend ging er in Serie. Der Rechner hatte eine Leistungsfähigkeit von erstmals einer Million Operationen pro Sekunde und 16 gleichzeitig anschließbare Arbeitsplätze, konnte komplexe Anlagen und flexible Fertigungssysteme steuern und als Leitrechner für Automatisierungsvorhaben eingesetzt werden.

Ein Nachbau war in der Regel nicht völlig mit dem Original identisch, da die hiesigen Entwicklungskräfte den technischen und technologischen Möglichkeiten der DDR unterworfen waren. Die erreichbare Funktionalität und die Betriebssysteme standen natürlich außer Frage. Selbst die Logik für den 32-bit-Prozessor wurde als Forderung konkret an das Kombinat Mikroelektronik Erfurt vorgegeben (nicht vergleichbar mit einem 32-bit-Mikroprozessor).

Man kann sich vorstellen, dass für diese eigenen Aktivitäten neben der Musterbeschaffung eine große Zahl technischer Dokumentationen, Software und Softwarebeschreibungen notwendig war. Daran arbeiteten mehrere Quellen. Gegenüber den IBM-Beschaffungen lag das operative Problem darin, das Interesse der Quellen am älteren Rechnertyp *PDP 11/780* nicht offensichtlich werden zu lassen. Die Legende wurde durch eine entsprechende Tätigkeit der Quellen im DEC-Konzern gestützt, z. B. im Service- und Wartungsbereich. So konnten über lange Zeit große Mengen an Mikrofiches und Datenträgern bereitgestellt werden.

Das Ergebnis zeigte, dass durch eine logistische Meisterleistung alle operativen Maßnahmen von Erfolg gekrönt waren.

Klaus Peter Lindlar, freier Wirtschafts- und Technik-Journalist in München, berichtete Anfang der 90er Jahre in der Zeitschrift *edvASPEKTE* unter dem Titel »EDV-Szene Ost – PHÖNIX aus der Asche«: »Die Manager von Siemens-Nixdorf, IBM und Digital Equipment müssen nicht schlecht gestaunt haben, als sie das erste Mal durch die neuen Bundesländer gereist sind. Besonders der Standort Dresden dürfte einige Überraschungen für sie bereitgehalten haben. Denn in der ehemaligen DDR wurde wie in den übrigen RGW-Ländern hemmungslos geklont – und das in einer Präzision, die für die Informatiker Ostdeutschlands eigentlich beste Referenz sein sollte. Bis 1989/90 waren die gängigsten Schlagworte der DV-Branche: neutralisieren und lizenzfrei machen. Mal wurden von Systemen aus ›schwarzen Kanälen‹ frech die Markenschilder entfernt und sie dann als eigene Produkte verkauft. (*Diese Behauptung bezüglich des Verkaufs ist bei SWT nicht bekannt – H. M./K. R.*), häufiger wurden sie aber lizenzfrei gemacht – kopiert oder geklont und in einer Art und Weise nachgebaut, dass sie dem Vergleich mit dem Original durchaus standhalten konnten. Meistens hatte dabei das Renommier-Kombinat Robotron mit seinem F/E-Betrieb die Hände im Spiel.«

Bis zum Ende der DDR hat der Sektor Wissenschaft und Technik eine wichtige Aktie daran, dass mit neuen Mitteln der Datenverarbeitung eine Erhöhung der Produktivität der Wirtschaft möglich wurde.

Neben der Beschaffung von Rechentechnik und Software zur Unterstützung der Entwicklung eigener Prozessrechner und zur Vorbereitung der durchgängigen Anwendung der Rechentechnik in Forschung und Produktion, gab es noch andere Einsätze, die der Erwähnung bedürfen.

So mussten kurzfristig sechs Prozessrechner der Firma Data General besorgt werden, die zur Steuerung des im Bau befindlichen Stahlwerks Eisenhüttenstadt benötigt wurden. Ohne die Zulieferung dieser Rechner war die termingerechte Inbetriebnahme des gesamten Werkes gefährdet. Der österreichische Vertragspartner hatte die vereinbarte Lieferung aus Embargogründen storniert. Wir retteten den Termin.

Wichtige Bestandteile des Personalcomputer-Programms

1981 kreierte IBM den ersten Personalcomputer, der zum Standard vieler Nachfolgeentwicklungen wurde. In der DDR erfolgte bis Mitte der 80er Jahre die Eigenentwicklung von Personalcomputern im Büromaschinenwerk Sömmerda des Kombinates Robotron. 1986 erfolgte der Serienstart eines ersten PC-Typs als Arbeitsplatzcomputer *A 7100*. Einerseits war die Nachfrage an Personal- und Arbeitsplatzcomputern im DDR-Binnenmarkt und aus dem sozialistischen Ausland sehr groß, andererseits zeichnete sich eine unvorstellbare Technik-Revolution auf diesem Gebiet ab. Zum Zeitpunkt der Produktionsaufnahme des *A 7100* waren viele seiner technischen Bestandteile bereits veraltet. Woanders gab es neue Technikelemente, über die die DDR überhaupt noch nicht verfügte. Trotz einer Aufwertung durch den Einsatz von Festplattenspeichern der japanischen Firma NEC (Nippon Electric Company) war eine Neuentwicklung dringend erforderlich.

Gemäß Strategie des Ministeriums für Elektrotechnik und Elektronik und in enger Zusammenarbeit mit dem Kombinat Robotron wurden Maßnahmen festgelegt, die es der DDR ermöglichen sollten, dem internationalen PC-Trend zu folgen. Entscheidend dafür waren:
- die Entwicklung eines $3^1/_2$-Zoll-Floppy-Disc Laufwerks im Buchungsmaschinenwerk Karl-Marx-Stadt,
- die Verbesserung des Druckkopfes und Schaffung neuer Druckprinzipien für den PC-Drucker aus dem Büromaschinenwerk Sömmerda,
- die Entwicklung eines modernsten Anforderungen genügenden PC im Buchungsmaschinenwerk Karl-Marx-Stadt und

- die Entwicklung einer Festplattenspeicherlinie mit Aufbau einer Produktionsstätte in Meiningen/Zella-Mehlis.

Zur Lösung aller dieser Schwerpunkte wurde um Unterstützung durch uns nachgesucht. Vorhandene Quellen mussten zielgerichtet neue Beschaffungsmöglichkeiten suchen.

So gelang es, die komplette Entwicklungsdokumentation der japanischen Firma Mitsumi für ein $3^1/_2$-Zoll-Floppy-Laufwerk operativ zu beschaffen. Auch Teile der Produktionsausrüstungen, die in der DDR nicht mit erforderlichem Niveau kurzfristig herstellbar waren, wurden bereitgestellt. Dazu gehörte ein Hochpräzisions-Drahtwickelautomat für die Herstellung des Diskettenkopfes im sächsischen Hartmannsdorf sowie Montagewerkzeuge für das Buchungsmaschinenwerk Karl-Marx-Stadt.

Probleme in der technologischen Umsetzung traten im Buchungsmaschinenwerk nur bei der Leiterplatte an der unteren Seite des Floppy auf. Die Präzisionsmechanikkomponenten machten dagegen durch Erfahrungen mit der Eigenentwicklung des $5^1/_4$-Zoll-Floppy-Laufwerks keine Schwierigkeiten. Aber das Gerät für den $3^1/_2$-Zoll-Datenträger war erheblich kleiner und damit auch die Leiterplatte mit der Steuerungstechnik aus elektronischen aktiven und passiven Bauelementen.

Die höhere Bauelementepackungsdichte erwies sich aber nicht als das größte Problem. Die Japaner dokterten laufend an ihren Geräten, fast in jeder Woche gab es Veränderungen an Hard- und Software. Höhere Funktionsintegration im Chip führte in der Regel zur Verringerung der Anzahl der Bauelemente im Gerät. Das hatte schließlich auch Einfluss auf die Konstruktionseleganz und Funktionssicherheit. Auch diese Probleme wurden mit Hilfe SWT überwunden. Etwa zwei Jahre nach DDR-Entwicklungsbeginn konnten die ersten eigenen $3^1/_2$-Zoll-Floppy Disk-Laufwerke in Produktion gehen.

Nicht minder bedeutsam war das Druckerprogramm in Sömmerda. Die Nachfrage nach Druckern war groß. Auch die mit kyrillischen und arabischen Zeichensätzen ausgerüsteten Drucker standen im Ruf hoher Funktionstüchtigkeit und zuverlässiger Arbeitsweise. Sie waren in gewisser Weise mit Epson-Druckern aus Japan kompatibel. Sie wurden Devisenbringer für die DDR.

Genügend Erfahrungen im Bau von Schreibmaschinen in den Werken »Optima« in Erfurt und Buchungsautomaten in Sömmerda lagen in der DDR vor. Doch weder dem IBM-Kugelkopf noch dem rotierenden Typenrad aus DDR-Produktion gehörte die Zukunft, sondern zunächst dem Nadeldrucker, der bald vom Tintenstrahl- und schließlich vom Laserstrahl-Drucker abgelöst werden sollte.

Auf der Basis dieser Einschätzungen besorgte die wissenschaftlich-technische Aufklärung die komplette Technologie zum 9-Nadeldruckkopf einschließlich Muster aus einzelnen Entwicklungsstufen. Später wurde dazu beigetragen, diese Technologie zum 24-Nadeldruckkopf aufzuwerten. Die Nadeldrucker der DDR waren eine wichtige PC-Komponente, die in großen Stückzahlen in Sömmerda produziert wurden. In Entwicklung befand sich auf der Grundlage beschaffter technischer Informationen und Druckkopfmuster auch der Tintenstrahldrucker, der neue technologische Anforderungen an die Strahlimpulskanülen und die Tintenkonsistenz stellte.

Jedoch wurde das Tintendruckerprogramm mit dem Ziel einer Sortimentsbereinigung von Robotron nach Ungarn verlagert, was leider Auswirkungen auf die Zeitachse dieser Entwicklung hatte.

Vorgesehen war die Konzentration auf die neu aufkommenden Laserdrucker, wofür die Technologiebeschaffung durch SWT begonnen hatte, was aber nicht mehr zum Tragen kam.

Entwicklung und Produktion von Festplattenspeichern

Zu einer besonderen Herausforderung wurde die Mitte der 80er Jahre an SWT herangetragene Bitte des Ministeriums für Elektrotechnik und Elektronik (MEE), eine komplette Fabrik zur Herstellung von Festplattenspeichern zu beschaffen und zunächst den Import einer großen Zahl von Festplatten für die PC-Produktion bis zur eigenen Produktionsaufnahme abzusichern.

Das MEE hatte keine Lösung für diese Aufgabenstellung. Eine vom BASF-Konzern offiziell angebotene Produktionslinic in Ludwigshafen war indiskutabel: die Anlage war veraltet, unproduktiv und schaffte Festplatten mit nur 20 MB Speicherkapazität.

Eine Analyse ergab, dass außer Siemens keine europäische Firma sich mit der Entwicklung von Festplattenspeichern beschäftigte. Von Fachleuten wurde angezweifelt, dass die Entwicklung von Siemens, die in der DDR als Konstruktionsdokumentation vorlag, aufgrund einer technologisch sehr unfreundlichen Konstruktion je produziert werden würde. Das bestätigte sich bald.

Dann kam die zündende Idee, die sich letztlich an Brechts »Dreigroschen-Oper« orientierte. »Was ist ein Einbruch in eine Bank gegen die Gründung einer Bank?«, heißt es dort. Die Adaption lautete: Wir lassen eine Fabrik im Ausland errichten, die Festplatten produziert, und nach einer Weile bauen wir den Betrieb ab und bauen ihn in der DDR wieder auf. Die Fabrik musste im westlichen Ausland errichtet werden, dort eine Zeitlang produzieren und dann demontiert und in die DDR zu Robotron nach Meiningen verbracht werden. DDR-Spezialisten sollten sich vor Ort von der Funktionsfähigkeit der Anlage überzeugen und selbst ersten Erfahrungen sammeln. Und schließlich konnte die Lieferung von Teilen, die unter Embargo standen, ohne Probleme erfolgen. Auf diese Weise wurden alle CoCom-Bestimmungen unterlaufen und überdies eine vollständige und moderne Produktionsanlage preiswert ins Land geholt.

Von Anfang an war klar, dass dies eigentlich keine Aufgabe für SWT war, da sie nur mit einem legalem Vorgehen für viele Importe lösbar erschien. Klar war auch, dass ein größerer Personenkreis in die Aufgabe einbezogen werden musste. Dennoch sollte die Realisierung so lange wie möglich geheim gehalten werden, um Störaktionen jeglicher Art zu vermeiden. Schließlich würde der Aufbau einer solchen Fabrik in der DDR internationales Aufsehen erregen, auch dadurch, dass das eine gewisse Pionierrolle in dieser Technik in ganz Europa bedeutet hätte, da bis dato kein einziges europäisches Land Festplatten entwickelte oder herstellte. Aus diesem Grunde wurde für die Realisierung dieser Aufgabe vom Vertragsabschluss bis zur Auslieferung eine vom SWT gesteuerte, legal abgedeckte Außenhandelsfirma einbezogen.

Nachdem ein Anlauf in Wien gescheitert war, glückte ein zweiter in Singapur. Geplant war, dass die Fabrik nach zwei Jahren im Thüringer Wald stehen sollte. Bis dahin sollten die in Singapur produzierten Festplatten in die DDR »exportiert« werden: 200.000 Stück im Jahr.

Die Fabrik war eine Lizenznahme der US-Firma Microscience, die auch in Singapur und Taiwan ansässig war. Hauptsitz war in Silicon Valley. Ihre Festplattenspeicher *HH 825* (25 MB) und *HH 1050* (50 MB) mit einfacher, gut ausgeklügelter Herstellungstechnologie entsprachen unseren Vorstellungen. Microscience lieferte die technologische Ausrüstung für die vollständige präzisionsmechanische Vorfertigung, die Leiterplattenherstellung, die Herstellung der Gussgehäuse, der Platten und Köpfe bis zur Montage der Geräte im Reinstraum sowie für die Prüfung. An die Lizenz war die Abnahme einer bestimmten Menge von Microscience-Festplattenspeicher gebunden (50.000 Stück *HH 825* und *HH 1050*) sowie der Kauf von 27.000 Montage-Kits von Microscience. Alle Transportaufgaben sowohl der Festplatten als auch der Technologieausrüstung wurden über eine Firma in Singapur abgewickelt.

Die dort produzierten Festplatten mit der Bezeichnung *IP 25* und *IP 50* sollten von Singapur über Belgrad nach Frankfurt am Main geflogen werden. Allerdings wurde in Belgrad die Ware nach Berlin-Schönefeld umgeleitet. Später erfolgte die Lieferung aus Kostengründen ausschließlich per Schiff. Auf dem Seeweg von Singapur nach Helsinki mit Zwischenaufenthalt im Hafen Rostock wurde die Ware »unbemerkt« in der DDR gelöscht.

Im März 1988 wurde auf Wunsch der DDR-Seite eine persönliche Besichtigung und Bewertung des Arbeitsstandes in Singapur vorgenommen. Im Ergebnis dieser Reise, die alle Erwartungen erfüllte, lief die Schulung von Robotron-Mitarbeitern in Singapur sofort an. Ende 1988 erfolgte die Verschiffung der Produktionslinie in die DDR. Bereits am 10. April 1989 war die Montagelinie in Meiningen installiert, und es wurde die erste größere Menge von Festplattenspeichern in der DDR produziert.

Die Ablösung von Zulieferimporten war ebenfalls angelaufen, z. B. bei mechanischen Präzisionsteilen, bei der Plattenbeschichtung durch Sputtern, bei den Leiterplatten – trotz noch immer fehlender Mikrochips aus dem Kombinat Mikroelektronik – und bei den Gehäusen. Mit einem Jahr Zeitverzögerung war alles auf einem guten Weg. Die schnelle Erhöhung der Speicherkapazität von 25 MB auf 30 MB und von 50 MB auf 100 MB war möglich, ohne wesentliche technologische Änderungen vornehmen zu müssen.

Besonders muss hervorgehoben werden, dass die inoffiziell arbeitenden DDR-Ingenieure und -Techniker im technologischen Bereich einen ganz entscheidenden Beitrag dazu geleistet haben, dieses Ziel zu erreichen.

II. Der Vorrang der Mikroelektronik

Der Einstieg

Die Unterstützung der Entwicklung mikroelektronischer Bauelemente in der DDR durch den Sektor Wissenschaft und Technik sollte sich als die größte operative Herausforderung für die Wissenschaftlich-Technische Aufklärung erweisen. Die führenden Unternehmen auf diesem Wissenschaftsgebiet befanden sich in den USA und in Japan, also in Übersee und damit weit außerhalb unseres bisherigen Hauptoperationsgebietes Westeuropa.

Hinzu kam, dass – im Unterschied zur EDV-/PC-Technik, wo Entwicklung und Produktion weit gestreut und an vielen Orten aufklärbar waren – hier eine punktgenaue operative Ortung erforderlich war, um auf Technologien, Musterbauelemente und Herstellungsgeräte zugreifen zu können. Das erhöhte die operative Anforderungen und auch Aufwendungen.

Die Analyse zeigte, dass sich in den Vereinigten Staaten die entscheidenden Entwicklungen bei den integrierten Mikroprozessorbauelementen vollzogen, während man sich in Japan auf die Mikrominiaturisierung in der Herstellungstechnologie konzentrierte. Das betraf insbesondere passive Chipbauelemente und Speicherschaltkreise.

Die Entwicklung der Mikroelektronik in der DDR begann mit der Transistortechnik Ende der 50er Jahre und der Gründung der ersten Halbleiterfabrik in Markendorf bei Frankfurt/Oder. Bereits in der Entwicklungsphase half die Wissenschaftlich-Technische Aufklärung der HV A: Die kleine Schar junger Halbleiterphysiker der DDR, die den technologischen Prozess für die ersten Transistoren vorbereiteten, produzierte immer wieder nur Ausschuss, ohne den Grund zu erkennen. Erst eine operative Verbindung löste das Problem in einer Nachtaktion im Halbleiterwerk. Ein Physiker aus der BRD, unsere Quelle, hatte im kleinen Kreis vor Ort lediglich den Hinweis gegeben, man müsse die Temperatur an einer Stelle des Prozesses etwas erhöhen. Warum dies so sei, wusste er auch nicht, denn sonst war in Frankfurt/Oder alles richtig gemacht worden. Er konnte sich das Scheitern der Versuchsreihen auch nicht erklären. Mit diesem Tipp aber verhalf er der Transistorproduktion in der DDR zum Durchbruch.

Am 23. und 24. Juni 1977 fasste das ZK der SED den Beschluss »Zur weiteren Verwirklichung der Beschlüsse des IX. Parteitages der SED auf dem Gebiet der Elektrotechnik und Elektronik«. Die Entwicklung und der Einsatz der Mikroelektronik, insbesondere in der Automatisierungs- und Rechentechnik, wurde als zentrale volkswirtschaftliche Aufgabe herausgestellt. Ein wichtiges Resultat dieses Beschlusses war die 1978 erfolgte Gründung des Kombinates Mikroelektronik Erfurt. Zusammen mit den Kombinaten Robotron und Zeiss bildete das Kombinat Mikroelektronik die industrielle Basis des Elektronik-Hochtechnologieprogramms der DDR.

Im Sektor Wissenschaft und Technik bildete dieses Programm eine Schwerpunktaufgabe für die operativen Arbeit, um den sich neu entwickelnden Zweig der Volkswirtschaft zu unterstützen. Allen auf dieser Linie tätigen operativen Mitarbeitern war klar, dass Automatisierungs- und Rationalisierungstechnik nur durch ein hohes Tempo in der Mikroelektronik zu meistern war. Und bekanntlich war die DDR arm an Rohstoffen. Das bedeutete angesichts dramatisch wachsender Rohstoffpreise zwangsläufig Abschied von extensiver Wirtschaft und Hinwendung zu einer Intensivierung. Mit Intelligenz und minimalem Rohstoffeinsatz sollte der Herausforderung erfolgreich begegnet werden.

Dazu sollten wir mit unseren Mitteln unseren Part beitragen.

An den Universitäten, Hoch- und Fachschulen wurde eine neue Generation von Physikern, Technologen und Ingenieuren für die Mikroelektronik ausgebildet. Jedoch fehlte das entsprechende Lehrmaterial. So wurde durch SWT und andere Abteilungen der HV A der Lehrstoff für unipolare und bipolare Technologien von führenden amerikanischen Universitäten sowie Ausbildungsprogramme von Halbleiterkonzernen wie *Texas Instruments* beschafft. Diese Unterlagen wurden von einer besonderen Auswertegruppe im Kombinat Robotron in Dresden übersetzt und in ein DDR-Lehrprogramm für mikroelektronische Technologien umgewandelt. Damit war in nur drei Monaten nach der Dokumentenbeschaffung der höchste aktuelle Wissensstand an den DDR-Hochschulen verfügbar.

Trotz sofort einsetzender verschärfter Embargobestimmungen durch westliche Industrieländer gelang uns die Beschaffung der damals neuesten Silizium-Diffusionstechnologie. Das war eine wesentliche qualitative Erweiterung für die in der Transistorfertigung genutzte Germanium-Halbleitertechnologie. Sie machte den Weg frei für eine Integration von Transistoren auf nur einem Chip. Die DDR-Technologiepalette konnte erfolgreich erweitert werden.

Mit dieser Technologie konnten im Analogbereich eigene Radio- und Fernsehschaltkreise im Halbleiterwerk Frankfurt/Oder hergestellt werden. Mit operativ beschafften Entwurfsdokumenten für RGB-Matrix, einem Fernseh-Farbbild-Schaltkreis, und Einchip-Radio-Schaltkreise waren auch die Anwendungen unterstützt worden. Bei Leistungsbauelementen war die Herstellung eines 1-Ampere-Silizium-Gleichrichters durch uns protegiert worden. Die Lösung basierte auf der von Sektor Wissenschaft und Technik beschafften Technologie für Thyristoren, die schließlich am Institut der Akademie der Wissenschaften der DDR in Stahnsdorf bei Berlin für die Produktion im Halbleiterwerk Frankfurt/Oder anwendungsbereit umgesetzt worden war.

Jeder neue Technologieschritt in der Mikroelektronik erforderte in der Regel neue Teile von Fertigungsausrüstungen. Diese verlangten nach neuen Produktionsstätten. Während Frankfurt anbaute und erweiterte, wurde das damalige Funkwerk Erfurt für Entwicklung und Produktion von digitalen mikroelektronischen Schaltkreisen umstrukturiert. So schuf man dort auch die erforderlichen Reinstraum-Bedingungen für die technologischen Abläufe.

Wir halfen immer wieder, besorgten Dokumente, um schnellstens integrierte Logik-Schaltkreise für die EDV-Technik in Erfurt produzieren zu können.

In Berlin begann man mit der Züchtung von Silizium-Einkristallstäben bei Steremat mit 3 bis 5 Zoll Durchmesser. Wir besorgten eine Züchtungsanlage und Baugruppen für die Trenntechnik. So konnten immer mehr Schaltkreise auf einer Silizium-Scheibe untergebracht werden, um die Ausbeute bei den zeitlich und technologisch aufwendigen Abläufen immer weiter zu erhöhen.

Der Mikroprozessor U 880

Mitte der 70er Jahre drängte die Einführung der Personal-Computer-Technik, um vor allem die traditionellen Maschinen-, insbesondere Werkzeugmaschinenexporte der DDR international wettbewerbsfähig zu halten. Das Ministerium für Elektrotechnik/Elektronik stellte daher die Aufgabe, im Kombinat Mikroelektronik die erforderlichen Mikroprozessoren zu entwickeln. Der 1977 auf dem 6. ZK-Plenum gefassten Beschluss, auf den bereits verwiesen wurde, führte dazu, die Entwicklungsarbeiten auf allen damit verbundenen Gebieten zu forcieren.

Wir beschafften Entwurf und Technologie der Mikroprozessoren INTEL 8080 und ZILOG Z 80 aus dem kalifornischen Silicon Valley. Es erwies sich als günstig, dass das Territorium, in dem die weltweit führenden amerikanischen Mikroelektronik-Experten angesiedelt waren, sehr überschaubar war. Bei einem Firmenwechsel mussten sie nicht einmal umziehen. Für langfristig angelegte operative Maßnahmen waren das ideale Voraussetzungen.

Unter Ausnutzung dieses Umfelds konnten operativ wichtige Schlussfolgerungen für Nachentwicklungen ausgereifter Mikroprozessor-Schaltkreise in der DDR gezogen werden. Es wurden schließlich in rascher Folge 8-bit-Mikroprozessoren von ZILOG, wie der Z80, und INTEL mit den Reihen 8008, 8080 bis 8086 und 8088 bis zum 16bit-Mikroprozessor INTEL 80286 angeboten.

Für die DDR-Entwicklungskräfte im Funkwerk Erfurt war es aufgrund dieser Vielfalt der Mikroprozessorlösungen jedoch außerordentlich problematisch, die Vor- und die Nachteile der einen oder der anderen Lösung zu erkennen. Erst Klausurtagungen unter Einbeziehung der Auswertungsergebnisse aus den von SWT übergebenen Dokumenten führten zu der damals richtigen Entscheidung zugunsten des *Z 80*. Mit einer der US-Technologie angepassten DDR-Herstellungsvariante gelang der Nachbau des *Z 80*. Er wurde als erster DDR-Mikroprozessor mit der Bezeichnung *U 880* auf den Markt gebracht. Die DDR gehörte damit zu den ersten Herstellern von Mikroprozessoren in Europa. Vermutlich waren wir überhaupt die ersten auf dem Kontinent.

Wir wussten nicht, wie weit die Sowjetunion war, und der in Westeuropa führende Halbleiterhersteller Siemens bot noch keine Mikroprozessoren an.

Das Erfurter Entwicklungsergebnis trug sofort dazu bei, die PC-Produktion im thüringischen Büromaschinenwerk Sömmerda kontinuierlich zu steigern. Nach der Inbetriebnahme einer neuen Chipfabrik im Kombinat Mikroelektronik konnten bald jährlich rund 150.000 PC produziert werden.

Die DDR und die Sowjetunion waren die einzigen RGW-Länder, die in dieser Halbleiterentwicklungslinie tätig waren. Aufgrund des Embargos gegenüber den sozialistischen Ländern bestand im RGW große Nachfrage nach dem *U 880*, insbesondere von Bulgarien, wo es eine PC-Fertigung gab.

Aus dieser Monopolstellung konnten wir nicht viel machen. Die Produktionskapazitäten im Funkwerk Erfurt blieben begrenzt, weil die nötigen Investitionen zur Erweiterung nicht kamen. Das operativ beschaffte Technologieniveau mit Entwurfsdokumenten gestattete es zwar, die EDV-Logikelemente höher zu integrieren und beispielsweise mit Hilfe eines Schachgroßmeisters der DDR einen ersten Schachcomputer in der DDR herzustellen. Doch die notwendige Massenproduktion der PC-Bauelemente blieb hinter der Nachfrage zurück.

Ende der 80er Jahre begann der Übergang zur 16-bit-Mikroprozessorlinie. Als Zieltyp der Entwicklung wurde der INTEL 80286 ausgewählt, weil von dort die besten Ergebnisse bekannt wurden. ZILOG war 1980 an Exxon verkauft worden und damit als Hersteller von Mikroprozessoren untergegangen. Das neu im Geschäft aufgetauchte US-Unternehmen *Advanced Micro Devices* (AMD) brachte lediglich INTEL-Entwicklungen zeitverzögert auf den Markt.

Trotz knapper Valuta-Kassen wurde die operative Beschaffung für Entwicklungsdokumentationen aufgenommen.

Im Entwicklungsplan der DDR-Halbleiterindustrie war der Coprozessor von INTEL für schnellere mathematische Berechnungen vorgesehen. Es war jedoch nicht möglich, operativ ein geschlossenes Paket von Technologie und Entwurf zu beschaffen. INTEL hatte die Sicherheitsvorkehrungen offensichtlich wegen der AMD-Konkurrenz ganz wesentlich verschärft. So blieben die unterstützenden Maßnahmen zunächst auf die Bereitstellung von technologischen Teilen und eines Rasterelektronenmikroskops beschränkt. Jedoch gelang die Beschaffung von Entwicklungsmustern der 16- und 32-bit-Reihe, 80286 und 80386 sowie 80486. Dieser 486er war eine Weiterentwicklung des 386ers und der letzte Prozessor, der in seinen ersten Baumustern noch ohne aktive Kühlung auskam. Entsprechend dimensioniert war die Gehäuselüftung.

Aufgrund dieser Probleme bei der Entwicklungsunterstützung mussten die Strukturen der Schaltkreise Mikrometer für Mikrometer abgetragen und mit dem Rasterelektronenmikroskop rekonstruiert werden, was zeitlich aufwendig war, aber zum Erfolg führte. Das Fehlen einer neuen Fabrik für dieses Technologieniveau, weil die Investitionsmittel fehlten, bereitete weitaus größere Schwierigkeiten.

Bei den technischen Untersuchungen des INTEL 80486 erkannten die Fachleute im Funkwerk Erfurt, dass aufgrund der erforderlichen hohen Elektronenströme die physikalischen Grenzen der minimalisierten Leiterbahnen erreicht waren. Ohne Kühlung des Mikroprozessors waren die bei der Betriebswärme steigenden Widerstandswerte nicht zu beherrschen. Man begann sich Gedanken zu machen, diese Grenze zu überwinden …

Nach 1990 war der Bundesnachrichtendienst sehr daran interessiert zu erfahren, wie es möglich gewesen sei, dass man in der DDR schon über Muster des INTEL 80486 verfügte, während man in der BRD nicht einmal dessen Bezeichnung kannte.

Die Speicherschaltkreisentwicklung

Das Mikroelektronik-Programm forderte die Entwicklung von Speicherschaltkreisen, die ebenso wie Mikroprozessoren für breite Industrie-Anwendungen nötig waren. Die Entwicklungs- und Produktionsvoraussetzungen waren mit der Bildung des Kombinates Mikroelektronik in Erfurt mit einigen Halbleiterfabrikengeschaffen worden. Zu diesen neuen Strukturen gehörte auch das Halbleiterwerk Frankfurt.

In Dresden-Klotzsche wurde ein modernes Zentrum für Forschung und Technologie der Mikroelektronik (ZFTM) errichtet, um dort die nächsten Generationen von Schaltkreisen zu entwickeln. Es entstand im Bereich der ehemaligen Flugzeugwerft und des Instituts für Automatisierungstechnik. Zu diesem modernen Komplex gehörten ein Halbleiter-Entwurfszentrum, die Technologie-Entwicklung und erste Produktionsstätten unter höchsten Automatisierungs- und Clean-Room-Bedingungen.

Das ZFTM wurde dem Kombinat Carl Zeiss Jena zugeordnet, welches hoch integrierte Speicherschaltkreise aus Dresden forderte. Die Forderung lautete, 1988 einen 1-Megabit-DRAM (*dynamischer Schreib- und Lesespeicher*) und einen 250-Kilobit-SRAM (*statischer Schreib- und Lesespeicher*) in die Produktion zu überführen.

Beide Schreib- und Lesespeicher-Schaltkreise waren auf gleich hohem Technologieniveau herstellbar. Sie unterschieden sich lediglich in der Zugriffsgeschwindigkeit auf die Daten. Der schnellere, statische RAM hatte einen höheren Leistungsdurchsatz und konnte daher nur eine um eine Stufe geringere Speicherkapazität realisieren. Er war jedoch für schnelle Steuerungsprozesse erforderlich.

Die in der vorgegebenen Zeit möglichen Entwicklungen und Produktionsvorbereitungen waren in Dresden beim 250-KB-DRAM erschöpft, weil sich danach völlig neue Dimensionen auftaten. So lag auf der Hand, dass Dresden durch den Sektor Wissenschaft und Technik unterstützt werden musste, um die Zielstellung im ZFTM zu erreichen.

Das auf diesem Gebiet führende Unternehmen war der Toshiba-Konzern in Japan, der gerade die für die DDR-Zielstellung vorgesehenen DRAM und SRAM mit einer einzigartigen Technologie realisiert hatte.

Durch eine unserer Quellen bei Siemens wurde bekannt, dass auch der Siemens-Konzern seit geraumer Zeit als einziges Technologieunternehmen in Westeuropa an dieser Aufgabe arbeitete. Da aber Siemens ähnlich wie das Dresdner Zentrum für Forschung und Technologie nicht so recht vorankam, hatte sich Siemens wegen der Bedeutung dieser Bauelemente dafür entschieden, die relativ teure komplette Produktionslizenz bei Toshiba zu erwerben.

Die DDR partizipierte sofort von diesem Einkauf. Alle Unterlagen, die bei Siemens zur Lizenznahme gehörten, gelangten in ihrer Originalfassung aus dem Siemens-Einwicklungszentrum in den Besitz der DDR. Der Aufbau von operativen Verbindungen im oder zum Toshiba-Konzern wäre erheblich riskanter und die Zeitvorgaben für die Entwicklung kaum einzuhalten gewesen.

Die Technologie war das entscheidende Problem, denn der Schaltkreis war durch die gleichmäßigen Strukturen nicht so kompliziert zu enträtseln. Allerdings mussten auch Ausrüstungen für die Herstellung der Strukturen beschafft werden. Die besondere Leistung der DDR-Technologen bestand nun darin, die beschaffte Technologie an den in der DDR vorhandenen Ausrüstungspark in der Mikroelektronik anzupassen. Und es gab einen Zeitfaktor für die Technologiedurchläufe im ZFTM. Erst jeweils nach drei

Monaten konnte festgestellt werden, ob nur Ausschuss oder funktionsfähige Chips auf der Siliziumscheibe waren. Nach Fehlversuchen wurden die Durchläufe variiert und zeitversetzt gestartet, um Zeit zu gewinnen. Trotzdem war der Termin für die Übergabe des ersten funktionsfähigen 1-Megabit-Speicherschaltkreises an den Generalsekretär des ZK der SED bereits festgelegt. Das war der 12. September 1988.

Es gelang, funktionsfähige Chips rechtzeitig herzustellen.

Ein unerwartetes Problem mit dem Chip-Gehäuse wurde durch eine operative Sofortaktion mit einem bei Siemens genutzten Gehäuse noch in letzter Minute gelöst.

Die Bemühungen des Verfassungsschutzes der BRD, nach 1990 über ehemalige Mitarbeiter des Sektors Wissenschaft und Technik herauszufinden, *wie* die Siemens-Technologieunterlagen in die DDR gelangt waren, verriet uns, dass dort die Zusammenhänge zwischenzeitlich aufgearbeitet worden waren.

Die Beschaffung von Spezialausrüstungen für die Mikroelektronik

Um in der elektronischen Industrie in möglichst kurzer Zeit ein hohes, international vergleichbares Technologie-Niveau zu erreichen, war eine große Anzahl unterschiedlicher Spezialausrüstungen erforderlich. Für ihre Bereitstellung aber fehlte es in der DDR einerseits an eigenen Kapazitäten, andererseits verhinderte die westliche Embargo-Politik deren Erwerb auf dem Weltmarkt. Der dafür zuständige Außenhandelsbetrieb konnte jedenfalls nicht in vollem Umfang seinen Auftrag realisieren.

Obwohl es nicht ihrer spezifischen Aufgabenstellung entsprach, stellte sich die Wissenschaftlich-Technische Aufklärung die Aufgabe, durch ihre Unterstützung einen Beitrag zur Lösung dieser Probleme zu leisten. Nach internen Vorbereitungen wurde mit dem Ministerium für Elektrotechnik und Elektronik vereinbart, dass wir in die Beschaffung einbezogen wurden. Ab Ende der 70er Jahre nutzten wir dafür vorhandene operative Verbindungen oder entwickelten neue. Schwerpunkte waren zunächst die Bereitstellung geeigneter leistungsstarker Computer mit hoch auflösenden großen Bildschirmen und Plottern für den Schaltkreisentwurf in den Entwicklungsbereichen der Halbleiterwerke des Kombinates Mikroelektronik. Im Halbleiterwerk Frankfurt/Oder wurden bald »Sun-Rechner« eingesetzt. Für andere Standorte im Kombinat Mikroelektronik und dem ZFTM in Dresden wurde eine Vielzahl von Mini- und Mikrocomputern unterschiedlicher Konfigurationen einschließlich der entsprechenden Betriebssysteme der verschiedenen Firmen bis zu den modernsten und größten VAX-Rechnern (u. a. VAX 8600) der Firma *Digital Equipment Corporation* beschafft.

Aber auch umfangreiche Ausrüstungen für den unmittelbaren Produktionsprozess der Mikroelektronikbetriebe in Frankfurt, Erfurt und Dresden wurden besorgt. Dazu gehörten vor allem Justier- und Belichtungseinrichtungen für die Strukturierung der Siliziumscheiben, Plasma-Ätzer und Diffusionsanlagen sowie Automatik-Bonder für die Verbindung der einzelnen Chips zum Gehäuserahmen und der automatischen Verdrahtung von Chip und Gehäuseanschlussbeinen mittels Edelmetallfäden.

Als für das Technologieniveau des 1-Megabit-Speicherschaltkreises und des 16-bit-Mikroprozessors die aus der UdSSR bezogenen Ausrüstungen für die chemischen Bearbeitungstechnologien und die Ionen-Implantation nicht mehr ausreichten, um eine Massenproduktion zu erreichen, stand Ende der 80er Jahre die Herausforderung vor uns, mindestens einen Hochenergie-Ionenimplanter zu beschaffen. Das war notwendig, um die neu entworfenen Strukturen und Dotierungen auf dem Silizium-Wafer realisieren zu können.

Um die Dimension dieser Aufgaben zu verdeutlichen, sei darauf hingewiesen, dass diese Anlage strengsten Embargobestimmungen unterworfen war. Weltweit gab es nur drei Hersteller, und der potentielle Käuferkreis beschränkte sich auf wenige Konzerne. Mit Hilfe komplizierter operativer Kombinationen gelang es uns, über Zwischenstationen in Drittländern und hohen finanziellen Aufwendungen 1989 zwei solcher Anlagen der amerikanischen Firma *Eaton* zu beschaffen. Zu einer Inbetriebnahme in Dresden kam es aufgrund der politischen Ereignisse in der DDR jedoch nicht mehr. Auch die im Kombinat Carl Zeiss Jena getroffenen Vorbereitungen für den Nachbau dieser Spezialausrüstung waren damit hinfällig.

Der Sektor Wissenschaft und Technik der Hauptverwaltung Aufklärung des MfS hat mit dieser Art der Unterstützung in den 80er Jahren in wichtigen Abschnitten der Mikroelektronik der

DDR die Sicherheit und das Tempo der Entwicklung außerordentlich positiv beeinflusst. Die beschriebenen operativen Beschaffungen widerspiegeln allerdings nur einen Teil der der Industrie zugeführten Menge an technologischen Spezialausrüstungen. Die Finanzierung dieser Beschaffungen erfolgte ausschließlich über die betreffenden Bedarfsträger, das Ministerium für Elektrotechnik und Elektronik oder den Bereich Kommerzielle Koordinierung des Ministeriums für Außenhandel (KoKo).

Finanzielle Mittel des MfS standen für solche Vorhaben in keinem Fall zur Verfügung.

Vielschicht-Chipkondensatoren

In allen Fertigungsbereichen der elektronischen Industrie war die Automatisierung der Leiterplattenbestückung einzuführen. In der DDR standen aber passive Bauelemente wie Widerstände und Kondensatoren nicht in miniaturisierter Form und erst recht nicht in Chipausfertigung zur Verfügung.

Während zur Lösung des Problems im Betrieb Elektronische Bauelemente Teltow, selektiv durch SWT unterstützt, die elektrischen Widerstände in die Chipform gebracht wurden, waren im VEB Elektronik Gera keine geeigneten technologischen Lösungen für keramische Vielschicht-Chipkondensatoren in Sicht. Hier wurde durch uns alles, was man zur Herstellung eines kompletten Sortiments von Chip-Kondensatoren benötigte, beschafft. Die Unterstützung konzentrierte sich auf die keramische Beschichtung feinster Metallfolien, die Aushärtung zu dielektrischen Schichten, die Versiegelung und die automatisierten Maßänderungen zur Erzeugung unterschiedlicher Kapazitäten.

Die von der Wissenschaftlich-Technischen Aufklärung zuerst aus Japan beschaffte Technologie in Form verschiedener Rezepturen reichte nicht aus, um eine entsprechende Produktion in der DDR aus eigener Kraft zu realisieren. Daher musste die gesamte technologische Ausrüstung zusätzlich beschafft werden, nicht zuletzt auch deshalb, weil die Herstellung von Leiterplatten für Floppy-Laufwerke und Festplattenspeicher mit Hilfe automatischer Bestückung drängte. Das Vorhaben konnte erfolgreich realisiert werden.

Die Optoelektronik

Optoelektronische Bauelemente wurden in der DDR im Werk für Fernsehelektronik in Berlin entwickelt. In den 70er Jahren erfolgte zunächst die Herstellung von Licht emittierenden Dioden (LED) im Werk in Berlin-Oberschöneweide und später die von Bauelementen für die Lichtleiterkabel im neuen Betrieb in Berlin-Marzahn.

Bei der Entwicklung der LED gab es technologische Probleme bei der Farbe Gelb. Grün und rot leuchtende LED wurden relativ rasch eigenständig bis zur Produktionsreife geführt. Für die gelb leuchtenden LED besorgten wir die technologische Rezeptur sehr rasch. Dadurch wurde beinahe zeitgleich das Sortiment zur vielseitigen Anwendung verfügbar gemacht.

Als schwieriger erwies sich die Entwicklung der Sende- und Empfangsbauelemente für Lichtleiterkabel. Silizium war als Basis nicht geeignet. Es mussten Gallium/Arsenid-Verbindungen eingesetzt werden, die einkristallin gezüchtet und in Scheibenform bereitgestellt wurden. Bis die GaAs-Scheiben aus Eigenaufkommen verfügbar waren – sie wurden bei Steremat in Berlin-Treptow gezüchtet – besorgten wir aus Großbritannien die Scheiben für Entwicklungsarbeiten und technologische Teilschritte. Die optoelektronischen Bauelemente wandelten elektronische Signale in Lichtsignale und umgekehrt. Später unterstützten wir auch bei der Beschaffung anderer Halbleiterverbindungen, etwa von Indium/Phosphid.

Da die mit diesen Verbindungen erfassten Wellenlängen auch militärische Bedeutung hatten, konnte hier nur selektive, aber bedeutsame Unterstützung gewährt werden. Derartige optoelektronische Bauelemente waren zur Freund/Feind-Erkennung, Zielerfassung, Zielsteuerung und dergleichen geeignet. An anderen Halbleiter-Materialien wurde ebenfalls gearbeitet.

Besonders das Kombinat Carl Zeiss Jena interessierte sich im Zusammenhang mit der Erdaufklärung aus dem Kosmos für diese Entwicklungen. Man nutzte dabei das physikalische Phänomen, dass im sogenannten ersten optischen Fenster, einem Ausschnitt aus einem nicht sichtbaren Lichtwellenlängenbereich, fast keine Dämpfung für ausgesendete Signale und das empfangene Echo existierte.

Besonderes Interesse bestand an einem Raketendom, dem Materialkopf einer Rakete, um seine Materialzusammensetzung in bezug auf den Hitzeschild und ungedämpfte Signaldurchlässigkeit analysieren zu können.

Von Bedeutung war auch ein aus den USA beschaffter Forschungsbericht, der die eigenen Forschungsergebnisse im Kombinat Carl Zeiss Jena bestätigte, dass es noch ein zweites optisches Fenster geben müsse und der dafür mögliche Wellenlängenbereich für die Signale richtig erkannt war.

Forschung und Entwicklung des Ionen-Projektions-Verfahren

Das Embargo der westlichen Staaten gegenüber den sozialistischen Ländern erstreckte sich nicht nur auf die Lieferung technologischer Ausrüstungen und strategisch bedeutsamer Materialien, sondern auf alle Bereiche der internationalen Arbeitsteilung und damit auch auf den offiziellen und kommerziellen Austausch wissenschaftlicher Erkenntnisse und neuester Forschungsergebnisse.

Zur Durchbrechung dieser Blockade orientierte sich SWT darauf, auch den Forschungs- und Entwicklungsvorlauf für die Industrie der DDR zielgerichtet zu unterstützen. Das bedeutete, die Forschung und Entwicklung zur Erschließung neuer technologischer Verfahren zu beeinflussen und zu beschleunigen. In der Mikroelektronik war es zudem erforderlich, mit dem Tempo der Technologieentwicklung der westlichen Industriestaaten Schritt zu halten, um wirtschaftliche Überraschungen weitgehend auszuschließen.

Anfang der 70er Jahre initiierte der Sektor Wissenschaft und Technik den Forschungsvorlauf und die Ausrüstungsentwicklung für ein Verfahren zur Erzeugung kleinster Strukturen unter Ausnutzung der Physik der hochenergetischen Projektion durch Ionenstrahlen. Ein solches Fertigungsverfahren war revolutionär. Damit konnte man in fotolithographisch orientierte Prozessabläufe eingreifen. Das Prinzip der Ionenstrahlprojektion sollte bis zur technologischen Reife geführt werden, um auf dem entsprechend vorbereiteten Silizium-Wafer physikalische Strukturen, Dotierungen und Halbleitereffekte ohne die typische Schichtfolge der Fotolithographie zu erzeugen.

Für diese Vorlaufforschung wurde nach sorgfältiger theoretischer Prüfung deswegen die Ionenlithographie ausgewählt, weil die Physik der Ionenstrahlen günstige Bedingungen aufweist, im Festkörper Präzisionsstrukturen z. B. sowohl als Ätzraten- als auch als Dotierungsprofile zu erzeugen.

So ein Verfahren setzte naturgemäß eine völlig neuartige Ausrüstungsgeneration voraus, deren Entwicklung, Konstruktion und Bau in diese SWT-Initiative mit einbezogen war.

Damals beschäftigten sich weltweit nur einzelne Forschungseinrichtungen in Übersee mit dieser Technologie. Ein Transfer dort gewonnener Ergebnisse in die DDR war nicht möglich. Fertigungsreife gab es international noch nicht.

Einer speziellen Forschungsgruppe im Kombinat Mikroelektronik wurde ein von SWT eigens für diese Entwicklung geschaffener hoch spezialisierter Ingenieurbetrieb zugeordnet, der in Wien tätig war. Die dort arbeitenden Fachleute konnten zielgerichtet auf die neuesten Ergebnisse im Bereich der Ionenstrahltechnologie und -projektion zugreifen. Sie haben Schritt für Schritt auch den Ausrüstungskomplex konzipiert, vorbereitet und erprobt. Durch die Zusammenarbeit beider Teams gewährleistete SWT einen raschen Transfer des Wissens und der neu entwickelten Prozessgestaltung in die DDR-Industrie.

In den ersten Jahren dieser Vorlaufarbeit erfolgte die Entwicklung von leistungsstarken Ionenquellen, von den im Ionenstrahl zu positionierenden Metallmasken für die Strukturerzeugung auf dem Wafer und von einem stabil arbeitenden, das Maskenabbild verkleinernd reproduzierenden ionenoptischen System. Für diese ionenoptische Übertragung der Maskenstrukturen auf den Wafer mussten hochenergetische Linsensysteme entworfen und konstruiert werden.

Bereits mit der ersten Versuchsanlage wurden Mitte der 70er Jahre Strukturen von 0,5 µm und darunter in einem Feld von etwa 40 mm^2 zur Herstellung von integrierten Bauelementen erzeugt. Daraufhin wurden die Entwicklungsarbeiten intensiv auf die Konstruktion, den Bau und die Erprobung einer ersten Ionenstrahlprojektionsanlage konzentriert, die dann zielgerichtet weiter vervollkommnet werden sollte.

In ersten bauelementeorientierten Experimenten wurden Lithographiewerte ermittelt, die die Grundlage für den künftigen Einsatz der Ionenstrahlprojektion bildeten. Die Herstellung von Submikrometerstrukturen durch ein verkleinerndes Ionenstrahlprojektionsverfahren entsprechend den theoretischen Einschätzungen und Erwartungen erwies sich als realisierbar.

Im Jahr 1979 wurde eine erste funktionsfähige Anlage in die DDR überführt und in Betrieb genommen. Damit wurden die Entwicklungsarbeiten zur Erzielung der Fertigungsreife des Verfahrens und des Ausrüstungskomplexes im Kombinat Mikroelektronik der DDR gezielt weiter geführt. Die erreichten Ergebnisse führten 1984 zu Veröffentlichungen und Patentanmeldungen.

Der fortgesetzte Wissenschaftstransfer, der durch SWT gesichert wurde, führte in der folgenden Zeit zur Nutzung eines ersten Anlagensystems und seiner Weiterentwicklung bis einschließlich Nachbau bzw. Eigenbau im Kombinat Carl Zeiss Jena.

Mit diesen Forschungs- und Entwicklungsarbeiten hat SWT aktiv und erfolgreich Einfluss auf die Vorbereitung und Anwendung neuer Fertigungstechnologien für eine direkte Strukturierung (beispielsweise ohne Lackmasken) von im Halbleiterprozess eingesetzten Schichten genommen. Im Vergleich zu den bekannten Lithographie-Verfahren stellte das einen wichtigen Vorsprung der DDR-Industrie dar. Der fehlenden Investitionskraft der DDR war es geschuldet, dass diese Forschungsarbeiten anderen dringenden Vorhaben in der Mikroelektronik nachgeordnet wurden. Das Kombinat Carl Zeiss Jena plante einen Hochstromimplanter als technologische Spezialausrüstung, dafür wurde der Forschungs- und Technologievorlauf des Ionenprojektionsverfahrens umfassend herangezogen und genutzt.

Diese Aufgabe sollte produktionsreif bis 1990 gelöst werden.

III: Der Weg zu modernen Kommunikationstechnologien

Die digitale Vermittlungstechnik

Die Nachrichtentechnik unterlag in der gesamten Zeit einem drastischen Strukturwandel in Richtung einer umfassenden Kommunikationstechnik. Mit der sich entwickelnden Bauelementebasis, insbesondere durch integrierte Schaltkreise, entstand ein außerordentlich hohes Entwicklungstempo auf diesem Gebiet.

Von Anfang an war das ein wissenschaftlich-technisches Zielgebiet der Aufklärung.

Nach dem 2. Weltkrieg dominierten in der Vermittlungstechnik die elektromechanischen Hebdrehwähler. Sie waren in riesigen Wählersälen untergebracht. Siemens entwickelte in den 60er Jahren die schnelleren Motorwähler. In der DDR wollten wir diese Technologie auch nutzen. Doch aufgrund unserer Materialbasis gab es einen zu hohen Metallabrieb. Deshalb unterblieb der Einsatz.

Später entwickelte der schwedische Ericsson-Konzern die elektromechanische Koordinatenschaltertechnik, die dann auch im Fernmeldewerk Arnstadt bis zum Ende der DDR produziert wurde.

Aus der Forschung und Entwicklung von Siemens wurde bekannt, dass man dort beabsichtigte, Reed-Kontakte – auch als »Herkone« bezeichnet – für die Durchschaltung der Sprechwege einzuführen. Das waren hermetisch abgeschlossene Kontakte in Schutzgas, die durch Magnetfeldbewegung geöffnet oder geschlossen werden konnten.

Im Zentrallaboratorium für Fernmeldetechnik in Berlin-Treptow wurden von SWT beschaffte Reed-Kontakte im Langzeit-Belastungsversuch getestet. Wir wollten feststellen, ob aus funktionierenden Anordnungen von Reed-Kontakten die Durchschaltung der Sprechwege mit Hilfe einer zu entwickelnden elektronischen Steuerung für die automatische Vermittlung möglich wäre. In relativ kurzer Zeit konnte die Machbarkeit nachgewiesen und die Produktion der Herkone mit operativer Hilfe in einem kleinen Betrieb in Ilmenau in Thüringen aufgenommen werden. Die noch analog arbeitende Elektronik wurde in der DDR entwickelt. Daraus entstand eine damals moderne Lösung, die im ältesten Berliner Vermittlungsamt in der Boxhagener Straße für den öffentlichen Fernsprechverkehr in Betrieb genommen wurde.

In den 70er bis in die 80er Jahre forcierten die führenden Konzerne der Kommunikationstechnik die Entwicklung vollelektronischer Vermittlungssysteme zunächst analog, dann digital.

SWT arbeitete mit hoher Intensität an der Beschaffung von Unterlagen über diese Entwicklungsziele in den international führenden Konzernen. Die Stoßrichtung war zu jener Zeit, die Entwicklung digitaler Vermittlungssysteme bei ITT und AT&T (beide USA), Siemens (BRD) und Alcatel (Frankreich) zu analysieren. Dies geschah zunächst weitgehend unabhängig von der

Zielstellung in der DDR-Industrie unter der Leitung des Instituts für Nachrichtentechnik (INT) in Berlin-Oberschöneweide, der Entwicklungsinstitution des Kombinates für Nachrichtenelektronik Leipzig.

Das INT hatte sich auf das in der UdSSR in Entwicklung befindliche Elektronische Nachrichtensystem Analog/Digital (ENSAD) vertraglich festgelegt und sollte für das DDR-Fernmeldenetz eine Lösung schaffen.

ENSAD benutzte bereits veraltete Bauelemente und sah auch keine automatische Gebührenerfassung für Fernmeldegespräche vor, so dass das INT mit eigenen Lösungen diese Defizite kompensieren musste.

Von SWT operativ beschaffte technische Unterlagen über die drei führenden digitalen Fernsprechvermittlungssysteme und eine in der DDR offiziell organisierte Präsentation der neuesten elektronischen Vermittlungssysteme von ITT/SEL (USA/BRD), AT&T und Siemens führten dazu, dass sich die DDR endgültig von ENSAD verabschiedete. Zwei der vorgestellten Systeme kamen danach in die engere Wahl.

Das digitale Siemens-Vermittlungssystem trug einer logischen Fortsetzung bisheriger Vermittlungstechnik Rechnung, während dem digitalen Vermittlungssystem von ITT (System 12 [S 12]) eine Zukunft vorausgesagt wurde. Die DDR entschied sich dafür. SWT besorgte die komplette Entwicklungsdokumentation des S 12 und eine kleine Muster-Vermittlungsanlage des S 12. Damit konnten Tests für übernommene Entwicklungslösungen erfolgen und problembehaftete technische Details geklärt werden.

Ein besonderes Problem war die Adaption von fünf S 12-systemgebundenen mikroelektronischen Spezialschaltkreisen. Wir beschafften Musterschaltkreise dieser Typen. Mit mikrometerweisem Abschleifen und der Untersuchung mit dem Rasterelektronik-Mikroskop gelang es unter Einsatz des ebenfalls beschafften DEC-Rechners (VAX 750), dass das Institut für Nachrichtentechnik einen eigenen Entwurf vorlegen konnte.

Die IC-Entwürfe wurden in Eigenpräparationen bei Mikroelektronik Erfurt in NMOS-Technologie und im ZFTM Dresden in CMOS-Technologie realisiert. Diese Schaltkreise konnten identisch und voll funktionsfähig (auf S 12-Testanlage) sofort in geringen Stückzahlen produziert werden. Sie wurden als Systemlösung auf einer Ausstellung für Kommunikationstechnik in der Schweiz auch international vorgestellt, jedoch von westlichen Konzernen als Attrappen diffamiert.

Im INT konnten die programmtechnischen Abläufe in Schritten aus der Logik und Philosophie des Systems eigenständig abgeleitet werden. Bis zum Ende der DDR waren diese Arbeiten noch nicht abgeschlossen, aber die Ziele wurden für vollständig lösbar gehalten. Geplant war bereits ein neues Werk in Berlin-Marzahn, um das neue digitale Fernsprechvermittlungssystem der DDR bis 1995 in großen Stückzahlen produzieren zu können.

Beitrag zur modernen Übertragungstechnik

Für die Nutzung der Kommunikationstechnik wurde der Ausbau leistungsfähiger Übertragungsstrecken nötig. Vom Ministerium für Elektrotechnik und Elektronik der DDR wurde die Aufgabe gestellt, kurzfristig dafür Glasfaserkabel bereitzustellen. Aufgrund der Embargobedingungen musste auf eine Eigenfertigung orientiert werden.

Im Glaswerk Schott & Genossen des Kombinats Carl Zeiss Jena waren Glasstäbe als Ausgangsprodukt entwickelt worden. Daraus mussten nunmehr die superdünnen und homogenen Glasfasern unter präzisen Zieh- und Temperaturbedingungen gefertigt werden. Im mit dem Ziehprozess beauftragten VEB Kabelwerk Oberspree gab es dafür weder Voraussetzungen noch Erfahrungen.

Man bat uns um Hilfe. Mit operativen Kombinationen gelang es, zwei hochmoderne, unter strengem Embargo stehende Glasfaser-Ziehtürme aus Großbritannien zu beschaffen. Das waren ziemlich große Objekte. Der eine wurde sofort für die Produktion eingerichtet und genutzt, während der zweite Ziehturm zerlegt wurde, um ihn untersuchen und nachbauen zu können. Der Nachbau erfolgte im Kabelwerk Oberspree. Die Lichtwellenleiter-Ziehtechnologie wurde relativ schnell beherrscht. So kamen in kürzester Zeit drei Ziehtürme für Lichtleiterkabel im KWO zum Einsatz.

In der DDR war es damit möglich, qualitativ hochwertige Glasfaserkabel herzustellen und im Festnetz einzusetzen. Zusammen mit den bereits optischen Sende-, Empfangs- und Verstärkerbauelementen aus dem Werk für Fernsehelektronik Berlin machte die DDR der BRD ein technisch und ökonomisch lukratives Angebot, die von Bonn geplante Glasfaserverkabelung vom Bundesgebiet nach Westberlin zu realisieren.

Von der BRD wurde das jedoch abgelehnt.

Datenpaketvermittlung für Rechnernetze

Zur Erhöhung der wirtschaftlichen Effizienz stand in der DDR die kommunikative Verknüpfung einer großen Zahl von Rechenzentren für die zweite Hälfte der 80er Jahre auf der Tagesordnung. Hierzu wurden vom Bereich KoKo Verhandlungen mit Siemens über den Import eines Datenpaket-Vermittlungsrechners für den Anschluss von 4.000 Rechnern verhandelt, der aber bis zum Ende der DDR nicht mehr verwirklicht wurde.

Unabhängig davon unterstützte SWT durch Informationen ein Forscherkollektiv an der Akademie der Wissenschaften der DDR, das ein DDR-eigenes, patentfähiges Datenpaketvermittlungssystem anstrebte.

Durch Beschaffung der notwendigen elektronischen Bauelemente mit Parameterdokumentation sowie der Bereitstellung der gewünschten messtechnischen Ausrüstung trugen wir zu raschen Fortschritten bei den Forschungsarbeiten bei. Der Versuchsaufbau bestätigte das theoretische Wirkprinzip und die Voraussage, in maximal zwei Jahren sicher über eine eigene Datenvermittlung verfügen zu können.

Mit dem Ende der DDR wurden diese Entwicklungsarbeiten abgebrochen.

Die geschilderten Unterstützungsmaßnahmen des Sektors Wissenschaft und Technik für die elektrotechnische und elektronische Industrie der DDR stellen nur einen ausgewählten Teil der Resultate dar, die wir in der operativen Arbeit erzielten. Es handelt sich um die bemerkenswertesten, die ohne Zugriff auf schriftliche Unterlagen, Aufzeichnungen oder Dokumente von den Autoren zusammengetragen wurden.

Einen nicht unbedeutenden Einfluss auf Forschung, Entwicklung und Produktion hatten selbstverständlich auch andere Tausende Einzelinformationen, die wir ebenfalls besorgten.

Sie als SED-Nachfolgepartei können es ja auch nicht anders. Früher in der DDR haben Sie einen Parteitag einberufen, als der 1-Megabit-Chip von Carl Zeiss Jena entwickelt werden sollte. Wissen Sie, wie lächerlich das war?

Der Bundestagsabgeordnete Werner Kuhn (CDU/CSU) in der Bundestagsdebatte am 12. Oktober 1995 (Erste Beratung des von den Fraktionen der CDU/CSU und F.D.P. eingebrachten Entwurfs eines Gesetzes zur Feststellung des Bedarfs von Magnetschwebebahnen [Magnetschwebebahnbedarfsgesetz - MsbG])

Der 1-Megabit-Chip

Von Horst Vogel

Zu den immer wieder kolportierten Geschichten gehört jene von der sogenannten 1-Megabit-Lüge. Dazu zeigt man gern das Foto, wie am 27. September 1988 der erste Mann der DDR in Moskau dem ersten Mann der UdSSR ein Kästchen überreicht. Darin ein Muster jenes bahnbrechenden Bauteils. Ungeachtet der Tatsache, dass es durchaus Honeckers Kalkül war, Gorbatschow damit zu düpieren, wird der Vorgang seither immer wieder dazu genutzt, um die Leistungen der daran beteiligten DDR-Wissenschaftler zu schmähen. Mehr noch: alles zu diskreditieren, was die DDR auf dem Feld der Mikroelektronik leistete und dies als reine Propaganda zu denunzieren.

Zunächst sollten wir festhalten, dass die Partei- und Staatsführung der DDR vergleichsweise früh die Bedeutung der Mikroelektronik für die weitere Entwicklung der Industriegesellschaft erkannte. Früher als viele andere. Und sie stellte die wirtschaftspolitischen Weichen in der Mitte der 70er Jahre, indem sie ein visionäres Programm beschloss und beachtliche Investitionsmittel bereitstellte.

Natürlich war das nicht Selbstzweck. Mit dieser Orientierung sollten viele Probleme gelöst werden. Da war zum einen der exportorientierte Maschinenbau. Die Umsätze gingen zurück, weil die Maschinen zwar solide waren, aber beispielsweise keine modernen elektronischen Steuerungen besaßen wie die der Konkurrenz. Da waren zum anderen die gestiegenen Rohstoffpreise auf dem Weltmarkt. Der Hauptrohstoff der DDR hieß Geist und Erfahrung. Der musste vorrangig eingesetzt werden bei der Produktion, bei der »Veredelung« von Erzeugnissen und bei der Erfindung neuer Produkte. Nur durch Intensivierung ließ sich der Anspruch, das materielle und geistige Lebensniveau der DDR-Bevölkerung stetig zu heben, auch verwirklichen. Da waren zum Dritten natürlich auch die Folgen der Blockkonfrontation in

Gestalt erhöhter Verteidigungsanstrengungen im Bündnis. Erinnern wir uns an den NATO-Doppelbeschluss von 1979 und die Pläne von US-Präsident Reagan von einer *Strategic Defense Initiative* (SDI), die als »Krieg der Sterne« bekannt wurden. Die »Militarisierung der Mikroelektronik«, das nur nebenbei, traf die DDR besonders hart. Die Strategie der USA, die UdSSR totzurüsten, ging, wie wir heute wissen, vollständig auf. Moskau entzog nicht nur der eigenen Wirtschaft für die Rüstung immense Mittel, sondern forderte dies auch von seinen Verbündeten. Allein in der zweiten Hälfte der 80er Jahre – da herrschte bereits Gorbatschow – sollte die DDR im Vergleich zur ersten Dezenniumshälfte ihren Rüstungexport auf 275 Prozent steigern. Das hatte zur Folge, dass allein das Kombinat Carl Zeiss Jena den Anteil der militärischen Produktion an seiner industriellen Warenproduktion von 15,7 Prozent im Jahre 1983 auf 28 Prozent im Jahre 1990 erhöhen sollte. Das betraf die Entwicklung und Produktion eines Zielsuchkopfes für Luft-Luft-Raketen, eines optoelektronischen Zielsuchkopfes für Seezielraketen und ein System zur Fernerkundung der Erde für den Krieg im Weltraum. Allerdings sollte in diesem Kontext auch nicht verschwiegen werden, dass wir darum kämpften, militärisch genutzte Technologien nach einer bestimmten Zeit auch zivil zu verwerten, wogegen sich die sowjetischen Militärs entschieden sträubten. Minister Erich Mielke ließ keine Gelegenheit aus, um darauf hinzuweisen, dass es in den USA üblich sei, die Militärforschung zeitversetzt in die Konsumgüterproduktion einzubringen, was auch uns guttäte.

Und schließlich, auch das soll nicht vergessen sein, kämpfte die DDR auch deshalb fortgesetzt um ihr wirtschaftliches Überleben, weil der Westen es mit Boykott und Embargo vom ersten Tage ihrer Existenz überzog. Auch dazu wurde bereits einiges gesagt.

Diese und viele weitere Faktoren muss man bedenken, warum und auf welche Weise die DDR sich auf die Mikroelektronik orientierte und es tatsächlich vermochte, in den RGW-Staaten – nimmt man einmal den Militärisch-Industriellen Komplex in der Sowjetunion aus – dabei den Spitzenplatz zu erobern.

Am 11. Februar 1986, vor dem XI. Parteitag der SED, beschloss das Politbüro das »Projekt Mikron«. Es betraf die weitere Entwicklung der Mikroelektronik in den Kombinaten Carl Zeiss

Jena und Mikroelektronik Erfurt. Die Vorlage stammte vom Generaldirektor des VEB Carl Zeiss Jena, Prof. Dr. Dr. h. c. Wolfgang Biermann, der sich damit, wie er in einem Interview mit der *Jungen Welt* Anfang 1990 erklärte, große Hoffnungen machte, auf dem Parteitag in die SED-Führung gewählt zu werden. Sein Papier erfasste alle Forschungs- und Entwicklungsaktivitäten zur Beherrschung des Technologieniveaus 5 bis zum Prototypschaltkreis. Mit dem Technologieniveau 5 werden hochintegrierte Schaltkreise bei minimalen Strukturabmessungen von 1 bis 1,2 µm hergestellt. Die Planung sah die Entwicklung eines 1 Megabit-DRAM-Speicherchips vor. Danach sollten weitere Schaltkreise dieses Technologieniveaus, etwa Mikroprozessoren für 32-Bit Rechner, folgen.

Für Entwicklung und Produktionsvorbereitung rechnete man mit Investitionen in Höhe von rund 1,5 Milliarden Mark. Nach Beginn der Pilotproduktion im September 1990 sollte dann in einer neugebauten Chipfabrik in Erfurt-Südost die Massenproduktion anlaufen.

Daß dies nicht mit eigenen Kräften zu leisten war, räumen inzwischen selbst die ehemaligen Gegner ein. »Der Aufbau einer leistungsfähigen Mikroelektronikindustrie in der DDR wurde von Exportbeschränkungen seitens der westlichen Staaten enorm erschwert«, heißt es in einer entsprechenden Darstellung der Landeszentrale für politische Bildung Thüringens im Internet. Und ohne die politisch-operative Hilfe des MfS wäre das Mikrolektronikprogramm nicht zu realisieren gewesen. »Diese konkretisierte sich in der Aufklärung gegnerischer Geheimdienste, der inneren Abwehr durch Aufdeckung von Spionage und Sabotage, der Überwachung von Leitungs-, Reise- und Auslandskadern, der Information der Partei- und Staatsführung sowie der Wirtschaftsspionage und der Unterlaufung von Embargomaßnahmen.« Interessant ist auch die Reihenfolge der von der Landeszentrale genannten Maßnahmen. »Die Beschaffung von immateriellen und materiellen Gütern, die teilweise unter strengstem Embargo standen, war die sicherlich anspruchsvollste, spektakulärste und zuletzt mehr und mehr dominierende Aufgabe des MfS. Ohne die ›operativ realisierte Unterstützung‹ der Staatssicherheit wäre das Mikroelektronikprogramm der DDR nicht machbar gewesen.«

Dieser Aussage werde ich nicht widersprechen.

1989 lag die Eigenproduktion mikroelektronischer Bauelemente in der DDR bei rund 70 Prozent – die der Bundesrepublik bei etwa 40 Prozent.

Die Kehrseite: Dieser hohe Grad der Bedarfsdeckung aus Eigenproduktion führte aufgrund der geringen Stückzahlen zu gewaltigen, nahezu ruinösen Fertigungskosten. Was aber – s. o. – Folge der imperialistischen CoCom-Politik war.

Wir beschafften mit mehreren Kundschaftern, wie geschildert, bei Siemens die notwendigen Technologie-Unterlagen, die der Konzern in Japan bei Toshiba gekauft hatte, und reichten diese an das Dresdner Zentrum für Forschung und Technologie der Mikroelektronik weiter, das dem Kombinat Carl Zeiss Jena unterstand. Unsere Fachleute besaßen damit technische Beschreibungen, Schablonen, Maschinen, Materialien und Spezialausrüstungen, die ausnahmslos unter Embargo standen. So machten sie sich an die Arbeit. Biermann nahm sie unter persönliche Kontrolle, es war Chefsache.

Anfang September 1988 rief mich Wolfgang Biermann an und teilte mir erfreut mit, dass sie drei Muster eines 1-Megabit-Chips nunmehr fertiggestellt hätten. Für die Übergabe an Honecker, die für den 12. des Monats vorgesehen sei, fehle ihm aber ein entsprechendes Schaltkreisgehäuse. Ob wir nicht ...?

Wir besorgten über Nacht das Schaltkreisgehäuse.

Biermann dankte und sagte: Honecker kriegt eins, und du bekommst eins. Das dritte Muster wolle er selbst in Jena behalten. (Das meinige verblieb 1990 in der Dienststelle: Wo es heute ist, wissen bestimmt die Geheimdienste.)

Wenige Tage später, inzwischen hatte Biermann unter Ausschluss der Öffentlichkeit in Berlin den Chip übergeben, meldete er sich telefonisch erneut bei mir. Er war sehr erregt. Honecker fliege am 27. September nach Moskau, erklärte Biermann, und wolle Gorbatschow den Chip überreichen. Das solle im Fernsehen gezeigt werden.

Sind die bescheuert, rief ich in die Muschel. Biermann hatte wie ich sofort erkannt, dass dies mehr als fatal war. Jeder vom Fach wusste, dass die DDR aus eigener Kraft nie in der Lage gewesen wäre, einen solchen Speicher zu entwickeln. Es mussten Anleihen genommen worden sein. Mich als Geheimdienstmann interessierte dabei weniger die politische Peinlichkeit, sondern vor allem die Sicherheit unserer Kundschafter. Toshiba und Siemens waren weltweit die einzigen, deren Vorarbeiten soweit gediehen waren. In diesen beiden Konzernen würden doch sofort die Alarmglocken schrillen, wenn Honecker den Chip selbstbewusst strahlend in Moskau in die Kamera hielte.

Biermann hatte begriffen, ich hatte begriffen. Das musste unbedingt verhindert werden.

Ich informierte Mielke und bat ihn inständig, auf Honecker einzuwirken, dass er das unterließe.

Der Minister biß auf Granit.

Mielke versuchte es dann bei Günter Mittag, der Honecker als Wirtschaftssekretär nach Moskau begleiten würde. Mittag ließ Mielke mit der Bemerkung abblitzen, er solle sich um seine Sachen kümmern, das gehe ihn nichts an.

Honecker und Mittag hatten sich in den aberwitzigen Gedanken verbissen, Gorbatschow mit diesem Präsent vorzuführen, ihn zu demütigen. Die kleine DDR zeigte der großen Sowjetunion, wie man es machen musste. Seht her, wozu wir in der Lage sind! Ihr quatscht von Glasnost und Perestroika – wir arbeiten unterdessen angestrengt und stoßen in die Weltspitze vor!

Ja, natürlich, dass taten wir. Kundschafter, Fachleute vom Sektor Wissenschaft und Technik des MfS, Forscher in Dresden und Jena und viele andere hatten sich in eine Riesenaufgabe gekniet und diese mit Respekt erfüllt. Das verdiente Beifall und den Dank nicht nur des Vaterlandes, sondern des gesamten Warschauer Vertrages.

Doch mit dieser gleichermaßen hochmütigen wie überzogenen Geste machte man alles klein und kaputt.

Der gefährliche Unsinn nahm seinen Lauf.

Allerdings irrte die US-Historikerin Kristie Macrakis, die behauptete, es habe sich »um eine Attrappe aus dem Westen« gehandelt. Abgesehen davon, dass wir eine Attrappe selbst hätten fertigen können und diese nicht im Westen besorgen mussten: Dieser Chip war absolut echt.

Er war weder die »Neuerfindung des Fahrrads«, wie das der allwissende *Spiegel* am 16. April 1990 behauptete, noch war er »veraltet«, wie es seit Jahren unwidersprochen im Internet unter *www.ddr-wissen.de/wiki/ddr.pl?Mikroelektronik* verbreitet wird.

Plaste und Elaste aus Schkopau
ist einer der bekanntesten Werbeslogans der DDR,
der auch heute noch in vielen Köpfen fest verankert ist.

http://plaste-und-elaste.blogspot.com/

Zu den Ergebnissen auf den Gebieten Atomenergie, Biologie und Chemie

Von Dietrich Eckhardt und Manfred Süß

Der Kalte Krieg eskalierte in den 50er Jahren. Die Menschheit stand am Rande eines 3. Weltkrieges. Der Einsatz von Massenvernichtungswaffen musste befürchtet werden.

Es bestand ein dringender Informationsbedarf bezüglich der Absichten der führenden kapitalistischen Länder. Das wurde zum Hauptauftrag der neu gegründeten Wissenschaftlich-Technischen Aufklärung. Zunächst wurden von uns dringend Auskünfte darüber gefordert, welchen Platz die sich entwickelnde Rüstungsindustrie der BRD besonders bei Forschungen zu nuklearen, biologischen und chemischen Waffensystemen einnehmen würde. Bei Konzentration auf die BRD bestand gleichzeitig der Auftrag, alle Möglichkeiten zur Informationsbeschaffung auch aus den wichtigsten anderen kapitalistischen Industrieländern zu nutzen.

Es gelang, wichtige Details zu beschaffen, die für die strategischen Planungen der Länder des Warschauer Vertrages von großer Bedeutung waren.

Nicht minder bedeutend war die Informationsbeschaffung zur Unterstützung der Volkswirtschaft. Die Wissenschaftlich-Technische Aufklärung konzentrierte sich auf diese Themen:

1. Die wichtigsten Ergebnisse bei der Aufklärung
der Atomforschung und Anwendung von Kernenergie

1955 wurde die Atomforschung in der Bundesrepublik forciert. Zuvor waren an Universitäten und Forschungseinrichtungen Vorarbeiten geleistet worden. Nunmehr begann eine staatlich gelenkte und finanzierte Forschungsarbeit.

In Bonn wurde ein Atomministerium gegründet. Die *Deutsche Atomkommission* entstand, sie existierte bis 1971. Mit zahlreichen Fachausschüssen lenkte und koordinierte diese Kommission die Atomforschung und bestimmte de facto die Verteilung der über das Atomministerium bereitgestellten umfangreichen finanziellen Mittel.

Zur Koordinierung der Interessen von Politik und Wirtschaft entstand parallel dazu das *Deutsche Atomforum* (DAtF). Eng damit verbunden arbeitete die 1969 gegründete Kerntechnische Gesellschaft. Es entstanden in den folgenden Jahren acht staatliche Großforschungszentren.

Logischerweise schrillten in den Staaten des Warschauer Vertrages die Alarmglocken. Es stellte sich im Zusammenhang mit der Wiederaufrüstung der BRD, dem Ausbau der Bundeswehr und ihrer wachsenden Bedeutung in den Planspielen der NATO die Frage, welchen Zweck dieses riesige Forschungs- und Entwicklungspotential dienen sollte?

Ein Achtungszeichen setzten 1957/58 namhafte Wissenschaftler der BRD, die in ihrem Göttinger Appell gegen die beabsichtigte Ausrüstung der Bundeswehr mit taktischen Atomwaffen protestierten. Als Folge dieser Entwicklung wurde im Bereich der Wissenschaftlich-Technischen Aufklärung der DDR ein Referat zur Bearbeitung der nuklearen Großforschungszentren, des darauf ausgerichteten Industriepotentials und der Atomkraftwerke der BRD geschaffen.

Mit dem Entstehen dieser neuen Großforschungszentren und Industriezweige trat ein starker Bedarf an Fachpersonal ein. Dieser Umstand wurde genutzt, mit uns verbundene ausgebildete Physiker, Techniker, Elektroniker aus der BRD auf eine Bewerbung in besonders interessant erscheinenden Zentren zu orientieren. Schwerpunkt der Aufklärung bildeten die Großforschungszentren Karlsruhe und Jülich. In beiden Zentren wurden Anlagen für so genannte kritische Experimente aufgebaut. Diese kritischen Experimente konnten eindeutig sowohl zivilen als auch militärischen Zielen dienen.

Durch die Positionierung einer Anzahl wertvoller Kundschafter wurde es uns frühzeitig möglich, zahlreiche interne Informationen aus diesen beiden und aus anderen Forschungszentren zu liefern.

Die Führung der DDR und ihrer Verbündeten wusste daher schon bald, dass die BRD bereits Anfang der 60er Jahre potenziell in der Lage war, Atomwaffen zu bauen. Sie besaß zu jenem Zeitpunkt die drei wichtigsten Voraussetzungen:
1. Gut ausgebildete Naturwissenschaftler und Techniker mit dem notwendigen Wissen über nukleare Prozesse.
2. Verfügbarkeit spaltbaren Materials. Dieses war in eigenen Lagerstätten und über Beteiligungen an der Ausbeutung von Uranvorkommen in vielen Teilen der Welt gewährleistet.
3. Hochentwickelte industrielle Kapazitäten, vor allem in der Metallurgie, im Maschinen- und Gerätebau sowie in der Chemie.

Mit Hilfe unserer Kundschafter erhielten wir detaillierte Kenntnis von Planungen, Maßnahmen und Intentionen auf dem Gebiet der Atomforschung. Einem unserer bedeutendsten Kundschafter auf diesem Gebiet standen beispielsweise alle geheimen Protokolle der Tagungen der Deutschen Atomkommission und der Sitzungen ihrer Fachausschüsse zur Verfügung.

Aus diesen Informationen wurde deutlich, dass es in der westdeutschen Atomforschung und bei seiner praktischen Umsetzung nur ein kleiner Schritt von der zivilen zur militärischen Nutzung war. Dieser Schritt hatte eine entsprechende politische Entscheidung zur Voraussetzung.

Unsere langjährigen Beobachtungen und die Sammlung unzähliger Details führten allerdings auch zu der wichtigen Erkenntnis, dass die eigenständige Entwicklung von Atomwaffen in der BRD politisch nicht gewollt war. Es wurde klar, dass dies keine unabhängige politische Entscheidung der Bundesregierung war. Sie war eingebettet in die Gesamtstrategie der NATO und deren Absicht, das Atomwaffenmonopol innerhalb dieses Bündnisses bei den USA, Großbritannien und Frankreich zu belassen.

Hätte es andere Entscheidungen gegeben, wären wir jederzeit in der Lage gewesen, dazu detailliert zu informieren.

Dieses bedeutsame Ergebnis unserer Aufklärungsarbeit wurde durch Informationen zu vielen Teilbereichen ergänzt.

Über die Positionen unserer Kundschafter wurde es möglich, die engen Verbindungen der Forschungszentren mit der Industrie aufzudecken und auf diesem Weg wichtige Informationen zu erarbeiten. Das betraf die Firmen Uranit, MBB, Siemens/KWU, Linde, Steigerwald, Metallgesellschaft und Steag. Diese Firmen befassten sich mit verschiedenen Ausrüstungen der nuklearen Forschung und ihrer industriellen Umsetzung in Kernkraftwerken. Mit zu den wichtigsten Entwicklungen zählten Verfahren zur Anreicherung von Uran mit dem Isotop 235. Welche Bedeutung solchen Verfahren zukommt, macht der gegenwärtige Streit mit dem Iran klar.

Das natürlich vorkommende Uran mit dem Atomgewicht 238 enthält nur zu 0,7 Prozent das spaltbare Isotop U 235. Kernkraftwerke benötigen ein Uran, in dem der Anteil dieses Isotops auf zwei bis drei Prozent angereichert wurde. Atomwaffen auf Uranbasis brauchen dagegen einen Anreicherungsgrad von ca. 20 Prozent. Darum gilt das Prinzip: Wer eine Anreicherungsanlage betreibt, kann auch Atomwaffen bauen. Die westdeutsche Industrie entwickelte mit Großforschungszentren solche Anreicherungsverfahren. Zwei davon waren Ende der 70er Jahre großtechnisch nutzbar. Das waren:

• Ein Verfahren mit Ultrazentrifugen. Erstmals wurde dieses Verfahren unter Beteiligung mehrerer Länder als Versuchsanlage mit 2.000 Zentrifugen in Almelo (Holland) angewandt. Später folgte eine Großanlage in Gronau.

• Das Trenndüsenverfahren war die zweite Entwicklung. Die erste großtechnische Anwendung dieses Verfahrens wurde in Valindaba/Südafrika realisiert. Die wichtigsten Komponenten für diese Anlage wurden von westdeutschen Konzernen unter Falschdeklaration geliefert. Beteiligt waren die oben genannten Firmen. Bekanntlich wurde dann 1979 in Südafrika eine Kernexplosion in der Atmosphäre durchgeführt. (Dieses Atomprogramm wurde mit Ende der Apartheid gestoppt.)

Wir konnten zu den technischen Einzelheiten des Verfahrens und zum Vorhaben selbst informieren.

Informationen unserer Kundschafter hatten also nicht nur technische, sondern auch politische Bedeutung.

Informiert wurde auch zu zwei weiteren, damals in der Entwicklung befindlichen Verfahren: das Fusionsverfahren und das Verfahren mit der Plasmarotations-Zentrifuge.

Von besonderem Wert waren Informationen über die Wiederaufarbeitung von verbrauchten Kernbrennstoffen. Unter der Regie mehrerer europäischer Staaten wurde 1959 die EUROCHEMIC gegründet, die mit Sitz in Paris die Prozesse der Wiederaufarbeitung lenken sollte. In kurzer Frist entstand in Mol (Belgien) die erste Wiederaufarbeitungsanlage unter Beteiligung des Forschungs- und Industriepotentials der BRD. Das war der Ausgangspunkt für die Wiederaufarbeitung in Westeuropa. Somit war nicht nur die Wiederaufarbeitung zu neuem Kernbrennstoff, sondern auch die Extraktion kernwaffenfähigen Plutoniums möglich. Uns standen umfangreiche interne Unterlagen aus der Versuchsanlage in Mol zur Verfügung.

Durch Abschöpfung wichtiger Wissensträger war es möglich, über den gesamten Brennstoff-Kreislauf zu informieren. Dabei hatten die Informationen zur weltweiten Uranförderung sowohl technisch als auch ökonomisch einen großen Wert. Es wurde über die Uranförderung in der BRD, Kanada, in den USA, im Niger, in Gabun, Australien und einigen anderen Ländern informiert. Das betraf auch den Weltmarktpreis für Uran – wichtig für Preisverhandlungen im RGW beim Kauf der Brennstäbe von der Sowjetunion.

Durch exzellente Verbindung eines Kundschafters zu EURATOM war es möglich, interne Unterlagen zu Forschungs- und Entwicklungs-Projekten auf allen Gebieten der Kernenergie und zur Nutzung dieser Forschungsergebnisse zu erhalten.

Ein zweiter Kundschafter lieferte ebenfalls von EURATOM streng geheime Informationen u. a. zu verschiedenen Reaktortypen, beispielsweise zu einem besonders zukunftsträchtigen Hochtemperatur-Reaktor.

In der zweiten Hälfte des 20. Jahrhunderts wurde die Entwicklung des sogenannten Brutreaktors forciert. Auf diesem Typ ruhte die Hoffnung einer effektiveren Ausnutzung des Brennmaterials (Verringerung der Brennstoffkosten). Durch den Einsatz eines Kundschafters war es möglich, über alle wissenschaftlichen und technologischen Entwicklungsschritte nicht nur in der BRD und Europa, sondern auch in den USA zu informieren.

Zur Anwendung der Atomenergie im Schiffbau war in den 60er Jahren das staatliche Forschungszentrum »Gesellschaft für Kernenergieverwertung im Schiffbau und Schiffahrt« (GKSS) in Hamburg gegründet worden. In iseiner Regie entstand das atomgetriebene Forschungsschiff »Otto Hahn«, und es wurde an Atomantrieben für U-Boote gearbeitet. Bereits in den 60er Jahren wurden mehrere Projekte fertig gestellt.

Es war uns möglich, aus Geesthacht (Reaktorstandort) bedeutende Informationen zu beschaffen.

Eine wichtige Rolle bei der Steuerung der entstandenen Kernkraftwerke in der BRD spielte die Dachorganisation der Strom erzeugenden Industrie, die »Vereinigung Deutscher Elektrizitätswerke« (VDEW). Hier flossen alle Erkenntnisse beim Aufbau und Betrieb von Kernkraftanlagen zusammen. Die gesammelten Erfahrungen, beispielsweise zu Störfällen, wurden analysiert und Schlussfolgerungen für die weitere Strategie für alle Betreiber gezogen.

Die fast lückenlose Information über diese Erfahrungen war von unschätzbarem Wert.

Uns standen geheime Informationen zu offiziellen Lieferungen von Ausrüstungen für komplette Atomanlagen, Betriebs-, Meß-, Steuer- und Regel-Technik (BMSR-Technik), Elektronik, aber auch zu falsch deklarierten Lieferungen an atomare Schwellenländer zur Verfügung. So lieferten westdeutsche Konzerne an Argentinien und Brasilien, was mit großer Wahrscheinlichkeit auch atomaren Ambitionen diente. Beide Länder haben den Atomwaffen-Sperrvertrag nicht unterschrieben.

Im Visier unserer Beobachtungen stand in den 70er Jahren der Aufbau zweier schlüsselfertiger 1.300 MW-Kernenergieanlagen in Bushehr (Iran) durch die Kraftwerk- und Turbinen-Union.

Ebenso wurde informiert, dass ehemalige hohe BRD-Militärs für Konzerne ihres Landes über Scheinfirmen die wichtigsten Teile der in Rawalpindi/Pakistan aufgebauten Hochleistungszentrifugen-Anlage geliefert hatten.

II. Erkenntnisse zur Forschung an biologischen und chemischen Kampfstoffen

Bei der Suche nach möglichen geheimen Forschungsstätten gingen wir davon aus, dass die Bundeswehr wie auf anderen Gebieten auch an die Vergangenheit anknüpfen würde. Militärisch nutzbare Forschungsergebnisse kamen entweder aus Großunternehmen oder aus speziellen staatlichen Forschungsstätten.

Unsere Analysen zeigten, dass fast alle chemischen Verbindungen, die später zum Kampfstoffeinsatz erprobt und produziert wurden, in den Instituten der Kaiser-Wilhelm-Gesellschaft vor 1945 entstanden waren.

Durch die enge Kooperation mit der chemischen Industrie fanden diese als Nervengifte bekanntgewordenen Stoffe sofort das Interesse besonders der IG Farben. Getestet wurden sie unter Regie der Militärs in der biologischen und chemischen Erprobungsstelle Munsterlager in der Lüneburger Heide.

Es stellte sich heraus, dass die Erprobungsstelle Munsterlager sofort von der Bundeswehr übernommen wurde.

Die Kaiser-Wilhelm-Gesellschaft wurde zur Max-Planck-Gesellschaft mit damals 30 Instituten auf dem Territorium der BRD und Westberlins umgewandelt. Daneben entstand die Frauenhofer-Gesellschaft für angewandte Forschung. Hier begannen wir zu suchen und wurden fündig.

Eine Anzahl von Veröffentlichungen über Forschungen zu Aerosolen machte uns auf eines der Institute der Frauenhofer-Gesellschaft aufmerksam. Es lagen uns Informationen vor, dass dieses Institut mit der Erforschung biologischer und chemischer Kampfstoffe beauftragt war. Dieses Institut für Aerobiologie in Grafschaft Hochsauerland war ein ehemaliges Krankenhaus für Lungenkrankheiten, die besonders durch Staubentwicklung in Bergwerken hervorgerufen wurden. Fachlich war dieses Objekt besonders gut geeignet. Zielte doch der Einsatz chemischer und biologischer Waffen darauf ab, Lebewesen über die Lungen zu schädigen oder zu töten. Aerosole dienten als Trägerstoff für Gifte.

Es gelang, einen Kundschafter, einen gut ausgebildeten promovierten Biologen, in dieses Institut einzuschleusen. Er unterrichtete uns umfassend über die Forschungen. Obwohl defensiv deklariert, stimmte es bedenklich, dass viele Versuche sich mit dem Transport kleinster Partikel über weite Strecken in der Atmosphäre bei unterschiedlichen Wetterbedingungen befassten und Trägereigenschaften für biologisches und chemisches Material untersucht wurden.

Bedenklich auch deshalb, da sich die Militärs dringend an solchen Forschungsergebnissen interessiert zeigten. Bei der gezielten Verseuchung gegnerischer Gebiete mit chemischen oder biologischen Mitteln durften die eigenen Truppen nicht gefährdet werden. Das konnte dahinter stecken.

Das Militärtechnische Institut der Nationalen Volksarmee der DDR forschte intensiv an Abwehrmitteln gegen militärisch eingesetzte chemische Kampfstoffe bzw. gegen die Verseuchung mit

strahlendem Material nach Kernexplosionen. Es gelang, zu folgenden Themen zu informieren:
- Die Bereitstellung von unbedenklichem Trinkwasser für die Zivilbevölkerung und die Armee nach dem Einsatz nuklearer Waffen war von besonderer Bedeutung. Einem Kundschafter gelang es, ein vollständiges Verfahren zur Dekontaminierung von Wasser zu besorgen.
- Es wurden im NATO-Bereich Forschungen zu Antistoffen , den sogenannten Antidots, gegen Vergiftungen mit Nervengasen bekannt, wichtig für das Überleben beim Einsatz solcher Massenvernichtungsmittel. Es war uns zunächst möglich, Muster von Spritzen zu beschaffen, die als Gegengift nach dem Einatmen chemischer Kampfstoffe verabreicht werden mussten. Später beschafften wir Verfahren und Rezepturen zur Herstellung solcher zu jenem Zeitpunkt einsetzbaren Stoffe.

III. Die Unterstützung der chemischen Industrie der DDR

Die Industrie der DDR und ganz besonders deren chemische Industrie war durch bestimmte Bedingungen geprägt. Mit der Teilung Deutschlands verblieb der DDR eine schmale eigene Rohstoffbasis und riesige Disproportionen einer bis dahin einheitlich gewachsenen chemischen Industrie. Die Kriegszerstörung und der Reparationsabbau hatten die Funktionstüchtigkeit der Anlagen weitgehend eingeschränkt. Zudem waren die Anlagen und Verfahren vom Autarkiestreben des faschistischen Staates zur Vorbereitung und Durchführung des 2. Weltkrieges bestimmt worden.

Der sofort einsetzende Wirtschaftskrieg, der später zu den sich ständig verschärfenden Embargomaßnahmen führte, erschwerte den Waren- und Technologieaustausch und erzwang somit Maßnahmen, sich von Importen aus dem nichtsozialistischen Wirtschaftsgebiet (NSW) unabhängig zu machen.

Der chemischen Industrie der DDR standen im wesentlichen folgende Rohstoffe zur Verfügung:
- Braunkohle
- Steinsalz mit einem Anteil Kalisalz
- Bescheidene Vorkommen an Kupfer, Zink, Zinn, Blei und Nickel
- Kalk, Gips und Kreide.

Diese Voraussetzungen einschließlich der unterschiedlichen Rohstoffsituation in der DDR und den nichtsozialistischen Wirtschaftsgebieten (NSW) erforderten einen besonders hohen Forschungsaufwand zur Behebung dieser Situation. Nur so konnten die Anlagen wieder aufgebaut und optimiert werden. Nur so konnten neue Verfahren der anorganischen Chemie und neue Synthesen in der organischen Chemie schnell entwickelt werden. Das Ziel bestand in einer echten Erhöhung der Produktivität der Anlagen und der Verbesserung der Qualität der Produkte. Beides, eine höhere Qualität und höher veredelte neue Erzeugnisse waren notwendig, um die Rentabilität der chemischen Industrie der DDR wesentlich zu verbessern. Die immer bessere Befriedigung der Bedürfnisse der Bevölkerung und ein höherer Erlös beim Export der Erzeugnisse auf den Weltmärkten sollte erreicht werden. Letzteres war die Voraussetzung für den Aufbau neuer, moderner chemischer Betriebe.

Diese Zielstellung wurde 1958 im Chemieprogramm der DDR zusammengefasst.

Bei der Beschleunigung der Forschung, der Verfahrensoptimierung, der Qualitätsverbesserung und Höherveredlung der Erzeugnisse, beim Aufbau neuer Anlagen und sogar bei der Suche nach den richtigen zukunftsweisenden strategischen Entscheidungen der wirtschaftsleitenden Funktionäre hat der Sektor Wissenschaft und Technik wichtige, zum Teil hervorragende Beiträge geliefert. Einige davon sollen nachfolgend dargestellt werden:

1. Unterstützung zu Verfahren der anorganischen Chemie

Für viele Zweige der Industrie ist die Verfügbarkeit von hochkonzentrierter Salpetersäure (HoKO) eine wichtige Voraussetzung. Dazu gehört nicht nur die Erzeugung von Sprengstoffen, sondern auch die Herstellung von Anilin-Derivaten für die Pharmazie und die Produktion von Polyurethanen. Vorhandene Anlagen auf dem Gebiet der DDR bedurften dringend einer Rekonstruktion. In den 60er Jahren wurde die Modernisierung der Salpetersäureproduktion durch Konstruktionsunterlagen wirkungsvoll unterstützt, die von SWT beschafft wurden.

Titandioxyd ist als Weißpigment unersetzlich für viele Zweige der Wirtschaft. Beschaffte Verfahrens- und Konstruktionsunterlagen über das moderne sogenannte Chloridverfahren trugen dazu bei, dass auch geringerwertige Rohstoffe, die zudem noch preislich günstiger waren, zu hochwertigen Pigmenten verarbeitet werden konnten.

2. Beiträge zu Verfahren zur Herstellung organischer Grundstoffe

Die Erzeugung organischer Grundstoffe in der DDR basierte lediglich auf der Nutzung der Braunkohlenhydrierung (Bergius-Verfahren) und -schwelung, der Vergasung der Braunkohle zu Sy-Gas (Winkler-Generatoren) mit nachfolgender Erzeugung von Benzin (Fischer-Tropsch-Verfahren) und Oxo-Synthesen und die Linie Karbid-Acetylen (Reppe-Verfahren).

Nachdem Erdöl aus der Sowjetunion zur Verfügung stand, kam nach der – gegenüber der Braunkohlenhydrierung effektivere – Hydrierung zu Benzin und weiteren Paraffinen die tiefere, spaltende Verarbeitung hinzu.

Von besonderer Bedeutung für die Volkswirtschaft der DDR war die Erzeugung von Benzin aus einheimischer Braunkohle. In den Leunawerken wurde bis in die 60er Jahre unter Anwendung des Bergius-Verfahrens aus 1,2 bis zwei Tonnen Braunkohle eine Tonne Synthese-Benzin gewonnen. Wie in der Chemie üblich, waren auch hier die notwendigen Katalysatoren – Stoffe, die chemische Reaktionen starten und beschleunigen – entscheidend für die Effektivität des Verfahrens. An der Optimierung dieser Katalysatoren waren Kundschafter des SWT beteiligt.

Das Gleiche galt für die Herstellung niederer Kohlenwasserstoffe aus der Verarbeitung von Braunkohlenschwelteer in den Synthesewerken Zeitz, Rositz und Lützkendorf.

Die im Synthesewerk Schwarzheide seit Jahrzehnten angewandte Methode, über das Fischer-Tropsch-Verfahren aus Synthesegas Flüssigprodukte herzustellen, wurde durch umfangreiche Verfahrens- und Konstruktionsunterlagen unterstützt. Dieser Prozess wurde in der westlichen Welt lediglich noch in der Großanlage Sasolburg in Südafrika als Mitteldrucksynthese betrieben.

In den Anfangsjahren hatte die Rekonstruktion der Anlagen in Schwarzheide große Bedeutung.

Butadien, ein unerläßlicher Rohstoff für die Herstellung von Synthesekautschuk, wurde in der DDR bis in die 80er Jahre hinein immer noch nach dem von Reppe 1936 entwickelten Verfahren hergestellt. Dazu war jedoch der Import von Steinkohlenkoks aus Westdeutschland erforderlich. Koks aus Braunkohle, eine Entwicklung der Forscher der BUNA-Werke und in Lauchhammer, führte zur Importablösung. Koks und Kalk werden in den Karbidöfen zu Karbid umgewandelt. Karbid und Wasser läßt Acetylen entstehen und dieses wird in Butadien umgewandelt.

Die optimale Geometrie der Öfen und Elektroden sowie deren Zusammensetzung beeinflussten den Stromverbrauch dieser Karbidöfen wesentlich. Auch hier waren durch uns beschaffte Informationen von erheblichem Nutzen. Das Ergebnis war eine höhere Leistung bei gleichzeitig geringerem Stromverbrauch.

Eine Vielzahl von Produkten, z. B. Vinylalkohol, Vinylacetat, Aceton, Essigsäure, Acrylsäureester und Butadien, hing von diesem Verfahren ab. Allerdings war es kostenaufwendig und mit schweren Arbeitsbedingungen verbunden.

Nach dem Aufbau des Petrolchemischen Werkes in Schwedt und der Rekonstruktion der Spaltanlagen in Böhlen stand die Aufgabe, die zur Verfügung stehenden Spaltprodukte optimal zu nutzen und beispielsweise das Butadien aus den Spaltprodukten des Erdöls abzutrennen.

Eine Anlage, die dieses Produkt aus den Gemischen der Erdölspaltung extrahieren sollte, wurde in der DDR nach eigenem Verfahren errichtet. Bereits im Versuchsbetrieb wurde die Anlage »zugefahren«, d. h. das gewonnene Butadien polymerisierte in der Anlage. Sie musste abgerissen werden. Danach blieb der DDR nichts anderes übrig, als diese bei der Erdölspaltung entstehenden Gemische (C4-Fraktion) mit geringen Erlösen an westliche Konzerne zu verkaufen und dafür zu ziemlich hohem Preis Butadien zu beziehen.

Kundschafter wurden an die Lösung dieses Problems angesetzt. Es mussten Informationen her, ein »Zufahren« der Anlage zu verhindern. Es konnte das Knowhow beschafft und ausgewertet werden, das dringend benötigte Antworten auf viele unklare Fragen brachte. So erfuhren wir zum Beispiel von der Notwendigkeit des Einbaus zahlreicher Filter sowie Inspektionslöcher in die Anlage. Sie wurde mit diesem Wissen neu aufgebaut und erfolgreich in Betrieb genommen. Der Nutzen für die DDR, der durch die tiefere Verarbeitung dieses petrolchemischen Rohstoffes entstand, war enorm.

Synthesegas spielte in der chemischen Industrie der DDR eine große Rolle bei der Erzeugung höher veredelter Rohstoffe. In sogenannten Winkler-Generatoren wurde die Braunkohle bis in die 60er Jahre vergast. Das Synthesegas war Ausgangsprodukt für die Herstellung von Oxoalkoholen, einem Bestandteil aktiver Waschmittel.

Durch Hydrieren des Synthesegases konnte eine Vielzahl weiterer organischer Produkte gewonnen werden.

Viele Informationen und Dokumentationen zum Knowhow und konstruktiven Details der Reaktoren, beschafft von SWT und verwertet in Leuna und dem Chemieanlagenbau, halfen hier wesentlich schneller voranzukommen.

Der wertvolle Rohstoff Erdöl, der vorrangig aus Lieferungen der Sowjetunion stammte und ebenfalls nicht unbegrenzt zur Verfügung stand, musste soweit wie möglich veredelt werden. Es stand die Aufgabe, das Erdöl tiefer zu verarbeiten und die Palette der Rohstoffe für die chemische Industrie maximal zu erweitern.

Daraus ergab sich für die Wissenschaftlich-Technische Aufklärung eine Vielzahl von Aufgaben. Das Wissen und die Erfahrungen zu petrolchemischen Prozessen entstanden in den westlichen kapitalistischen Ländern bereits Jahre früher. Auf dieses Wissen musste zurückgegriffen werden.

Für die Entwicklung und Verbesserung solcher Verfahren wie dem Cracken, Hydrieren, Oxydieren und der Isomeren-Trennung wurde eine enorme Zahl von Informationen durch SWT beschafft. Dadurch konnten die Verfahren effektiver gestaltet werden. Dringend benötigte Grundstoffe konnten der weiterverarbeitenden Industrie oder dem Verbraucher schneller zur Verfügung gestellt werden. Das betraf u. a. Grundstoffe aus der Petrolchemie: Benzin und Dieseltreibstoffe, Ethylen, Propylen, Butadien, Benzol, Toluol, Xylol, Paraffin, Leichtöle, Schmieröle, teerhaltige Produkte nur in geringen Mengen als Folge der Tiefenhydrierung.

3. Verbesserung und Entwicklung neuer Plastwerkstoffe

Die Rohstoffbasis für Plastwerkstoffe wurde in den Jahren nach 1958 zielstrebig aufgebaut. Ziel war es immer, die Rohstoffe möglichst hoch zu veredeln.

In den BUNA-Werken Schkopau wurde aus Acetylen und Salzsäure das Ausgangsprodukt Vinylchlorid erzeugt, welches zum Polyvinylchlorid (PVC) führt. Dieses 1912 entwickelte Polymerisat wurde erst in den 50er Jahren zum Massenplast. Voraussetzung dafür war die Entwicklung von Stabilisatoren zur Verhinderung des Salzsäureabbaus unter Einfluss von Wasser. Es galt des weiteren, die Lichtbeständigkeit und Schlagfestigkeit dieses Kunststoffes zu verbessern.

Über SWT wurden den Forschern zu dieser Aufgabenstellung wichtige Informationen, Rezepturen und Muster zur Verfügung gestellt.

Dadurch war die chemische Industrie in kürzester Zeit in der Lage, ihre Exportfähigkeit zu erhalten und auszubauen.

Der große ökonomische Vorteil des PVC bestand darin, dass das Chlor im Kunststoff 54 Prozent Gewichtsanteil ausmachte. Chlor stand der DDR aus der Elektrolyse des heimischen Kochsalzes reichlich zur Verfügung.

Ein Werkstoff machte in den 60er Jahren von sich reden: Polyformaldehyd, zugänglich aus dem recht einfach im großen Umfang herstellbaren Formaldehyd. Auch hier lag das verlockende darin, dass einen hohen Anteil des Gewichtes dieses Werkstoffes der reichlich vorhandene Sauerstoff ausmachte. Es traten bei der Entwicklung jedoch große Probleme auf: Enthielt das Formaldehyd zu viel Wasser, polymerisierte es nicht. Enthielt es wenig Wasser, konnte man es nicht vor dem Polymerisieren bewahren – es reagiert spontan. Die beschafften Unterlagen zeigten, dass Polyformaldehyd, unter großem Aufwand hergestellt, ein Spezialplast bleiben musste.

Die Realisierung dieses Verfahrens wurde aus dem Volkswirtschafts-Programm genommen. Auch Informationen zur Vermeidung von Fehlern brachten großen Nutzen.

Acrylate und Methacrylate, organische Stickstoffverbindungen, stellen eine wichtige Stoffklasse dar. Als Acrylat- und Methylmetacrylat-Polymere waren sie Basis für technisch hochwertige Plastwerkstoffe, Harze und Faserrohstoffe, z. B. Wolpryla. Ihre immense Bedeutung erlangten sie bei der Schlagfestausrüstung von Massenplasten.

Die Rohstoffbasis der DDR war zunächst auf die Reppe-Chemie festgelegt. Nach Errichtung von Kapazitäten zur Herstellung von Acrylatverbindungen wurde es erst möglich, umfangreiche von uns beschaffte wertvolle Unterlagen und Rezepturen umzusetzen.

Einen der wesentlichsten Massenplaste neben dem PVC stellte für die DDR das Polyäthylen dar. Es wurden sowohl Anlagen für Niederdruckpolyäthylen (nach dem Ziegler-Verfahren) als auch für Hochdruckpolyäthylen realisiert. Die Probleme beim Niederdruckverfahren bestanden vorwiegend im Einsatz aktiverer Katalysatoren. Beim Hochdruckverfahren traten die Schwierigkeiten vorwiegend bei den konstruktiven Details der Apparaturen und der Prozessführung auf.

Zu beiden Fragestellungen konnten wir wichtige Informationen zur Verfügung stellen. Die Folie aus Niederdruckpolyäthylen konnte dünner und zugleich reißfester gemacht werden, wenn man das Verfahren in Richtung höhermolekularer Produkte führte. Dazu benötigt man besondere Katalysatoren und eine spezielle Technologie. Es war uns möglich, Hinweise und Rezepturen zu übergeben.

Beim Hochdruck-Prozess war es möglich, durch wichtige technologische Hinweise die Sicherheit der Prozessführung und die Ausbeute zu verbessern. Mit Hilfe interner Informationen eröffneten sich Möglichkeiten für eigene Arbeiten der Forscher in Instituten und der Industrie zur Herstellung von sogenannten Copolymeren mit einer bis dahin kaum vorstellbaren Anwendungspalette, insbesondere bei der Beschichtung von Verpackungsmaterial (Tetrapack usw.)

In den 60er, vor allem in den 70er Jahren machte eine neue Stoffklasse von sich reden. Es waren die von der Bayer AG entwickelten Polyurethane. Später wurde Polyurethan auch von der BASF produziert. Durch die Vielfalt einsetzbarer Rohstoffe und der großen Zahl variierbarer Rezepturen wurden Werkstoffe nach Maß möglich.

Das Ausmaß der breit gefächerten Möglichkeiten dieser neuen Stoffklasse und die Tatsache, dass erforderliche Grundstoffe zu ihrer Produktion aus einheimischen Vorkommen entwickelt werden konnten, wurde von leitenden Wirtschaftsfunktionären der DDR viel zu spät erkannt bzw. es fehlte der Mut, eingefahrene Gleise zu verlassen und sich an den Aufbau einer völlig neuen Produktionslinie heranzuwagen. Der Aufbau einer völlig neuen Produktionslinie bedeutete natürlich immer Investitionen, deren Notwendigkeit zu beweisen war.

SWT lagen umfangreiche Informationen zu diesem Entwicklungsthema vor, die anfangs auf Desinteresse stießen. Durch Mitarbeiter und inoffizielle Mitarbeiter des SWT wurde deshalb eine breit angelegte Überzeugungsarbeit eingeleitet. Mit einer großen Zahl beschaffter Muster wurde eine Ausstellung organisiert, die beweiskräftig die Breite der Einsatzmöglichkeiten von harten, spröden bis weichen, elastischen Werkstoffen aufzeigte. Walter Ulbricht wurde eine vom Sektor Wissenschaft und Technik beschaffte Couch zur Verfügung gestellt, die in ihren Hauptbestandteilen aus Polyurethan bestand, um ihn zu überzeugen.

Auch die nicht fachkundigen Funktionäre erkannten irgendwann, dass mit Synthesegas aus Braunkohle, Chlor aus den großen Steinsalzlagern der DDR und aus den im Lande produzierten Diolen/Diaminen als Ausgangsstoff für Isocyanate (organische Stickstoffverbindungen) diese Vielfalt von Erzeugnissen produziert werden und damit der Import teurer Spezialplaste minimiert werden konnte.

Das war einer der gravierendsten Fälle, bei denen SWT direkten Einfluss auf Entscheidung für die Aufnahme der Entwicklung und Produktion einer ganzen Stoffklasse in der chemischen Industrie nahm. Schließlich wurden durch die zentralen Planungsorgane eine Milliarde Mark der DDR und eine hohe Summe an Devisen bereitgestellt. Der Aufbau eines ganzen Anlagenkomplexes zur Herstellung von Synthesegas, dem hochgiftigen Phosgen und der Amine zur Produktion der Isocyanate wurde in Schwarzheide planmäßig begonnen.

Die Beschaffung des Knowhow über IM und mit SWT verbundene Handelsvertreter der BRD wurde zu einer wichtigen Voraussetzung dafür, die günstigsten Lieferanten für die unumgänglichen Anlagenimporte aus dem NSW zu finden und bei der Realisierung der technischen Anlagen mit zu helfen.

Mit unserer direkten Unterstützung konnten die Anlagenimporte aus dem NSW vor Störungen geschützt und die notwendigen anwendungstechnischen Vorbereitungen für den späteren Einsatz parallel dazu durchgeführt werden. Die Vorlaufzeit für die anwendungstechnische Forschung konnte damit optimiert und der Einsatz in den Anwenderindustriezweigen gesichert werden

Das traf besonders für solche hoch veredelte Produkte wie Kunstleder und Integralschäume zu.

Allein die beschafften Kenntnisse verschiedener Rezepturen zur Herstellung von Polyurethantypen halfen, die Realisierung um Jahre zu beschleunigen. So war es möglich, unterschiedliche Hart- und Weichschäume bis hin zu elastischen Fasern herzustellen. Diese neue Stoffklasse war bald in der Auto- und Möbelindustrie sowie in anderen Industriezweigen als hartes Formmaterial oder elastischer Polsterstoff nicht mehr wegzudenken.

Bei der Umsetzung leistete eine große Zahl von Technikern, Ingenieuren, Chemikern und leitenden Wirtschaftsfunktionären eine sehr gute Arbeit. Stellvertretend soll nur auf den mit SWT eng verbundenen Kombinatsdirektor in der Aufbau- und Entwicklungsphase, Albert Meyer, verwiesen werden. Er hat Großes geleistet, sich furchtlos gegen innere Widerstände und gegen Störversuche des Westens durchgesetzt.

Das Synthesewerk Schwarzheide wurde zu einem bedeutenden Exporteur der chemischen Industrie der DDR in das NSW. Mit seiner großen Palette von Polyurethanvarianten wurde es nach 1990 sofort von der BASF übernommen und mit schwarzen Zahlen weiter betrieben. Die BASF besaß zu jener Zeit keine so komplexe Polyurethan-Anlage.

Für die Herstellung von Kassetten als Ton- und Datenträger wurde eine hochreine Polyesterfolie gebraucht. Die eigene Entwicklung durch Forscher der DDR wurde auch auf diesem Gebiet durch Informationen unterstützt. Es wurde ein dafür geeigneter Polyestertyp entwickelt.

Für den Transport, aber natürlich auch für strategische Planungen waren die Reifen der Transportfahrzeuge ein kritischer Punkt. Abriebfeste, alterungsbeständige und hochelastische Reifen ließen sich entweder durch einen hohen Mischungsanteil von Naturkautschuk oder durch Einsatz von stereospezifischen Polymerisaten von Butadien oder Isopren herstellen. Mitte der 60er Jahre erreichten die in den BUNA-Werken Schkopau hergestellten Kautschuktypen ihre Leistungsgrenze. Die mittels Natrium (Na) gestartete Reaktion des Butadien (deshalb der Werksname Buna) erlaubte nur noch Produkte, deren Qualität für Reifenmischungen der geforderten Laufleistung nicht mehr ausreiche. Der Ausweg zeichnete sich in der Herstellung eines neuen Synthesekautschuks ab, dem sogenannten 1,4-cis-Polybutadien, der anstelle der natrium-initiierten Polymerisation Ziegler-Katalysatoren verwendete. Die Erzeugung höchstwertiger Synthese-Kautschuktypen in einem sterospezifischen Verfahren zu 1,4-cis-Polybutadien erforderte wesentlich »intelligentere« Katalysatorsysteme. Die Aufarbeitung der erzeugten Rohprodukte verlangte andere Technologien. Westliche Konzerne versuchten vergeblich, die BUNA-Werke von ihren Forschungsvorhaben abzuhalten. Trotz massiver Störversuche wurde in den 60er Jahren am Herstellungsverfahren weiter geforscht. Der erfolgreiche Aufbau und die Inbetriebnahme einer Anlage zur Produktion von 1,4-cis-Polybutadien in Buna war ein großer Sieg. Die Lieferung von Informationen westlicher Forschungsergebnisse, technologischer Kniffe und Erkenntnisse zu den einzusetzenden Katalysatorsystemen durch uns beschleunigte diesen Prozess wesentlich.

Die Verwendung von moderneren Rohstoffen in der Reifenindustrie ging einher mit neuen Reifenkonstruktionen wie dem Radialreifen. Als Festigkeitsträger kam Cord aus Stahl, Glasfaser und Polyester zum Einsatz. Auch hier konnte Unterstützung gegeben werden.

So gelang es dem Chemiefaserwerk Guben in enger Zusammenarbeit mit dem Reifenwerk Fürstenwalde, einen Reifencord aus Polyester in hoher Qualität zu produzieren. Hierbei war nicht nur die notwendige Festigkeit ausschlaggebend, sondern der richtige Präparationsauftrag war das Qualitätskriterium. In langen Forschungsreihen wurden viele von SWT bereitgestellte Zusätze getestet. Dies führte schließlich zum Erfolg.

4. Verbesserung der produzierten und Entwicklung neuer Faserstoffe

Die Viskosefaser, ein Naturprodukt aus der Zellulose des Holzes, wurde bereits 1892 entwickelt. Mit diesem Verfahren wird Alkalicellulose mit Schwefelkohlenstoff zu einer so genannten Xanthogenatlösung umgewandelt. Die Lösung drückt man durch Spinndüsen in eine Mischung aus verdünnter Schwefelsäure und unterschiedlichen Salzen.

Stoffe aus dieser klassisch hergestellten Faser knittern leider sehr leicht. Abhilfe sollte die weltweite Entwicklung der Modalfaser bringen. Für die DDR wurde die Modalfaser im Chemiefaser-

Kombinat Schwarza durch Knowhow-Import aus Österreich realisiert. Das war das eine, der störungsfreie Lauf der Anlage mit der erforderlichen Qualität der Erzeugnisse das andere. Ein Fachmann auf diesem Gebiet schätzte ein, dass ohne die tatkräftige Unterstützung durch den Sektor Wissenschaft und Technik es nicht so rasch möglich gewesen wäre, eine qualitativ gute Modalfaser zu produzieren.

Die Polyamidfaser – besser bekannt als Nylon/Perlon – sollte für die Entwicklung neuer Reifentypen eingesetzt werden. Vor der Industrie stand die Aufgabe, die Polymerisation von Caprolactam, dem Grundstoff für die Polyamidfaser, zur Erzeugung von Reifencord weiter zu entwickeln. Das erforderte einen großen Forschungsaufwand. Es sollten hohe Festigkeiten, Lichtstabilität und geringe Wasseraufnahme erreicht werden. Proben der bei westlichen Unternehmen dabei eingesetzten Katalysatoren und Stabilisatoren wurden der Forschung von uns zur Verfügung gestellt.

Das wirkte sich auch auf die klassischen Einsatzgebiete für Polyamidfasern aus, etwa für Damenstrümpfe, Strumpfhosen, Blusen usw., also Kunstseidenprodukte. Ebenso bei der Qualität von Mischungen mit anderen Fasern in der gesamten Textilindustrie.

Fasern auf der Grundlage von Polyacrylnitril (PAN) wurden in der DDR als Wolpryla und in der BRD als Dralon bekannt. Diese Kunstfaser kam der natürlichen Wolle am nächsten. In Zusammenarbeit der Forscher des Chemiefaserwerkes Premnitz und des Instituts für Polymerenforschung in Teltow-Seehof wurde ein neues kontinuierliches Verfahren entwickelt. Große Teile der Anlagen für dieses Verfahren wurden aus dem NSW importiert.

Die Inbetriebnahme zu Beginn des Jahres 1988 war sehr schwierig. Hintergrund war mit Sicherheit die Tatsache, dass die Finanzierung dieses Milliardenprojekts überwiegend durch Export der Erzeugnisse in das NSW vorgesehen war. Die westlichen Produzenten, vor allem die Bayer-Werke, die das Dralon produzierten, arbeiteten in ihren Anlagen mit nur 60 bis 65prozentiger Auslastung ihrer Kapazitäten. Der neue Konkurrent Premnitz wurde mit allen Mitteln bekämpft.

Wir gingen davon aus, dass die importierten Anlagenteile absichtlich nicht unseren Anforderungen entsprachen. Wir hatten den dringenden Verdacht, dass aufgedeckte Fehler in den Anlagen von den zeitweise in der DDR tätigen Monteuren vorsätzlich eingebaut worden waren. Beweisen konnten wir es aber nicht. Die zur Massefärbung gelieferten Farbstoffe ergaben nicht die erforderlichen Farben. Durch häufige Stillstände entstand ein hoher Anfahrverlust. Die gesamte Anlage musste rund um die Uhr streng bewacht werden.

Die Behebung dieser Probleme beim Anfahren durch die Fachleute in Premnitz erfolgte mit unserer Unterstützung bis zur »Wende« 1989 nicht vollständig. Mit dem Ende der DDR wurde prompt dieser Konkurrent ausgeschaltet. Die Produktion von Wolpryla wurde in Premnitz eingestellt.

Die Textilindustrie der DDR benötigte dringend eine elastische Faser, die dem auf dem westlichen Markt eingeführten Typ »Lycra« entsprach. Lycra selbst stand auf der Embargoliste. Der erforderliche Rohstoff, ein Polyurethantyp, konnte zwar in Schwarzheide produziert werden, aber die notwendige Technologie zur Herstellung der elastischen Fäden hatte unsere Industrie nicht. Ein japanisches Unternehmen war bereit, der DDR eine Anlage und das Knowhow gegen einen überhöhten Preis zu verkaufen. Bereits beim Aufbau dieser Anlage stellte sich heraus, dass wichtige Teile der Unterlagen fehlten, die bereits bei den Vertragsverhandlungen von den Japanern ausgelassen worden waren. Verlustreiche Anfahrversuche der Anlage waren die Folge. Es gelang uns, über eine inoffizielle Verbindung das notwendige Wissen zum fehlerfreien Betreiben dieser Anlage zu beschaffen. Ein marktfähiges Produkt konnte hergestellt werden.

Polyester als Seide oder Faser ist in der Textilindustrie nicht mehr wegzudenken. Die Bevölkerung der ganzen Welt könnte ohne Polyesterprodukte nicht mehr ausreichend gekleidet werden. Auf Grund dieser großen Bedeutung der Polyesterproduktion zur Versorgung der Bevölkerung der DDR mit guter Bekleidung, schenkte die Regierung der Entwicklung auf diesem Gebiet hohe Priorität. Es wurden mit viel Aufwand in den Chemiefaserwerken Premnitz und Guben des Chemiefaserkombinates Schwarza Produktionsanlagen errichtet. Die eigenständige Produktion von Fasern, Seide, Cord und auch Harzen auf Polyesterbasis wurde möglich. Bereits beim Aufbau und bei der Inbetriebnahme der Anlagen konnte SWT durch einen Kundschafter in leitender Position der westlichen Polyesterproduktion wertvolle Informationen liefern. Nach Inbetriebnahme einer Anlage zur Erzeugung von Terephthalsäure im Petrolchemischen Kombinat Schwedt konnte dieser Grundstoff selbst produziert werden.

Die Grundstoffe für das ältere seit längerer Zeit im Betrieb befindliche Verfahren, das DMT und das Glykol, mussten weiter von den Farbwerken Höchst AG, ICI oder Dupont importiert werden. Das Produkt stand zwar nicht unter Embargo, der Preis, den die DDR zu zahlen hatte, war aber doppelt so hoch wie im NSW üblich. Grundsätzlich hatte jede Firma für ihre Produkte zwei Preislisten – eine für Interessenten aus westlichen und eine für Interessenten aus sozialistischen Ländern.

Diese unterschiedlichen Preislisten lagen uns vor. Bei Preisverhandlungen, unter anderem zum DMT, konnten erhebliche Einsparungen dadurch erzielt werden.

Bis zum Jahr 1966 bestand weltweit das Verfahren zur Herstellung von Polyester aus diskontinuierlich produzierenden Produktstraßen. Je Straße konnten in der DDR jährlich ca. 1.800 Tonnen Polyester gewonnen werden. Das Polyestergranulat wurde anschließend je nach Qualität zu Fasern oder Seide versponnen. Die optimale Fahrweise der Anlagen war entscheidend für die Qualität. Dank eines hervorragenden Kundschafters war es uns möglich, stets die neuesten Parameter zur Verfügung zu stellen.

Nachdem bei Dupont eine kontinuierliche Versuchsstraße angelaufen war, baute auch Höchst AG in Zusammenarbeit mit der Apparatebau-Tochterfirma Uhde eine eigene Konti-Straße. Bereits im Jahr 1968 liefen zwei Konti-Straßen mit einer Jahreskapazität bis zu 9.000 Tonnen Granulat.

Auf Vorschlag des Chemiefaserkombinats Schwarza beschloss die DDR, von den Farbwerken Höchst AG eine Konti-Anlage plus Unterlagen zu kaufen. Zur gleichen Zeit begann die Höchst AG mit dem Bau eines neuen Trevira-Werkes in den Niederlanden und zwei Konti-Straßen mit je 12.000 Tonnen Granulat im Jahr. Die Unterlagen zu diesem Werk lagen SWT vor. Dadurch konnte die Importanlage im Chemiefaserwerk Guben mit wesentlich weniger Anlaufproblemen und in kürzerer Zeit als geplant die vorgegebenen Parameter in bezug auf Menge und Qualität erreichen.

Laut Vertrag hatten sich die Farbwerke Höchst AG verpflichtet, dem Chemiefaserkombinat Schwarza über einen Zeitraum von fünf Jahren alle erreichten Optimierungsmaßnahmen mitzuteilen. Es erfolgte nicht eine einzige Angabe über Verbesserungen, obwohl in diesem Zeitraum die Anlagen in den Niederlanden ihre Produktion um 50 Prozent auf 18.000 Tonnen pro Straße steigerten.

Über SWT erreichten alle Optimierungsmaßnahmen das Chemiefaserkombinat Schwarza. Leider verzögerte sich die Anwendung dieser Unterlagen im Chemiefaserwerk Guben aus unterschiedlichen Gründen oft über Jahre.

Die Entwicklung auf dem Gebiet der Polyesterproduktion ging weltweit weg vom Dimethylterephthalat (DMT). Bei der DMT-Fahrweise entstanden große Mengen Methanol, das in einer Anlage mit mindestens drei Destillationskolonnen aufgearbeitet und gereinigt werden musste. Das Ziel war eine direkte Veresterung von Terephthalsäure mit Glykol. Darüber hinaus kam es der DDR-Forschung darauf an, den Import des DMT durch Einsatz von Terephthalsäure (TPA) aus dem Petrolchemischen Kombinat Schwedt abzulösen.

Damit sollte gleichzeitig ein Problem in Schwedt gelöst werden. Es fielen ringförmige Kohlenwasserstoffe aus acht Kohlenstoffatomen, die sogenannten C8-Aromaten, bei der höheren Verarbeitung des Erdöls an. Dieses Produkt konnte nicht verarbeitet werden und musste für wenig Geld exportiert werden. Und genau das war der Grundstoff zur Erzeugung der Terephthalsäure (TPA). Die gerätetechnischen Voraussetzungen mussten unter Überwindung strengster Embargovorschriften durch Import aus dem NSW geschaffen werden. Mit den Verbindungen des SWT gelang es, das Embargo zu unterlaufen. Schwedt war in die Lage versetzt, die anfallenden C8-Fraktionen selbst zu verarbeiten und die dringend benötigte TPA herzustellen.

Seit 1969 arbeitete in Kalinin (UdSSR) ein Kollektiv aus sechs bis zwölf Forschern der DDR und 20 bis 40 Forschern der Sowjetunion an der direkten Veresterung von TPA mit Glykol. Die Gründe für das zahlenmäßige Ungleichgewicht der Polyester Fachleute lagen nicht in unterschiedlichen Fähigkeiten der Forscher beider Länder, sondern darin, dass die DDR-Seite von SWT kontinuierlich mit Informationen über den Stand der Forschungsarbeit im Westen informiert war. Das Ergebnis dieser Arbeiten war die Fertigstellung einer Technologie zur Polyesterproduktion nach dem VAG-Verfahren im Jahre 1978. Das war ein eigenes Verfahren der DDR zur Direktveresterung von Terephthalsäure mit Glykol. Die gesamte apparative Ausrüstung wurde ohne Importe im Anlagenbau der DDR hergestellt. Voraussetzung für die Realisierung des Verfahrens im Chemiefaserwerk Guben war eine Terephthalsäure aus dem Petrolchemischen Kombinat Schwedt, die allen Qualitätsanforderungen entsprach.

Die vielen und langwierigen Diskussionen, die häufig sehr emotional und heftig zur geplanten Umstellung geführt wurden, können hier nicht dargestellt werden. Sie würden den Rahmen dieser Darlegungen übersteigen. Wichtig war das Ergebnis: Nicht wie ursprünglich gedacht in Jahren, auch nicht wie dann geplant in 28 Tagen, sondern in nur vier Tagen wurde die Umstellung von DMT auf TPA realisiert und dies mit hoher Qualität der Polyesterseide aus TPA.

Dieses in der DDR entwickelte und produzierende VAG-Verfahren entsprach den internationalen Anforderungen hinsichtlich der Qualität des Endproduktes, der Leistungsfähigkeit der technischen Ausrüstungen und der ökonomischen Erfordernisse. Nur die Polyesterproduktion im Chemiefaserwerk Guben wurde 1990 von den Farbwerken Höchst AG übernommen. Alle Parameter entsprachen denen in den eigenen Werken des Konzerns.

5. Unterstützungen auf verschiedenen Gebieten
der Chemischen Industrie und der Pharmazie

Der Korrosionsschutz und die Gestaltung vieler technischer Produkte steht und fällt mit der Möglichkeit, den Produkten ein gutes Aussehen zu geben und ihre Einsatzfähigkeit zu verlängern.

Neben den Eigenschaften, die durch verschiedene Stoffklassen bestimmt werden, spielt aber auch die Möglichkeit einer eleganten Aufbringung eine bedeutende Rolle.

Von den Bioprodukten auf Basis trocknender Öle über lösungsmittelgebundene Lacke ging die Entwicklung zu wasserverdünnbaren Systemen und Iontophoreselacken (mit elektrischer Spannung auftragbare Lacke). Hier war es in den 70er und 80er Jahren möglich geworden, umfangreiche Hilfe für den Industriezweig zu geben.

Die Entwicklung der Mikroelektronik nahm in den 70er und besonders 80er Jahren einen besonderen Platz in jeder Wirtschaft ein. Nicht nur die Entwicklung entsprechender Software, sondern auch die Herstellung der Hardwarekomponenten und der dazu nötigen Rohstoffe war von strategischer Bedeutung. Auf zwei Gebiete konnte die Unterstützung von Forschung und Entwicklung der DDR konzentriert werden: auf die Entwicklung von Speichermedien und auf die Herstellung der Kopierlacke für die Chips.

Während unsere Informationen über magnetische Speichermaterialien, Bindemittel und Trägerfolien insbesondere für Disketten nur dünn waren, konnte der Aufbau einer Fabrik für Mikrolith-Lacke wesentlich unterstützt werden.

Mikrolith-Lacke waren vom Westen mit strengem Embargo belegt, weil ohne sie keine Produktion von Mikrochips möglich war. Für die Übertragung der Schaltungs-Strukturen auf die Silizium-Platte (Wafer) in der entsprechenden Größe wurden Lacke benötigt, die frei waren von jeglicher Verunreinigung. Diese machten die Schaltungen unbrauchbar. Die immer weiter fortschreitende Miniaturisierung der Bauelemente machte den Einsatz reinster Lacke erforderlich. Beschaffte Informationen und die Möglichkeit einen solchen Produktionsprozess direkt zu studieren gewährleisteten den Aufbau einer Fabrik in Berlin-Köpenick und beschleunigten diesen Prozess erheblich. Die erfolgreiche Inbetriebnahme dieser Produktionsanlage bedeutete einen weiteren Sieg gegen die Embargopolitik der Bundesregierung.

Wir gaben auch Unterstützung auf speziellen Gebieten der Pharmazie. Über längere Zeit besaß die Beschaffung von Rezepturen, Synthesewegen und auch Erprobungsunterlagen Schwerpunktcharakter. Einige Beispiele:

• Sexualhormone: Bereits in den 60er Jahren wurden Forschungen auf dem Gebiet der Anwendung von Sexualhormonen im NSW bekannt. Sie wurden bald zur Produktionsreife gebracht. Die Entwicklung der Empfängnisverhütung mittels Sexualhormonen führte zur Produktion der »Pille«. Für die Synthese dieser Präparate wurden Ausgangsmaterialien und entsprechende Informationen über den weiteren Syntheseweg benötigt. Beides wurde von uns beschafft, so dass in Jena eine Zeitersparnis herausgearbeitet, rechtzeitig Entscheidungen getroffen und Produktionskapazitäten geschaffen werden konnten. Diese Hormonpräparate erlangten große Bedeutung für die Verhütung ungewollter

Schwangerschaften und wurden in die Sozialpolitik der DDR einbezogen.

Nicht nur als Human-Medikament, sondern auch für die Erhöhung der Zuchtergebnisse in der Tierproduktion in der Landwirtschaft wurden Hormonpräparate gebraucht.

• Antibiotika, insbesondere in jener Zeit das Penicillin, besaßen eine außerordentliche Bedeutung für die Human- und auch Tier-Medizin. Auch für die Produktion halbsynthetischer Antibiotika war es erforderlich, eine genügende Menge der Grundprodukte zu erzeugen. Die Produktivität der Anlagen, in denen durch Fermentation mittels entsprechender Hefestämme die Zielprodukte erzeugt werden, hängt im großen Maße von der Leistung der Stämme, von Details der Prozessführung sowie der eingesetzten Nährsubstrate ab.

Hier war es über längere Zeit möglich, sowohl Stamm-Muster, Muster von Nährsubstraten als auch verfahrenstechnische Informationen zu beschaffen und auszuwerten. Im Ergebnis dessen konnte die Produktion von Antibiotika gesteigert und gesichert werden.

• Herzkreislaufmittel: Ein hoher Teil der Aufwendungen von Medikamenten wird für die Therapie von Herz-Kreislauferkrankungen verwendet. Insbesondere Medikamente für die Behandlung der Herzinsuffienz sind aufwendig.

Die Einführung neuer Arzneimittel ist wegen der aus Sicherheitsgründen umfangreichen Prüfverfahren ein recht langwieriger Prozess. Nicht selten vergehen mehr als fünf Jahre bis entsprechende klinische Studien durchgeführt, ausgewertet und die Zulassung erteilt wurde. Diesen Prozess abzukürzen bedeutet, früher auf den Markt zu kommen bzw. bei Fehlentwicklungen zeitaufwendige Prozeduren zu vermeiden.

Bei einigen Herz-Kreislaufmitteln gelang es, diesen Vorgang dadurch zu forcieren, dass überprüfte Ergebnisse klinischer Studien beschafft und übernommen werden konnten.

Die DDR war mit den Farbfilmen auf der Grundlage des AGFA-Prozesses auf der Basis hydrophiler Kuppler (wasserlösliche farberzeugende Substanzen) lange Jahre erfolgreich und versorgte alle RGW-Länder mit qualitativ hochwertigem Filmmaterial. Die AGFA AG Leverkusen hatte aber Ende der 60er Jahre eine gravierende Entwicklung eingeleitet. Mittels oleophiler Kuppler (fettlöslicher farberzeugender Substanzen) ließen sich höhere Empfindlichkeiten der Filme (bis 36° DIN) und höhere Farbsättigungen erzielen als bislang. Es wurde klar, dass die weitere Entwicklung auf dem Farbfilmsektor in diese Richtung gehen würde. Das wurde auch im Ministerium für Chemische Industrie der DDR erkannt. Verhandlungen mit Kodak/USA zu einem Lizenzkauf scheiterten. Eine große Zahl von uns beschaffter wertvoller Informationen kamen aus diesen und anderen Gründen in Wolfen nicht zur Verwertung.

Computergestützte Entwicklung und Herstellung (CAD/CAM) im Chemieanlagenbau

Der Einsatz der elektronischen Rechentechnik revolutionierte in den 60er Jahren alle Prozesse, die einen hohen Rechen-, Entwicklungs- oder Steueraufwand erforderten.

Leistungsfähige Rechner standen ebenso unter Embargo wie die entsprechenden Anwenderprogramme. Es waren Mitarbeiter des SWT, die Lücken in der fest gefügten Phalanx des Embargos fanden und in besonderen Fällen ganze Rechner mit der entsprechenden Software über Umwege in die DDR brachten.

Besonders für rechnergestützte Konstruktionen und Entwicklungen im Chemieanlagenbau war es von Bedeutung, keinen Verzug im Entwicklungstempo zuzulassen. Die Regierung der DDR hatte dieses Problem erkannt und ein umfangreiches Vorhaben, das ESAV, propagiert. Das hieß »Einheitliches System der Anwendung der elektronischen Rechentechnik im Anlagenbau und Verfahrenstechnik«.

Vieles entsprang richtigen Überlegungen, die Möglichkeiten ihrer Realisierung aber waren begrenzt. Es mussten sehr viele Mittel auf die Grundlagen der Rechentechnik konzentriert werden. Produktionsanlagen, die handwerklich immer wieder zusammengeflickt werden mussten, lieferten weder geeignete Ausgangswerte für die Berechnung noch ließen sich die erforderlichen BMSR-Bauteile anschließen.

Trotz dieser immensen Probleme gelang es dem Chemieanlagenbau der DDR mit Unterstützung von SWT moderne Lösungen für Apparateentwicklung und optimierende Berechnung zu entwickeln und dadurch ein noch zuverlässigerer Partner der chemischen Industrie der DDR und der anderen sozialistischen Länder zu werden.

Der Chemieanlagenbau erhielt darüber hinaus zahlreiche apparate-relevante Informationen zu verschiedenen Verfahren. Erwähnt seien nur unsere Beiträge im Zusammenhang mit der ersten Rohöl-Krise 1973. Auf der Suche nach Alternativen zum verteuerten Erdöl gelang es dem Chemieanlagenbau der DDR, mit Hilfe der gelieferten Informationen eine moderne Pilotanlage zur Erzeugung von Kohlenwasserstoffen aus Braunkohle zu errichten und in Betrieb zu nehmen. Zu jener Zeit betrug der Erdölpreis etwa 23 Dollar pro Barrel. Die Berechnungen aus den Daten der Anlage ergaben einen *Break Trough* bei einem Preis von über 35 Dollar je Barrel. Bekanntlich ist dieser Preis längst Geschichte, er pendelt gegenwärtig (2008) um die 100 Dollar je Fass.

Das ist eines der Beispiele der langfristig angelegten strategischen Unterstützung der Industrie durch den Sektor Wissenschaft und Technik. Wie fast die gesamte Industrie der DDR wurde auch diese Anlage nach 1990 zerstört.

Unter Leitung des Generaldirektors Dr. Wohllebe wurde gerade in diesem Kombinat geliefertes Knowhow besonders akribisch geprüft und zielstrebig umgesetzt. So konnten vom Kombinat Chemieanlagenbau moderne, weltmarktfähige Lösungen angeboten werden.

Die Auswertung wissenschaftlich-technischer Informationen

Von Harry Herrmann und Klaus Rösener

Für die erfolgreiche Entwicklung der Volkswirtschaft der DDR wurde es bereits Anfang der 50er Jahre dringend erforderlich, umfassend und präzis Kenntnisse über wissenschaftlich-technische Ergebnisse, Entwicklungstrends und globale Wirtschaftszielsetzungen zu verfügen, die in den fortgeschrittenen Industrieländern vorliegen bzw. zu erkennen sind. Der Zugang zu diesen Informationen und auch der Erwerb fortgeschrittener technischer Entwicklungsergebnisse auf der Basis eines wettbewerbsmäßigen Vorgehens wurde der DDR durch die aufgezwungene Embargopolitik der westlichen kapitalistischen Industrieländer erheblich erschwert und größtenteils unmöglich gemacht.

Aus diesem Grund mussten für den Zugang zu diesen wissenschaftlich-technischen Informationen eigenständige und vielfach sehr spezifische Lösungen – kombiniert mit ihrer Auswertung und Anwendung – in der DDR-Volkswirtschaft gefunden werden. Diese stützten sich vorwiegend auf geheimdienstliche Methoden und deren Erfahrungen, setzten aber neuartige eigenständige Arbeitsstrukturen voraus.

Die Strukturen der Leitung und Sicherheit der Auswertung der operativ beschafften wissenschaftlich-technischen Informationen

Um durch die von den operativen Diensteinheiten beschafften Informationen einen effektiven Nutzen zu erzielen, mussten sie in einer geeigneten Form ausgewertet und einem Anwender zugestellt werden. Im Unterschied zu den meisten anderen vom Nachrichtendienst beschafften Informationen politischen, militärischen oder geheimdienstlichen Inhalts, die zumeist in den Struktureinheiten des eigenen Dienstes ausgewertet und in komprimierter Form den entsprechenden staatlichen oder militärischen Empfängern zur Verfügung gestellt wurden, erforderte die Auswertung wissenschaftlich-technischer Informationen völlig andere Arbeitsweisen und Strukturen, die sich auf eine breite Basis von Fachkräften in vielen volkswirtschaftlichen Bereichen stützten.

Diese Strukturen waren in der Praxis kein starres Gebilde und wurden in Abhängigkeit von den Anforderungen im Verlauf der Zeit ständig verändert und verbessert. Gegenständlich waren die wissenschaftlich-technischen Informationen nicht einheitlich. Sie bestanden zum Beispiel aus
- Berichten, Analysen, Informationen zu Forschungsergebnissen
- Verfahrenstechnischen Unterlagen, Konstruktionsplänen und Ausrüstungen
- Software
- Produkt- und Labormustern
- Wirtschafts- und Unternehmensinformationen
- Militärtechnischen Informationen und Mustern u. a.

Die Empfänger/Nutzer waren in der Regel die Industrieministerien, Kombinate und wissenschaftlichen bzw. Forschungszentren und militärischen Einrichtungen. Um dort die Informationen einer effektiven und sicheren Auswertung zuzuführen, wurde bereits Mitte der 50er Jahre eine Diensteinheit im Ministerium für Staatssicherheit gebildet, der diese Aufgabe übertragen wurde.

In einem kleinen Objekt im Südosten Berlins nahmen etwa zehn überwiegend junge Hoch- und Fachschulkräfte die Auswertungsarbeit auf. Es wurden Bereiche für Chemie, Elektrotechnik und Maschinenbau eingerichtet und diesen ein zusätzlicher Bereich für die Neutralisation, Aufbereitung und Vervielfältigung zugeordnet. Diese Gruppe war der Abwehrabteilung des MfS für die Sicherung der Volkswirtschaft unterstellt. Da die Gewährleistung maximaler Sicherheit der Quellen stets oberste Priorität hatte, wurde der Neutralisation der Informationen größte Aufmerksamkeit gewidmet. Unter großem Aufwand wurden die Informationen zum Teil neu abgefaßt und geschrieben, Zeichnungen und andere Dokumente neu erstellt und Embargowaren neutralisiert.

1956 wurde die Arbeitsgruppe »Wissenschaftlich-Technische Auswertung« (WTA) gebildet, die direkt dem stellvertretenden

Minister unterstellt wurde. Dieser Bereich unterhielt die erforderliche Verbindung zur Industrie, es bestand aber eine getrennte Verantwortung für die Beschaffung einerseits und der Auswertung der Informationen andererseits.

Die ständig wachsende Wirksamkeit der Wissenschaftlich-Technischen Aufklärung und die damit verbundene Zunahme der Ergebnisse der Informationsbeschaffung führten zur Erweiterung der Struktureinheiten und auch ihrer Verantwortung. Vor allem zeichnete sich die Notwendigkeit ab, die informationsbeschaffenden Diensteinheiten und die Auswertung leitungsmäßig in eine Hand zu legen, damit eine höhere Effektivität und Sicherheit der Quellen besser gewährleistet werden konnte.

1962 wurde die Arbeitsgruppe WTA in die HV A, Abteilung V, übernommen. Rasch wurde eine wesentlich bessere Übereinstimmung zwischen den Beschaffungsmöglichkeiten und dem Bedarf in Forschung und Industrie wirksam. Die Quellen konnten unmittelbar am Informationsbedarf der Wirtschaft orientiert werden, so dass die Qualität und die Umsetzung der Informationen ständig gesteigert werden konnten.

1970 bildete sich mit dem Sektor Wissenschaft und Technik (SWT) die endgültige Struktur der wissenschaftlich-technischen Informationsbeschaffung und -auswertung heraus.

Aufgrund der enormen Steigerungsraten bei der Informationsbereitstellung erfolgten die Bildung einer speziellen Abteilung »Auswertung« und ihre Unterbringung im Gebäude der HV A sowie eine personelle Erweiterung. Der Leiter des SWT konnte nunmehr die Beschaffung und Auswertung im Ganzen leiten und koordinieren.

Aus konspirativen Gründen wurden die Auswertungstätigkeit und die Arbeit der Aufklärungsbereiche getrennt gehalten, was bis zum Ende der HV A 1990 beibehalten wurde. Ausnahmen zu dieser strikten Trennung gab es nur in wenigen Fällen.

Die SWT/Abteilung V wurde in sieben Referate aufgeteilt, vier davon für die Organisation der Auswertung in der Volkswirtschaft und drei weitere für die administrative Arbeit, so dass sich folgende Zuständigkeiten ergaben:
• Forschungsbereiche der Akademie der Wissenschaften, der Universitäten und Hochschulen und der militärtechnischen Produktionsbereiche der Nationalen Volksarmee

- Industriebereich Elektrotechnik/Elektronik
- Industriebereich Chemie
- Industriebereich Schwer-, Werkzeug- und Landmaschinenbau
- Neutralisation, Vervielfältigung, Kurierversand und Archivierung
- Datenverarbeitungsgerechte Erfassung der Informationen, deren Bewertung und Übersicht, welche Auswerter welche Informationen bearbeitet haben, Einleitung der Prüfung neuer Personen als Auswerter
- Entgegennahme des Informationsmaterials von den operativen Diensteinheiten und Festlegung des Vertraulichkeitsgrades

Strukturen der Auswertung
wissenschaftlich-technischer Informationen in der Volkswirtschaft

Alle operativ beschafften wissenschaftlich-technischen Informationen, Dokumente und Muster wurden schnellstmöglich den zuständigen Fachbereichen in Forschung und Industrie bzw. militärischen Einrichtungen zur Auswertung und Nutzung übergeben.

Das setzte voraus, dass rechtzeitig Fachkräfte ausgewählt wurden, die für hohe politische Verantwortung und fachliche Qualifikation bekannt waren. Sie wurden für die Auswertung besonders verpflichtet. Sie mussten in jedem Fall die Sicherheit aller vertraulichen Informationen gewährleisten. Diese Kader wurden von den Diensteinheiten der Abwehr überprüft. In der Regel waren die besten Fachleute und viele Führungskader eben diese Auswerter, denen die vertraulichen, oftmals geheimen wissenschaftlich-technischen Informationen übergeben wurden. Die auswertende Fachkraft vollzog und verantwortete die Nutzung der zugegangenen Informationen für den eigenen Arbeitsprozess und entsprechend in ihrem Verantwortungsbereich.

Trotz aufwendiger Neutralisation war es in vielen Fällen für Fachleute möglich, den Ursprung der vertraulichen Information zu erkennen. In diesen Fällen, oft im Bereich der Chemie, war es notwendig, zusammen mit diesen überprüften Fachkräften die Form der Informationen ohne Inhaltsverlust gründlich zu verändern.

Es gab auch Fälle, dass vertrauliche Unterlagen nicht ausgewertet werden konnten, weil auf dem Fachgebiet nur sehr wenige Mitarbeiter tätig waren, die den Anforderungen eines Auswerters entsprachen.

Die solide und fachlich fundierte Tätigkeit der Auswerter war von grundlegender Bedeutung für eine jahrelange vertrauensvolle Zusammenarbeit mit vielen Führungskräften in Industrie und Forschung bis hin zu den Generaldirektoren der Kombinate und den Fachministern. Damit wurden vielfach Auswertungsergebnisse direkt in die Leitungsabläufe einbezogen und wichtige, vor allem perspektivische Entscheidungen mit volkswirtschaftlicher Tragweite untersetzt bzw. überhaupt erst ermöglicht.

In einigen Fällen mussten über den Leiter SWT auf hohen übergeordneten Ebenen Abstimmungen herbeigeführt werden, wenn z. B. aus der Informationsauswertung neue Informationen abgeleitet werden konnten, die fundierter als die vorgesehenen Leitungsentscheidungen waren.

Die Verbindungen der Leiter und Mitarbeiter der Auswertungsgruppen in Forschung und Industrie mit der HV A waren in den Wirtschaftsbereichen nicht bekannt. Die Gruppen waren in die Strukturen der Industriekombinate und Forschungseinrichtungen mit Zustimmung der zentralen Leiter eingeordnet. Sie erhielten ihre Entlohnung ohne Abweichung von dem bestätigten Gehaltsniveau dieser Wirtschaftsbereiche. Jeder Auswerter hatte somit über seine betriebliche Verantwortung hinausgehend die Aufgaben der Auswertung durch persönliche Verpflichtung übernommen, was oftmals mit einem zusätzlichen Arbeits- und Zeitaufwand verbunden war.

Die Leitung der Abteilung V sorgte für regelmäßige Anleitung und Erfahrungsaustausch. Zweimal im Jahr wurde eine darauf orientierte Arbeitstagung für die Leiter der unterschiedlichsten Auswertungseinheiten und der Referatsleiter durchgeführt.

In den Industriebereichen wurden in der Regel auf Ebene der Ministerien hauptamtliche Auswertungsgruppen eingerichtet. In vielen Fällen waren bereits vor der Bildung der Industrieministerien zuverlässige Spezialisten für die Auswertung im Volkswirtschaftsrat eingesetzt gewesen.

Von diesen Gruppen ausgehend erfolgte die Steuerung und Anleitung aller in den Industrie- und Forschungsbereichen eingesetzten nebenamtlichen Auswertungsgruppen und der selbständig arbeitenden einzelnen Auswerter.

Im Ministerium für Wissenschaft und Technik war eine hauptamtliche Auswertungsgruppe tätig, deren Verantwortung sich auf viele Industriebereiche ohne hauptamtliche Auswertungsgruppen erstreckte und der darüber hinaus die Auswertung von operativ beschafften Materialien aus den Auslandsvertretungen der DDR oblag.

Trotz dieser mit hoher Verantwortung und großem Aufwand eingeführten Strukturen gab es immer wieder Probleme, bereitgestellte Informationen auch zu nutzen. Besonders in der Chemischen Industrie war die Auswertung mancher Information nicht möglich, weil z. B. die in der DDR vorhandene Rohstoffbasis den neuen Anforderungen der modernen Verfahren nicht entsprach. Aber trotz solcher Schwierigkeiten entstanden auf der Grundlage der wissenschaftlich-technischen Auswertung in der Chemie-Industrie Spitzenverfahren und großtechnische Anlagen.

Auch in der Metallurgie und im Maschinenbau wurden neue technologische Prozesse entwickelt, die selbst nach dem Ende der DDR von westdeutschen Konzernen erfolgreich weiter betrieben wurden.

Sehr weit verzweigt und am breitesten durchorganisiert war die Auswertung im Industriebereich Elektrotechnik und Elektronik. Außer der zentralen Auswertungsgruppe auf Ebene des Ministeriums arbeiteten in allen wichtigen Kombinaten haupt- und nebenamtliche Auswertungsgruppen, die schwerpunktmäßig insbesondere auf Mikroelektronik, Computertechnik und Automatisierung ausgerichtet waren.

Vor allem in den Kombinaten Carl Zeiss Jena, Mikroelektronik Erfurt, Nachrichtenelektronik und Automatisierungsanlagenbau bestanden mehrfach gegliederte Auswertungsorganisationen mit hoher eigener Verantwortung. Auch in den Betrieben der Halbleiterfertigung und den Zentren für Forschung und Technologie der Mikroelektronik wurde die Auswertung ausgebaut und straff geleitet.

Es wurden durch diese Organisation alle strategisch wichtigen Vorhaben der Elektrotechnik und Elektronik unterstützt, wie z.B. die Entwicklung und Überleitung einer Vielzahl hoch integrierter Schaltkreise, die Produktion von hochreinen Halbleitermaterialien, PC- und Drucktechnikentwicklung, Festplattenspeicherfertigung, Projekte des wissenschaftlichen und optischen Gerätebaus, Glasfaserfertigung, Chipbauelemente für die automatisierte Leiterplattenbestückung und vieles andere mehr. Weiterhin wurden umfangreiche Ausarbeitungen für strategische Konzepte und Analysen erarbeitet und bereitgestellt.

Ein besonderer Schwerpunkt der Auswertung bestand auch in der Erarbeitung von Wirtschafts- und Technologieanalysen zur Unterstützung von Grundsatzentscheidungen. Dafür gab es im Zentrum für Information und Dokumentation im Ministerium für Wissenschaft und Technik eine selbständige Auswertungsgruppe. Durch ihre Tätigkeit sind Ausbildungsprogramme an den Universitäten, Hoch- und Fachschulen erneuert worden, und es entstanden Trendanalysen auf bedeutenden Naturwissenschafts- und Technikgebieten.

SWT hat ununterbrochen und gezielt Einfluss auf die Erhöhung der Effizienz aller Auswertungsprozesse genommen. Mit dem zunehmenden Einsatz der EDV wurde entscheidend zur Beschleunigung der Auswertung aller Informationen, der Quellen- und Personensicherung, der Erfassung der Aufgabenstellungen und der Beseitigung von Mehrfachbeschaffungen beigetragen. Nicht zuletzt konnte unter Nutzung dieser EDV-Abläufe die volkswirtschaftliche Wirksamkeit der Beschaffungs- und Auswertungsprozesse verbessert werden.

Informationsbedarf und Aufgabenstellungen

Im SWT galt als Arbeitsgrundsatz, die Quellen so konkret wie möglich auf die von der DDR benötigten Informationen zu konzentrieren. Dazu mussten in hoher Qualität Aufgabenstellungen an die Quellen gegeben werden, die in folgenden zwei Schritten vorbereitet wurden:

1. Ausarbeitung und fortlaufende Aktualisierung eines Beschaffungskatalogs über die wissenschaftlichen und technischen Themenkomplexe und Einzelthemen, an denen Kombinate und andere volkswirtschaftliche Einrichtungen auf Grund ihrer Planaufgaben interessiert waren. Diese Themen wurden über die Auswertungsgruppen zusammen mit den Fachkräften der Forschung und Industrie zusammengestellt. Der Katalog diente einer ersten

Orientierung der Quellen, wodurch erreicht wurde, dass sowohl Zukunftstechnologien und strategische Entwicklungsvorhaben als auch ökonomische Interessen im Mittelpunkt der Tätigkeit der Quellen standen. Rückfragen und Vorschläge aus den Bereichen der Beschaffung wurden zügig auf der Ebene der zuständigen Abteilungsleiter geklärt.

2. Erarbeitung gezielter und ganz konkreter Aufgabenstellungen, abgeleitet aus dem Beschaffungskatalog oder aus den Informationen der Quellen, wenn ihre Angebote den Zielvorstellungen der DDR entsprachen.

Informationsbewertung und Ermittlung der Auswertungsergebnisse

Nach der Zuordnung der wissenschaftlich-technischen Informationen zu den Fachgebieten wurde das Material unter hohen Sicherheitsvorkehrungen den Auswertungsgruppen zugeleitet. Dazu dienten der Kurierdienst für Vertrauliche Verschlusssachen oder auch eigenverantwortlich vorbereitete Sicherheitstransporte. In der gleichen Weise erfolgte die Rückführung des Materials.

Die Auswerter nahmen zusammen mit den Spezialisten eine Bewertung der Information mit Noten von 1 bis 5 vor. Diese Bewertung war auch ein Qualitätsnachweis für die Quellentätigkeit und diente zusammen mit einer Texteinschätzung der weiteren Beschaffungsorientierung und der Konzentration auf Schwerpunkte.

Mit diesen Arbeitsschritten entstanden Urbelege über Inhalt und Qualität des Materials, die EDV-gerecht in Kopplung mit einem speziell auf die Bedürfnisse der Auswertung zugeschnittenen Thesaurus geführt und gespeichert wurden. Der Urbeleg musste 14 Tage nach Erhalt der Information bei SWT vorliegen. Alle Informationen wurden zehn Jahre gespeichert, was gewährleistete, dass bei neu auftretendem Bedarf mit Hilfe des Thesaurus und der Urbelege zunächst im vorhandenen Bestand recherchiert werden konnte.

Am Ende eines Planjahres wurde in den Auswertungsgruppen eine Nutzensberechnung erstellt, die zum Ausdruck brachte, welcher ökonomische Nutzen durch die Einbeziehung der operativ beschafften Informationen in die eigene Arbeit des betreffenden Fachgebietes eingebracht werden konnte. Dieser Jahresnutzen musste in schriftlicher Form durch die zuständigen Leiter, oftmals durch die Kombinatsdirektoren oder auch durch den zuständigen Industrieminister bestätigt werden.

Das wurde in allen Industrie- und Forschungsbereichen durchgeführt. Die Höhe dieser ökonomischen Vergleichswerte war beachtlich und erweiterte sich in den 70er und 80er Jahren beträchtlich. Sie betrug bereits in den 70er Jahren etwa 300 Millionen Mark der DDR.

Trotz immer strengerer Bewertungsmaßstäbe und Abrechnungskriterien erhöhte sich dieses Ergebnis von Jahr zu Jahr und erreichte in den letzen Jahren mehr als 1,5 Milliarden Mark der DDR.

Wirtschaftsspionage ist die staatlich gelenkte oder unterstützte, von fremden Nachrichtendiensten ausgehende Ausforschung von Wirtschaftsunternehmen.
Sie ist abzugrenzen von der Konkurrenzausspähung/Industriespionage, die ein konkurrierendes Unternehmen gegen ein anderes betreibt.

Aufklärung der »Abteilung II – Verfassungsschutz« auf der Homepage der
Berliner Senatsverwaltung für Inneres und Sport
(www.berlin.de/sen/inneres/verfassungsschutz/e4_spionage_wirtschaft.html)

Schlussbemerkungen

Wir haben aus unterschiedlichen Gründen lange gezögert, mit unserem Wissen an die Öffentlichkeit zu gehen. Im Vordergrund unserer Überlegungen stand dabei immer der Schutz der Genossen und Freunde, die uns selbstlos in unserem Wirken zur Stärkung des Sozialismus in der DDR unterstützten. Das war auch der Grund, weshalb wir bewusst auf die namentliche Nennung unserer Kundschafter sowie offiziellen und inoffiziellen Mitarbeiter verzichtet haben.

Es wurde bislang meist Abwertendes und Negatives über die Arbeit der Wissenschaftlich-Technischen Aufklärung der DDR verbreitet. Grundtenor bei einer Gruppe von Autoren ist es, Zweifel am Wert dieser Tätigkeit zuwecken oder deren Nützlichkeit überhaupt zu leugnen.

Zu diesen gehört beispielsweise Prof. Dr. Jörg Roesler, der in einer Veröffentlichung (»Operatives Wissen und praktische Verwertung«) die Spionage auf wissenschaftlich-technischem und auf dem Gebiet der Wirtschaft der Militärspionage gegenüberstellt, wobei er die Militärspionage auch noch auf waffentechnische Aspekte reduziert. Jedem einigermaßen naturwissenschaftlich Beschlagenen ist bewusst, dass neue wissenschaftlich-technische Erkenntnisse in der Regel sowohl wirtschaftliche als auch militärische Bedeutung haben können. Aus diesem Grunde bearbeitete die wissenschaftlich-technische Aufklärung der DDR beide Bereiche, wobei der Schwerpunkt auf dem Militärischen lag.

Prof. Roesler ignorierte völlig, das Spionage – auf welchem Feld auch immer – eine Dienstleistung für Staatsorgane und/oder die Wirtschaft darstellt. Wenn am Ende der Auftraggeber unterliegt, ist das ein anderes Thema. Roeslers Umkehrschluss, die Wirtschaftsspionage der DDR sei erfolglos gewesen, weil die DDR-Wirtschaft nur auf einigen Gebieten an das wissenschaftlich-technische Weltniveau herangekommen sei, ist darum falsch. Für das Scheitern waren viele Faktoren verantwortlich. Nirgendwo auf der Welt würde man für eine schwächelnde Wirtschaft die

Dienste haftbar machen. Die USA hat bekanntlich weltweit nicht nur die meisten Spione im Geschäft, die sich mit Industriespionage befassen – und trotzdem bricht die Konjunktur in den Vereinigten Staaten ein …

Das gilt im übrigen auch für seine These, die Auswerter seien mit einer zu großen Menge an Daten durch die Informationsbeschaffer konfrontiert worden, dass sie diese nicht mehr verarbeiten konnten. Sie seien gleichsam überfüttert worden und daran erstickt.

Eine zweite Reihe von Veröffentlichungen zielte darauf, unsere Tätigkeit moralisch-ethisch zu diffamieren, die Beteiligten zu kriminalisieren. Sie seien Diebe gewesen, indem sie geistiges und materielles Eigentum westlicher Firmen gestohlen hätten.

War die Embargopolitik des Westens moralischer?

Waren seine Versuche im Kalten Krieg, uns mit wirtschaftlichen Mitteln in die Knie zu zwingen, ethisch sauberer?

Der Ausschluss sozialistischer Länder vom Wissenstransfer und von der internationalen Arbeitsteilung traf hunderte Millionen einfacher Menschen. Das sprengte alle moralischen Maßstäbe. Wer mit dem Finger auf uns zeigt, sollte bedenken, dass dabei stets drei Finger auf ihn selbst weisen.

Wir haben versucht, die uns aufgezwungenen Beschränkungen durch die westlichen Regierungen für unsere Bevölkerung zu lindern. Wir waren nicht angetreten, die Wirtschaft der DDR zu retten. Unsere Aufgabe bestand darin, die Wirtschaft und das Land zu sichern und es zu stärken.

Auf unsere Ergebnisse sind wir stolz!

Für manch einen mögen unsere Methoden zur Erlangung von zivilen und militärtechnischen Informationen und Embargowaren nicht in das eigene Wertebewusstsein passen. Das muss man hinnehmen. Für das gesellschaftliche Ganze sieht das anders aus, nicht erst in der Gegenwart. Staaten haben Interessen, Politik ist nicht die Umsetzung von Moral, sondern von gesellschaftlichen Interessen. Selbst die Kirche, die doch die 10 Gebote kennt, hat über Jahrhunderte nachweislich gegen diese verstoßen. War die Hinrichtung auf dem Scheiterhaufen vielleicht kein Mord? Heißt es nicht im 5. Gebot: Du sollst nicht töten?

Was war mit der Inquisition, was mit der Missionierung »heidnischer Stämme«?

Und was ist mit dem Kapitalismus und den demokratischen Staaten? Haben die keine Nachrichtendienste, forschen sie nicht Wirtschaftsunternehmen aus, operieren sie nicht gegen Konkurrenten, wenn es um die Sicherung »eigener« Arbeitsplätze geht?

Die USA unterhalten weltumspannende elektronische und sonstige Nachrichtensysteme. Beinahe lückenlos werden dort wissenschaftliche und technische Neuerungen der ganzen Welt erfasst. Auch vor eigenen Bündnispartnern wird nicht Halt gemacht. Es werden ökonomische und politische Informationen aus allen Gesellschaftsbereichen zusammengetragen und Vertragsabschlüsse über Geschäfte zum eigenen Nutzen analysiert. Unter dem Vorwand der Terrorismusbekämpfung werden die Datentransfers der Banken ebenso überwacht wie die Passagierlisten der Fluggesellschaften. Es gibt keine Privatsphäre mehr, und Firmen sind erst recht nicht tabu.

Das sollte man nicht aus dem Auge lassen, wenn man meint, über uns und unsere Tätigkeit moralisch rechten zu müssen. Wobei wir uns jeder sachlichen Debatte durchaus stellen.

Den meisten Autoren, die sich nach 1990 zur Wissenschaftlich-Technischen Aufklärung der DDR äußerten, standen nur wenige authentische Unterlagen zur Verfügung, da wir alles Material gründlich vernichtet hatten. Die Gehässigkeiten, die Verdrehung von Tatsachen und durch nichts abgesicherten Schlussfolgerungen aber waren nicht Folge des Unwissens, sondern die Fortsetzung des Kalten Krieges im Geiste des Antikommunismus.

Wenn heute Kritiker im Nachhinein, ohne Kenntnisse von Details, versuchen, unsere Arbeit als erfolglos darzustellen, dann konnten wir sie jetzt hoffentlich widerlegen.

Jede Periode der deutschen Geschichte war ein Kampf um die Deutungshoheit. Vorangegangene gesellschaftliche Ereignisse wurden je nach Standort und mit politischen Absichten interpretiert. Die heutige folgt dem Prinzip, dass 1990 das Gute über das Böse gesiegt habe. Folglich war alles, was mit dem Staat DDR zusammenhängt, kriminell und verbrecherisch.

Besonders deutlich sieht man diese Haltung in der Geschichtsforschung und in der Justiz und deren Methoden der »Vergangenheitsbewältigung«. Man weiß alles, Zeitzeugen werden nicht befragt, sondern denunziert und verfolgt, sofern sie der öffentlichen Lesart widersprechen.

Das machen wir nicht mit. Deshalb haben wir uns hier auch geäußert, wie wir es auch schon anderenorts taten.

Die Arbeit des großen Kollektivs der Wissenschaftlich-Technischen Aufklärung kann man nur im gesamtgesellschaftlichen und internationalen Zusammenhang verstehen.

Die Wissenschaftlich-Technische Aufklärung war ein wirksames Instrument zur Sicherung der DDR und ihrer Verbündeten vor militärischen Überraschungen und zur Unterstützung ihres wissenschaftlichen und technischen Fortschritts in der Wirtschaft.

Mit dieser Feststellung weisen wir entschieden alle Versuche zurück, die Leistungen tausender Arbeiter, Techniker, Ingenieure, Natur- und Wirtschaftswissenschaftler, Werkleiter und Kombinatsdirektoren in Produktion und Forschung kleinzureden oder zu negieren. Wir können diese Leistungen aus jahrelanger Gemeinschaftsarbeit am besten beurteilen.

Die Kundschafter, ihre Führungsoffiziere und Helfer haben für die DDR aus Überzeugung viel auf sich genommen, auf vieles in ihrem Leben verzichtet und einen hohen persönlichen Preis für die Erfüllung dieser Aufgaben gezahlt. Basis dafür war eine starke Identifizierung mit der Gesellschaft. Diese Erfolge konnten immer nur im Rahmen der gesamten Gesellschaft gesehen werden, nicht losgelöst von dieser.

Das führt uns zu der Frage, warum trotz erfolgreicher Arbeit ein schmählicher »Beitritt« der DDR zur Bundesrepublik Deutschland das Ende der Entwicklung war, für die sich so viele Menschen eingesetzt hatten. An dieser Analyse arbeiten noch immer viele ehrliche Menschen.

Die heute hoch Besoldeten aber möchten diese Analysen weder sehen noch zulassen. Damit sich die Menschen keine Gedanken um die wahren Ursachen machen, setzen sie all ihre Verführungs- und Demagogiekünste ein, eine objektive Analyse zu verhindern. Das in allen Abschnitten dieses Buches Dargestellte wäre nur Erfolgsaufzählung, wenn wir nicht wenigstens andeutungsweise zu verstehen gäben, dass wir den Platz unserer Arbeit und die Ergebnisse der Wissenschaftlich-Technischen Aufklärung auch im Nachhinein im Kontext sehen. Sowohl die Aufgabenstellungen als auch die Verwertung der beschafften Ergebnisse konnten stets nur so gut oder so schlecht sein wie die wissenschaftliche und technische Realität der DDR und ihrer Investitionskraft.

Zu den vielen Faktoren, die den Sozialismus in der DDR scheitern ließen, gehörte auch die Wirtschaft. Das schwere Erbe des Krieges und die vom Westen betriebene Spaltung waren eine Hypothek, die uns bis zum Ende belastete. Mehr noch: Eigentlich leiden wir bis heute darunter.

Deutschlands organisch gewachsene Wirtschafts- und Wissenschaftslandschaft wurde geteilt, der schwächere Teil war im Osten. Und dieser wurde vom Westen auch noch politisch, wirtschaftlich und psychologisch bekämpft, und von der einen Siegermacht gemäß Potsdamer Abkommen zur Zahlung von Reparationen angehalten.

Neben den unendlich großen materiellen Verlusten durch die westlichen Störmaßnahmen gab es auch hausgemachte Probleme. All das führte trotz unseres Einsatzes dazu, dass wir gegenüber den westlichen Ländern keine höhere Arbeitsproduktivität und damit keinen höheren Wohlstand für die Bevölkerung hervorbringen konnten.

Ein wesentlicher Fehler war die starre, überzentralisierte Wirtschaftsführung bei gleichzeitiger Verletzung ökonomischer Gesetze. Bei der Auswertung unserer Informationen stießen wir ständig auf solche selbst verursachten Hemmnisse. Das erschwerte diesen Teil unserer Tätigkeit. Der Klugheit der Kombinatsdirektoren, Werkleiter und wirtschaftsleitenden Minister und der Beharrlichkeit unserer auswertenden Mitarbeiter ist es zu verdanken, dass in vielen Einzelfällen unbürokratisch diese Schwierigkeiten überwunden wurden. Aber eben nur in Einzelfällen! Von den Mitarbeitern des SWT, ihren Kundschaftern und inoffiziellen Mitarbeitern wurde dennoch Überdurchschnittliches geleistet.

Wir möchten jedem einzelnen Mitarbeiter unseren Dank aussprechen. Nicht zuletzt möchten wir uns auch bei den vielen ehemaligen offiziellen und inoffiziellen Mitarbeitern bedanken, die uns mit ihrem Wissen sehr geholfen haben, dieses Buch zu schreiben. Wir denken dabei an

Klaus Butte
Erich Gaida,
Werner Glass,
Prof. Rolf Jähn,
Siegfried Jesse,

Dr. Johannes Koppe,
Herbert Sinschek,
Christian Streubel,
Kurt Thiemann,
Dieter Ullrich,
Hans Zimmermann,
und an viele andere Genossen, die aus unterschiedlichen Gründen nicht genannt werden möchten.

Horst Müller, Manfred Süß, Horst Vogel
Sommer 2008

Anlagen

*Struktur, Aufgabenbereiche und leitende Mitarbeiter
der Wissenschaftlich-Technischen Aufklärung der DDR**

Während der Zeit des Außenpolitischen Nachrichtendienstes der DDR (APN) von Ende des Jahres 1951 bis zum 31. August 1953 bestand die Wissenschaftlich-Technische Aufklärung aus einer kleinen Gruppe von Mitarbeitern, die unter der Leitung von Gustav Szinda und Heinrich Weiberg arbeitete.

Nach Eingliederung des APN in das Staatssekretariat (später Ministerium) für Staatssicherheit am 1. September 1953 als Hauptabteilung XV arbeitete die Wissenschaftlich-Technische Aufklärung als Hauptabteilung (HA) IV weiter unter der Leitung von Gustav Szinda. Am 1. September 1954 wurde Gustav Szinda von Willy Hüttner abgelöst, der aus dem Abwehrbereich des MfS kam. Sein Stellvertreter wurde Heinrich Weiberg. Am 1. Juni 1956 wurde die Hauptabteilung XV in die Hauptverwaltung A (HV A) umgewandelt. Die Wissenschaftlich-Technische Aufklärung behielt die Bezeichnung Hauptabteilung IV (HA IV).
Stand: Juni 1956:

Leiter:	Willy Hüttner
Stellvertretender Leiter:	Heinrich Weiberg
Leiter der Abteilung I:	Heinrich Weiberg
Referat 1, Leiter:	Willi Neumann
Referat 2, Leiter:	Hermann Berthold
Referat 3, Leiter:	Gerhard Schaaf
Referat 4, Leiter:	Heinz Schwerdt
Leiter der Abteilung II:	Gerhard Franke
Referat 1, Leiter:	Hans Bernhardt
Referat 2, Leiter:	Hans Conrad
Referat 3, Leiter:	Herbert Sinschek

Am 1. Januar 1959 wurde die HA IV im Rahmen der HV A in Abteilung V (HVA/V) umbenannt.

Stand: 1. Januar 1959

Leiter:	Heinrich Weiberg
1. Stellvertreter:	Willi Neumann
Stellvertreter:	Gerhard Franke

Referat A
Aufgabenbereich:	Nukleartechnik, Atomare Bewaffnung
Leiter:	Roland Herrmann

Referat B
Aufgabenbereich:	Elektrotechnik, Elektronik, Energie
Leiter:	Erich Gaida

Referat C
Aufgabenbereich:	Flugzeugbau, Raketentechnik
Leiter:	Heinz Schwerdt

Referat D
Aufgabenbereich:	Chemie, Chemische Verfahrenstechnik Chemische und biologische Kampfstoffe
Leiter:	Gerhard Schaaf

Referat E
Aufgabenbereich:	Militärtechnik, Fahrzeug-, Maschinenbau
Leiter:	Herbert Sinschek

Referat F
Aufgabenbereich:	Unternehmer- u. Wirtschaftsverbände, Banken
Leiter:	Rudi Kirschke

Mitte 1962 wurde aus den Mitarbeitern für Wissenschaftlich-Technische Aufklärung der Abteilungen XV der Bezirksverwaltung für Staatssicherheit in den Bezirken Erfurt, Gera und Suhl ein Referat G gebildet, das in die Abteilung V der HV A eingegliedert wurde und in Jena stationiert war. Sein Leiter war in den 60er Jahren überwiegend Herbert Luther. Aufgabenbereiche waren Feinmechanik, Optik und Glastechnik.

Zum 1. September 1962 wurde die *Arbeitsgruppe WTA* (Wissenschaftlich-Technische Auswertung), die bis dahin dem Abwehrbereich des MfS unterstellt war, der Abteilung V der HV A angeschlossen. Ihr Leiter war bis 1965 Paul Bilke, der gleichzeitig ein Stellvertreter des Leiters der Abteilung V wurde.

Mitte der 60er Jahre wurde in der Abteilung V ein *Referat H* gebildet, das ausschließlich mit der operativen Arbeit in der Zielrichtung USA beauftragt war. Sein Leiter wurde Karl-Heinz Fischer.

1965 wurde Werner Witzel als 3. Stellvertreter des Leiters der Abteilung V eingesetzt.

1969 wurde die Abteilung V in drei Anleitungsbereiche gegliedert.

Anleitungsbereich V/1 unter Leitung von Willi Neumann umfaßte die *Referate A, D* und *H*.

Anleitungsbereich V/2 leitete Werner Witzel. Er bestand aus den *Referaten B* und *G*.

Die *Referate C, E* und *F* waren im *Anleitungsbereich V/3* unter Leitung von Gerhard Franke zusammengefaßt.

Die Arbeitsgruppe WTA unter Leitung von Harry Beyer unterstand direkt dem Leiter der Abteilung V, Heinrich Weiberg.

Zum 1. Juli 1971 wurde der *Sektor Wissenschaft und Technik* (SWT) gebildet, der zunächst aus den selbstständigen Abteilungen XIII, XIV, XV und V bestand. Leiter wurde Heinrich Weiberg, sein Stellvertreter Willi Neumann.

Stand 1. Juli 1971

Abteilung SWT/XIII
Aufgabenbereich:	Nachrichtendienstliche Informationsbeschaffung auf den Gebieten Nukleartechnik, Chemie, Biologie, Landwirtschaft, Medizin und USA.
Leiter:	Horst Vogel
Stellvertreter:	ab 1973 Gerhard Jauck

Referat 1
Aufgabenbereich: Nukleartechnik, atomare Waffen
Leiter: Günter Heinrich
Referat 2
Aufgabenbereich: Chemie
Leiter: Gerhard Jauck
Referat 3
Aufgabenbereich: Chem. Verfahrenstechnik, Anlagenbau
Leiter: Horst Müller
Referat 4
Aufgabenbereich USA
Leiter: Karl-Heinz Fischer
Operative Außengruppe
Aufgabenbereich: Basisarbeit, Arbeit m. Nachwuchskadern
Leiter: Werner Hengst

1975 wurde Gerhard Jauck Leiter der Abteilung XIII, 1981 Manfred Süß und 1983 Siegfried Jesse.

Abteilung SWT/XIV
Aufgabenbereich: Elektronik, Mikroelektronik, Computertechnik, Nachrichtentechnik, Feinmechanik, Optik, Lasertechnik u. a.
Leiter: Werner Witzel
Stellvertreter: Erich Gaida
Referat 1
Aufgabenbereich: Mikroelektronik, Nachrichtentechnik
Leiter: Rolf Kreinberger
Referat 2
Aufgabenbereich: Datenverarbeitung, Computertechnik
Leiter: Karl Dietel
Referat 3
Aufgabenbereich: Feinmechanik, Optik, Laser-, Glastechnik
Leiter: Helmut Reichmuth
Operative Außengruppe
Aufgabenbereich: Basisarbeit, Arbeit m. Nachwuchskadern
Leiter Gottfried Preusche

1973 bis 1981 war Manfred Süß Leiter der Abteilung XIV, von 1981 bis 1990 Horst Müller.

Abteilung SWT/XV

Aufgabenbereich:	Militärtechnik, Flugzeugbau, Maschinen- und Fahrzeugbau, Schiffbau, Banken und Wirtschaftsverbände
Leiter:	Gerhard Franke
Stellvertreter:	Manfred Süß

Referat 1

Aufgabenbereich:	Militärischer Fahrzeugbau, Schiffsbau u. a.
Leiter:	Herbert Sinschek

Referat 2

Aufgabenbereich:	Maschinenbau, Waffentechnik u. a.
Leiter:	Werner Glaß

Referat 3

Aufgabenbereich:	Luft-, Raumfahrt-, Raketentechnik u. a.
Leiter:	Manfred Leistner

Referat 4

Aufgabenbereich:	Zentrale Wirtschafts- und Industrieverbände, Banken
Leiter:	Harry Herrmann

Operative Außengruppe

Aufgabenbereich:	Basisarbeit, Arbeit m. Nachwuchskadern
Leiter:	Arno Rausch

Im Oktober 1981 wurde Günter Ebert Leiter der Abteilung XV.

Abteilung SWT/V

Aufgabenbereich:	Auswertung wissenschaftlich-technischer Informationen, Verbindung zu den Industrieministerien, Kombinaten und anderen informationsempfangenden Institutionen
Leiter:	Paul Bilke
Stellvertreter:	Harry Beyer

Referat 1

Aufgabenbereich:	Auswertung von Informationen auf den Gebieten Grundlagenforschung, Militärtechnik, NVA u. a.
Leiter:	Hans Stümer

Referat 2
Aufgabenbereich: Auswertung von Informationen auf den Gebieten Elektrotechnik/Elektronik, Mikroelektronik, Datenverarbeitung, Nachrichtentechnik u. a.
Leiter: Klaus Rösener

Referat 3
Aufgabenbereich: Auswertung von Informationen auf den Gebieten Chemie, Chemieanlagenbau, Pharmazie, Erdölverarbeitung, Landwirtschaft u. a.
Leiter: Dietrich Eckhardt

Referat 4
Aufgabenbereich: Vorbereitung von Mitarbeitern für den Einsatz in Auslandsvertretungen der DDR, später Auswertung von Informationen auf den Gebieten Maschinen- und Fahrzeugbau, Schiffbau, Stahlverarbeitung, Bauwesen u. a.
Leiter: Hans Zimmermann

Referat 5
Aufgabenbereich: Technische Verarbeitung der Informationen (z. B. Neutralisation, Vervielfältigung usw.), Archivierung
Leiter: Günter Waschow

1976 wurde Harry Herrmann Leiter der Abteilung V.

1975 übernahm Horst Vogel die Leitung des SWT, 1981 wurde Manfred Süß sein Stellvertreter (bis 1983 gleichzeitig Leiter der Abteilung XIII), danach war er ausschließlich als Stellvertreter tätig.

1983 wurde Horst Vogel als Leiter des SWT gleichzeitig Stellvertreter des Leiters der HVA. Als er 1989 zum 1. Stellvertreter des Leiters der HV A berufen wurde, übernahm Manfred Süß die Leitung des Sektors. Horst Müller wurde sein Stellvertreter unter Beibehaltung seiner Funktion als Leiter der Abteilung XIV

1976 wurde die Arbeitsgruppe 1 unter Leitung von Arno Rausch gebildet. Sie betreute die legalen Residenturen in den diplomatischen Vertretungen der DDR im Ausland.

Die Arbeitsgruppe 3 unter Leitung von Erich Gaida wurde 1978 gebildet. Ihre Hauptaufgabe war die Beschaffung von Mustern von Militär- und Chiffriertechnik sowie Waffen aus NATO-Staaten.

1987 wurde die Arbeitsgruppe 5 unter Leitung von Christian Streubel gebildet. Ihre Aufgabe bestand in der Nutzung offizieller Positionen in der DDR für die nachrichtendienstliche Arbeit.

Die Arbeitsgruppen 2 und 4 bestanden nur kurzfristig und wurden dann in Referate umgewandelt bzw. in bestehende Referate eingegliedert.

Stand Januar 1990

Sektor Wissenschaft und Technik
Leiter: Manfred Süß
Stellvertreter: Horst Müller

Abteilung XIII
Leiter: Siegfried Jesse
1. Stellvertreter: Arno Mauersberger
Stellvertreter: Hartmut Ritter
Referat 1
Leiter: Manfred Roßpeintner
Referat 2
Leiter: Axel Jonack
Referat 3
Leiter: Thomas Karstedt
Referat 4
Leiter: Rainer Wiedenbeck
Referat 5
Leiter: Lutz Thielemann
Referat 6 (OAG)
Leiter: Werner Hengst

Abteilung XIV
Leiter: Horst Müller
1. Stellvertreter: Horst Gentsch
Stellvertreter: Helmut Reichmuth
Referat 1
Leiter: Peter Höppner

Referat 2
Leiter: Ulf-Achim Zweidorff
Referat 3
Leiter: Helmut Reichmuth
Referat 4 (OAG Jena)
Leiter: Reiner Tonndorf
Referat 5 (OAG Berlin)
Leiter: Heinz Vater
Referat 6
Leiter: Bernd Kaden

Abteilung XV
Leiter: Günter Ebert
1. Stellvertreter: Manfred Leistner
Stellvertreter: Kurt Thiemann
Referat 1
Leiter: Jürgen Schiemann
Referat 2
Leiter: Werner Glaß
Referat 3
Leiter: Kurt Thiemann
Referat 4
Leiter: Heinz Schneider
Referat 5
Leiter: Christian Kampfrath
Referat 6 (OAG)
Leiter: Klaus Schihetzki

Abteilung V
Leiter: Harry Herrmann
1. Stellvertreter: Harry Beyer
Stellvertreter: Fred Walzel, Klaus Rösener
Referat 1
Leiter: Peter Bertag
Referat 2
Leiter: Hartmut Knösche
Referat 3
Leiter: Dietrich Eckhardt

Referat 4	
Leiter:	Günter Häring
Referat 5	
Leiter:	Günter Waschow
Referat 6	
Leiter:	Gerhard Haase
Referat 7	
Leiter:	Max Müller
Arbeitsgruppe 1	
Leiter:	Gerhard Jauck
Stellvertreter:	Achim Lehe
Arbeitsgruppe 3	
Leiter:	Erich Gaida
Referat 1	
Leiter:	Rolf Schußmann
Referat 2	
Leiter:	Jörg Walther
OAG	
Leiter:	Hans Zimmermann
Arbeitsgruppe 5	
Leiter:	Christian Streubel

* Zusammengestellt von Horst Müller auf der Basis eigener Erinnerungen und von Auskünften ehemaliger Mitarbeiter des Sektors Wissenschaft und Technik der HV A

Der Eber im Rotweinrausch

Von Hans Eltgen

Hans Eltgen wurde während des Studiums der Luftfahrttechnik in Dresden zu Beginn der 50er Jahre als IM vom MfS geworben. Als Offizier im besonderen Einsatz (OibE) war er später im Sektor Wissenschaft und Technik der HV A als Kurier, Instrukteur und Werber in nahezu allen Ländern Westeuropas tätig. 1966 wurde er in der Bundesrepublik verhaftet. Er kam im Rahmen eines Agentenaustauschs frei und arbeitete bis zum Ende der DDR für die HV A.

Wegen meiner Französisch-Kenntnisse wurde ich in eine Aktion einbezogen, die sich bereits im fortgeschrittenen Stadium befand. Das Landwirtschaftsministerium hatte sich bislang vergeblich darum bemüht, Zuchttiere einer bestimmten Rasse aus England zu importieren, um die Schweinezucht in der DDR voranzubringen. Seit Beginn unserer Existenz, das scheint heute fast vergessen, wurde der DDR-Wirtschaft alles vorenthalten, was ihrem Gedeihen genützt hätte.

Auf Drängen der USA war am 22. November 1949 in Paris ein *Coordinating Committee on Multilateral Export Controls* (CoCom) gegründet worden, dem alle NATO-Staaten (außer Spanien und Island), Japan, Taiwan, Schweden, Schweiz, Österreich und Finnland beitraten. Diese Staaten verpflichteten sich, keinem sozialistischen Land moderne Technologien, Industrieanlagen und andere strategisch bedeutende Waren zu liefern. Die systematische Embargo-Tätigkeit der beteiligten Staaten erfolgte auf drei Feldern: Erarbeitung von Verbotspaletten (CoCom-Liste), Konsultationen zu Aktualisierungen der Listen der neuesten Technologien und Tagungen zur Prüfung der Effizienz der Handelsbeschränkungen. Weltweit wurden Firmen, die sich an diese Handelsbeschränkungen nicht hielten, indiziert. Sie kamen auf »Schwarze Listen« und wurden von Regierungsaufträgen der beteiligten Staaten ausgeschlossen. Das trug erheblich zur Disziplinierung der eigenen Wirtschaftsunternehmen bei. (Daß es sich beim CoCom aber um ein politisches Kampfinstrument gegen den Realsozialismus handelte, wurde daran sichtbar, dass sich am 31. März 1994 der Ausschuss auflöste. Das Ziel war ja erreicht.)

Zu den strategischen Exportartikeln gehörten Ende der 50er Jahre auch lebende britische Schweine, die nicht in die DDR geliefert werden durften.

Nunmehr sollte den Genossenschaftsbauern in der DDR mit nachrichtendienstlichen Mitteln bei der Einfuhr geholfen werden. Das Unterlaufen der CoCom-Bestimmungen sei eine Aufgabe für die HVA, hieß es.

Ich hatte von Landwirtschaft wenig und von Schweinezucht absolut keine Ahnung. Aus der üblichen Einsicht in die Notwendigkeit arbeitete ich mich dann doch an diese delikate Aufgabe heran. Denn darauf lief es hinaus, dass ich das Viehzeug besorgen sollte.

Den für ihre Schweinezucht bekannten Engländern war es gelungen, auf der Grundlage ihrer bewährten Rassen wie Large und Middle White, Berkshire und Wessex-Saddleback eine Art Mehrzweckschwein zu züchten. Es konnte bei einem Schlachtgewicht von knapp 100 Kilo vorrangig zur Schinkenherstellung, von etwas über 100 Kilo zur Fleischgewinnung und von knapp 150 Kilo vornehmlich zur Herstellung von Wurst verwendet werden. Darüber hinaus besaß es ein Rippenpaar mehr als unser Deutsches Hausschwein. Das bedeutete: zwei Kotelett mehr je Schlachtier. Bei der damals noch schwachen Fleischversorgung in der DDR war es also von außerordentlicher Bedeutung, diese Rasse zu züchten.

Insofern war der Wunsch der Genossen im Landwirtschaftsministerium völlig verständlich, die zwei Koteletts zusätzlich hinterm Rücken der CoCom-Wächter zu besorgen.

Dieser ökonomische Aspekt überzeugte mich vollends. Von allen anderen Aufgaben freigestellt, kniete ich mich in die Schweineproblematik.

Es gab eine Verbindung zwischen einem englischen Züchter und einem in der DDR. Die beiden verstanden sich prächtig, und nach dem Genuss einiger Flaschen Whisky waren sich beide einig geworden. Gleichwohl: Der Brite wollte die schriftliche Zusage haben, dass sein Eber ausschließlich im Stall seines Freundes zum Einsatz kommen würde, sonst bekäme er Ärger mit seinen Behörden. Das konnte und wollte der DDR-Bauer nicht zusichern. Nun war also guter Rat teuer und die HVA trat auf den Plan.

Ich kam auf die Idee, in Frankreich einen Bauern zu finden, der als Importeur des britischen Zuchtpaares agieren könnte. Am Tag war ich in der DDR unterwegs und suchte nach entsprechenden Hinweisen auf Kontakte, abends studierte ich die Grundlagen der Schweinezucht. Mehrere Wochen gingen auf diese Weise ins Land. Mit Kommilitonen konnte ich als Technik-Student in Dresden über die »Schweinerei« nicht reden, denn auch dieser Auftrag war natürlich streng konspirativ. Und Plaudern selbst unter HVA-Kollegen war nicht nur nicht gestattet, sondern auch verpönt. Das gehörte zu unserem Ehrenkodex.

Nach einigen Misserfolgen und verworfenen Vorschlägen bahnte sich eine Lösung des Problems an. Ich erinnerte mich an meine Kindheit und an das Kriegsgefangenenlager in der Nähe meines Heimatortes. Dort waren auch Franzosen, die in der Landwirtschaft der Umgebung gearbeitet hatten. Ich fand einen Bauern, der noch immer freundschaftlich mit seinem damaligen Helfer korrespondierte. Ihm stellte ich mich als Mitarbeiter eines Tierzuchtinstituts des Landwirtschaftsministeriums vor. Wir fanden rasch einen Draht zueinander, so konnte ich die Legende bald ad acta legen und dem Bauern reinen Wein einschenken. Er versicherte mich seiner Verschwiegenheit und erklärte sich zur Unterstützung bereit. Dieser Bauer vermittelte mich an seinen französischen Freund Victor im Departement Loire-Atlantique.

Da der Kontakt über den Postweg lief, wir aber vermeiden mussten, dass die Briefe über das Territorium der Bundesrepublik gingen, zog sich alles sehr in die Länge. Doch irgendwann waren wir soweit, dass ich aktiv werden konnte.

Meine erste Reise nach Frankreich führte mich zunächst nach Paris. Ich war Mitte 20 und begierig darauf, mir die Stadt an der Seine anzusehen. Aber Pustekuchen, die Zeit reichte gerade aus, um mich zu orientieren, wie ich die Fahrt fortsetzen konnte.

Victor betrieb einen kleinen Bauernhof in einem gepflegten Dorf, das etwa 70 km nördlich von Nantes lag, also fast schon in der Bretagne. Die Gemeinde wurde kommunistisch regiert, die Partei genoss im Ort einen guten Ruf, was mir die Sache erleichterte. Victor war zwar nicht Mitglied, wohl aber Wähler der FKP und darum auch der DDR sichtlich zugetan. Er interessierte sich sehr für das Leben dort, wo – wie er sagte – die Kommunisten dabei seien, zusammen mit anderen einfachen Menschen ein Leben ohne

Kapitalisten und vor allem ohne Nazis aufzubauen. Als Kriegsgefangener hatte er sie kennenlernen können. An langen Abenden, bei gutem Essen und viel Cidre sowie unzähligen Schachteln Gitanes, dem schwarzen, würzigen Kraut des mannhaften Teils der französischen Rauchergemeinde, erläuterte ich unsere Absicht und diskutierte mit Victor so lange, bis die günstigste Variante zur Beschaffung des für die DDR lebenswichtigen britischen Zuchtpaars gefunden schien.

Ich war eine Woche dort. In dieser Zeit fragte Victor telegrafisch auf der Insel an, bekam eine Lieferzusage und machte alles klar.

Nur: Wie kamen die beiden Tiere von hier in die DDR?

Die Beantwortung der Frage wurde vertagt, ich musste erst die Zentrale in Berlin kontaktieren. Mit einer so raschen und einfach zu beschaffenden Lieferzusage hatten wir nicht gerechnet.

Außerdem musste ich nach Dresden zurück: Die Semesterpause ging zu Ende, ich musste wieder in den Hörsaal der Technischen Universität.

Nach etwa vier Wochen meldete sich Victor, wie verabredet, bei seinem Freund in der Nähe von Zeithain. Er schrieb, dass er ein Pärchen Brieftauben erstanden hatte. Das war der vereinbarte Code: Der Eber und die Sau standen nunmehr in seinem Stall.

Am Wochenende fuhr ich mit einigen Hunderttausenden (alten) Franc zu Victor, um die beiden Schweine zu bezahlen. Er legte das Geld in seiner Bank ein, um den Kaufpreis a conto beim Exporteur zu begleichen. Da gerade die Kartoffelernte lief, überraschte es auch die Bank nicht, dass ihr Kunde einen größeren Barbetrag über den Tresen schob. (1958 sollte eine Währungsreform erfolgen: Aus 100 alten Franc wurde ein neuer.)

Doch wie nun weiter? Die von mir übermittelten Vorschläge lehnte Victor alle ab. Er machte eine Reihe von Gegenvorschlägen, die mit zunehmenden Weinkonsum immer abenteuerlicher wurden.

Am nächsten Morgen kam ihm beim Ausnüchterungsritt die Idee: Zusammen mit zwei Pferden wolle er die beiden Schweine in einem Spezialtransporter in die DDR bringen. Die Pferde würde er in der Bundesrepublik verkaufen, was ihm zugleich als Legende dienen würde. Das fand ich überzeugend. Doch würden die Tiere die etwa 1.700 Kilometer unbeschadet überstehen?

Victor versicherte, sich um alles ausreichend kümmern zu wollen, ich müsse mir keine Sorgen machen.

Nach knapp zwei Wochen trat ich meine dritte Frankreich-Reise an. Victor hatte signalisiert, dass alles vorbereitet sei, er könne starten. Nun galt es, Victors Plan in allen Einzelheiten zu püfen, die Schritte gemeinsam zu überdenken und festzulegen.

Bei meiner Ankunft stand bereits ein alter Chevrolet-Zweitonner unübersehbar auf seinem Bauernhof. Spiegel und Plane hatte er höher setzen und einen Wassertank einbauen lassen. An der Rückseite zur Fahrerkabine waren zwei Holzverschläge eingebaut worden. Dahinein sollten die Schweine. Von außen sahen die Verschläge aus wie die Futterkästen für die Pferde. Wer sollte bei einer oberflächlichen Kontrolle schon darauf kommen, dass unter dem Heu und dem Hafer zwei lebende Schweine dösten? In Paderborn hatte Victor einen Abnehmer für seine Pferde gefunden. Mit dem Wichtigsten überraschte er mich allerdings zum Schluss: Er hatte es doch tatsächlich geschafft, von seiner Zollbehörde eine *Permission en Exportation* für »zwei Zuchttiere« zu erhalten. Damit waren zwar die Pferde gemeint, aber da diese in dem amtlichen Dokument nicht explizit aufgeführt worden waren, konnte er das Papier nach dem Verkauf der Tiere in Paderborn im Bedarfsfall auch den bundesdeutschen Behörden bei der Grenzpassage in die DDR vorweisen.

Victor bestand hartnäckig darauf, ohne einen zweiten Kraftfahrer zu reisen. Also planten wir für den Transport etwa eine Woche ein. Als Termin für seinen Aufbruch legten wir den vierten Tag nach meiner Abfahrt in die DDR fest.

Dann begann das Warten und Zittern: Wir besaßen keine Sicherheiten, und ich hatte etliche Zehntausend Mark in Devisen an jemanden ausgehändigt, von dem wir nicht wussten, wie verlässlich er war. Ich haftete in gewisser Weise für Victor. Wenn er nicht käme, hätte ich ein echtes Problem …

Unsere Geduld wurde auf eine harte Probe gestellt. Victor erschien nicht zum vereinbarten Termin. Die Nerven lagen blank.

Doch dann traf er mit einem reichlichen Tag Verspätung ein. Nicht nur ich atmete auf. Um die Tiere zu schonen, erzählte er, war er vorwiegend in der Nacht gefahren und hatte tagsüber mehrstündige Erholungspausen bei Bauern eingelegt, wo er die Pferde auf einer Koppel und die Schweine im Wagen frei laufen lassen konnte. Er selbst hatte im Auto geschlafen, um die teuren Schweine nicht allein zu lassen. Ich leistete innerlich Abbitte.

Nur einmal sei es ihm mulmig geworden – und zwar an der Grenze zur DDR. Die West-Zöllner hätten ihn durchgewunken, weil es regnete und er als Fahrziel Westberlin angegeben hatte, doch die Genossen auf unserer Seite machten Dienst nach Vorschrift und schauten sehr genau hin, dass ihm Angst und Bange geworden sei. Wir hatten am Grenzübergang zwar den Transporter avisiert, aber darum gebeten, vorsichtshalber normal zu kontrollieren, damit Außenstehende nicht Verdacht schöpften. Das also war dabei herausgekommen.

Unser Züchter und ein Tierarzt nahmen die Tiere in Empfang. Sie schienen beim Umladen etwas wacklig auf den Füßen, ansonsten aber gesund und unversehrt zu sein.

Ob alles glatt gegangen sei, fragte ich ihn, schließlich habe er einige Grenzen passieren müssen. Ach, meinte Victor, beim belgischen Zoll habe er den Laderaum geöffnet, ein Zöllner habe hineinsteigen wollen, doch der Schweinegestank habe ihn davon abgehalten, wirklich hineinzusteigen. Er sei nicht einmal auf die Idee gekommen, nach der Herkunft des Schweinekots zwischen den Pferdeäpfeln zu fragen. Nein, sonst wäre alles normal gelaufen.

Und, erkundigte sich mein Vorgesetzter interessiert, haben die Tiere sich nicht durch Grunzen verraten?

Der Franzose grinste verschmitzt. Das sei ausgeschlossen gewesen, weil die Schweine fest geschlafen hätten. Er habe jedem Tier vor jeder Grenzpassage eine Flasche Rotwein eingeflößt. »Ihr seid mir vielleicht Landwirtschaftsexperten«, amüsierte er sich. »Wisst ihr denn nicht, dass die Sau immer einen Beruhigungstrunk bekommt, wenn sie zum Eber geführt wird?«

Mein Chef grunzte und tat so, als wenn er sich mit Schweinen bestens auskenne. »Aber das muss ja nicht unbedingt französischer Rotwein sein!«

Ein TBK im Polizeipräsidium

Von Hans Eltgen

Der Befehl kam aus heiterem Himmel. Ohne jegliche Begründung wurde mir die Aufgabe übertragen, für eine mir noch nicht bekannte Verbindung im Operationsgebiet die Voraussetzungen zur Nachrichtenübermittlung zu schaffen. Handeln auf Weisung war zwar üblich, schließlich war ich Mitarbeiter in einem militärischen Organ, aber bisher war ich meist durch die eigene Vorarbeit in eine Aufgabe hineingewachsen.

Die Begründung für den ungewöhnlichen Auftrag erfuhr ich erst viel später: »Gert«, ein junger Wissenschaftler, seit einigen Jahren als Assistent an der Technischen Hochschule Braunschweig tätig, stand kurz vor seiner Einstellung in einem Bundesministerium in Bonn. Das war eine wichtige Position, er durfte fortan nicht mehr gefährdet werden. Zunächst musste er seine Reisetätigkeit in die DDR einstellen. Die Folge: Wir hatten das sogenannte unpersönliche Verbindungswesen aufzubauen.

Also reiste ich wiederholt nach Braunschweig, Göttingen und Kassel, um tote Briefkästen (TBK) zu installieren. Das erscheint auf den ersten Blick als eine unkomplizierte Aufgabe. Aber nicht jedes verborgene Loch in einem Baumstamm eignet sich zum Ablegen von wichtigen Informationen etwa in Gestalt von Filmrollen. Neben dem Schutz vor zufälligem Entdecken durch Dritte galt es auch, die Neigungen und Gewohnheiten zu berücksichtigen, die der Nutzer hatte. So joggte unser Mann im Freien, und seine Freundin arbeitete im Polizeipräsidium am Königstor in Braunschweig.

Im Mauerwerk der Burg Dankwarderode und im Palmenhaus im Botanischen Garten, zwischen den Luftwurzeln von Mangroven, legte ich einen TBK an – da kam »Gert« beim Joggen vorbei.

In Göttingen eignete sich der Park in der Nähe der Max-Planck-Gesellschaft, und falls das Wetter miserabel war, nutzte ich die Lesenischen der Niedersächsischen Landesbibliothek zur Ablage von Nachrichten. Diese Einrichtungen waren öffentlich und konnten von jedermann aufgesucht werden. Man musste sich nur verständigen, damit das Material noch am gleichen Tag, also ein bis zwei Stunden nach der Ablage, abgeholt wurde. Da dort peinliche Sauberkeit herrschte (zumindest damals), offenbar wurden die Lesesäle nachts oder am frühen Morgen vor der Öffnung gesäubert, bestand die Gefahr, dass das Material gefunden werden konnte, wenn man es nicht rechtzeitig übernahm.

In Kassel konnte man seinerzeit vom Zentrum mit der Straßenbahn ins Fuldatal, einem beliebten Ausflugsgebiet, fahren. Niemand wäre auf die abwegige Idee gekommen, mich für einen Kurier eines östlichen Geheimdienstes zu halten, wenn ich an der Fulda entlangwanderte. Ich rastete in einer Fischgaststätte. Ein Verdunstungsbehälter an einem Heizköper nahm bequem zwei bis drei wasserdicht verpackte Filmrollen auf ...

Im Braunschweiger Polizeipräsidium hatte ich auf der Toilette im Rollenhalter einen Hohlraum festgestellt, der sich ebenfalls vorzüglich als TBK eignete. Mit einem Schraubenzieher am Taschenmesser dauerten Belegung bzw. Entleerung keine halbe Minute. Und »Gert« hatte ein Alibi: Schließlich arbeitete im Haus, auf der gleichen Etage, seine Freundin. Bei mir war es nicht ganz so einfach, ich war als ein Fremder zu erkennen.

Als ich einmal das stille Örtchen rauchend verließ, lief ich einem Polizeibeamten in die Arme. Der reagierte wie alle Polizisten auf der Welt: Er belehrte mich über das hier geltende Rauchverbot.

Ich rauchte Gauloises, war französisch-leger gekleidet und mimte einen Franzosen, der nur wenig Deutsch verstand. Ich gab vor, mich nicht auszukennen, ich suche ... Sofort kippte alles um: Jetzt stand ein Polizist vor mir, der sich anheischig machte, mir unbedingt helfen zu wollen – ich solle ihn begleiten, sein Kollege spreche exzellent Französisch. Was ich denn suche?

Mir sei auf dem Bahnhof aus dem Schließfach der Koffer gestohlen worden, radebrechte ich.

Oh, sagte der Beamte bedauernd, da sei ich hier gänzlich falsch. Da müsse ich zur Wache der Bahnpolizei.

Er ließ mich gnädig laufen.

Die Zentrale entschied, den toten Briefkasten auf dem Polizeiklo vorsichtshalber sechs Monate nicht zu benutzen und später nur mit größter Vorsicht. Dem Beamten durfte ich auf keinen Fall noch einmal begegnen.

Der Jaguar vorm Johannishof

Von Hans Eltgen

»Leo« war immer wieder bei der Handelsvertretung der DDR in Wien erschienen, um uns seine Dienste anzubieten. Die Genossen ließen ihn abblitzen. So wie es Vorschrift war, wurde er stets höflich, aber bestimmt abgewiesen.

Er lebte in Österreich und leitete aus der Steueroase Liechtenstein seine zahlreichen Unternehmen. Ländereien, Bergwerke und Industriebetriebe nannte er sein eigen oder war an diesen weltweit mit Aktien beteiligt. »Leo« war aber nicht nur hartnäckig, sondern auch frech. An einem Sonntag nutzte er die Abwesenheit des Handelsrates und gab beim diensthabenden Mitarbeiter der Vertretung ein Päckchen ab mit der Bemerkung, der Chef wisse Bescheid und warte darauf. Eine Adresse war uns zu jener Zeit nicht bekannt, und so landete das Material in der Berliner Normannenstraße und schließlich auf meinem Schreibtisch.

Ohne eigene Vorleistungen zu einem Vorgang zu kommen, war äußerst selten – ich kniete mich gleich ordentlich in die Sache. Ein Mann, der sich so intensiv anbot wie »Leo«, war natürlich mit äußersters Vorsicht zu genießen. Dementsprechend gestalteten sich die üblichen Überprüfungsmaßnahmen besonders gründlich.

Ein weiterer Umstand forderte unsere Wachsamkeit geradezu heraus: Entgegen aller nachrichtendienstlicher Praxis trat »Leo« nie allein auf, sondern stets in Begleitung seines Chauffeurs und Vertrauten. Damit stand ihm für jedes gesprochene Wort ein Zeuge zur Verfügung, und so etwas stört jeden Geheimdienst. Nicht nur uns. Aber nachdem wir alle Fakten durch sämtliche Mühlen gedreht hatten, lag kein so schlechtes Überprüfungsergebnis vor. Für konkretes Misstrauen gab es keine akuten Gründe.

Also entschlossen wir uns, zu »Leo« Kontakt aufzunehmen und den Anbieter zu beschnuppern.

Es dauerte auch nicht lange, und unser Freund sprach wieder bei der Handelsvertretung vor.

Er nahm unseren Terminvorschlag entgegen und akzeptierte den Treffort Berlin.

Wir erwarteten »Leo« in einem separaten Raum im »Johannishof«, dem Gästehaus des Ministerrates unweit der Friedrichstraße. Für den Fall, dass er wieder mit seinem Schatten erscheinen und beim Gespräch auf dessen Anwesenheit bestehen sollte, stand mir ein junger Genosse zur Seite. Er sollte so gut wie möglich protokollieren und den zweiten Mann im Auge behalten.

Um »Leo« wollte ich mich kümmern.

Etwas verspätet fuhr ein schwarzer Jaguar vor.

»Leo« in Trachtenkleidung und sein Begleiter, bepackt mit mehreren Aktentaschen, schritten ins Foyer, wo ich sie »im Auftrage des Ministerrates der DDR« begrüßte.

Nach dem üblichen Austausch von Höflichkeiten und einer kurzen Erfrischung klärten wir Verfahrensfragen.

Als erstes forderte »Leo«, beim Gespräch dürften keine tontechnischen Aufzeichnungen gemacht werden. Weiter informierte er uns, dass sein Begleiter nicht nur sein Chauffeur und Krankenpfleger sei – »Leo« war bereits jenseits der 70, gehbehindert und mit einem Herzschrittmacher ausgestattet –, sondern auch sein Rechtsanwalt, Privatsekretär und Vertrauter.

Das Gespräch erfolgte also wie erwartet in einer Viererrunde.

»Leo« bezifferte sein Vermögen mit etwa 500 Millionen DM, doch er drohe unterzugehen: Kurz vor Inbetriebnahme einer großen Ferienanlage mit Hotel, Park und künstlichem See – Investitionsvolumen 180 Millionen – hatte die Bank die Kredite gesperrt. Als Grund nannte »Leo« eine Privatfehde mit einem der führenden Politiker eines Bundeslandes, der ihn in einer Immobiliensache in eine Prozessserie verwickelt habe. Für die Fertigstellung der Ferienanlage, seines Lebenswerkes, brauche er weitere 30 Millionen. Und zwar sofort. Von der DDR.

Als Sicherheit bot er Ländereien im Wert von 80 Millionen DM. Und wenn die DDR ihn über dieses Projekt hinaus unterstütze, könne man über einen Erbschaftsvertrag reden. Danach solle eine Institution oder Person unserer Wahl nach seinem Ableben als Universalerbe eingesetzt werden. Er sei kinderlos, und andere Erbberechtigte gäbe es nicht.

Uff, diese Größenordnung erhöhte nun doch meinen Puls.

Aber es kam noch dicker.

Um uns anzufüttern, bot er an, ein Muster eines modernen amerikanischen Waffensystems zu liefern. Er reichte mir eine Schmalfilmkassette mit einem Erprobungsbericht. Weiter legte er Material über ein neu entwickeltes Verfahren zur Herstellung von Spezialkeramik für die Raumfahrt vor, das in einer seiner Fabriken in Kanada in Kürze produziert werden sollte.

Schließlich erwog er noch eine ganze Reihe von Möglichkeiten, seine Besitzungen, Yachten und einen Privathafen an der Mittelmeerküste sowie seinen Einfluss und seine Verbindungen nachrichtendienstlich von uns nutzen zu lassen.

Der alte Fuchs wusste also offenbar, wer ihm gegenübersaß.

Sein Adlatus unterstützte »Leos« Ausführungen, indem er nach und nach die Aktentaschen leerte und verschiedene Dokumente aufblätterte: Kreditverträge, Vermögensübersichten, Kopien von Aktien, Projektzeichnungen … Der große Tisch des Konferenzraumes, der mir anfangs überdimensioniert erschien, füllte sich vollständig mit Papier. Kleiner hätte er auf keinen Fall sein dürfen.

Gegen Mittag unterbrachen wir das Gespräch.

Beim Essen im Restaurant schilderte »Leo« seinen Lebensweg und erläuterte die Motive, weshalb er sich mit seinen Problemen ausgerechnet an die DDR wandte. Er stamme aus Thüringen, dort hätten die Eltern ein Sägewerk besessen, erzählte er. Sie waren in den 50er Jahren enteignet worden und hatten die DDR verlassen. Kurze Zeit darauf verstarben seine Eltern. Er fühle sich noch immer mit Thüringen verbunden, sagte er, geradezu hingezogen. Das sei seine wahre Heimat, schwärmte er. Als Hauptmann der Wehrmacht habe er 1945 auf einen SS-Trupp geschossen und damit die Sprengung der Elbbrücke bei Dresden-Kaditz verhindert. Bei diesem Gefecht sei er verwundet worden. Eine Frau aus der Gegend habe ihn versteckt und gepflegt. Dadurch habe er nicht nur das Kriegsende erlebt, sondern auch eine Gefangennahme vermieden. Ob wir nicht diese Frau, seine Lebensretterin, ausfindig machen könnten?

»Leo« schien nicht nur das Wasser bis zum Halse zu stehen, sondern auch ehrlich und offen zu sein.

Ich bat um Bedenkzeit, die er gewährte, allerdings nur bis zum nächsten Tag. Bereits morgen wollte er das Gespräch fortsetzen. Spätestens übermorgen. Die Banken säßen ihm im Nacken, begründete er die Eile. Er dürfe keine Zeit verlieren, wenn er nicht untergehen wolle.

Mit Mühe trotzte ich ihm zehn Tage ab.

Um ihm auch im Wortsinne entgegenzukommen, schlug ich ein Treffen im Interhotel Gera vor.

Bei der mündlichen Berichterstattung im Ministerium stieß ich bei der Generalität auf viel Skepsis. Logisch, ich selbst hatte mehr Bedenken als Argumente, um an die ernsthafte Annahme des Angebotes zu glauben. Aber es reizte mich, aus der Vielzahl der Offerten einiges herauszufiltern.

Die Chefs genehmigten zunächst nur, unverbindlich weiter zu verhandeln. Keine Leistungen entgegennehmen und keine Aufträge erteilen, hieß es. Das rieche alles nach Provokation.

Weitere Überprüfungen bestätigen »Leos« Herkunft. Allerdings war er nur Oberleutnant gewesen, die Frau existierte ebenfalls und bestätigte im Kern seine Darstellung.

Doch die Sache sah allzu rund und glatt aus: »Leos« Angaben konnten wahr sein – sie konnten aber auch durch den Gegner zusammengetragen worden sein. Die Riesenarbeit, die, wenn es sich so verhielte, stand aber in keinem Verhältnis zum vielleicht geplanten propagandistischen Nutzen.

Der IM, den ich auf die Reise geschickt hatte, um die Ferienanlage aufzuklären, brachte Informationen und Fotos, die die Existenz und Identität des Objektes mit den uns vorliegenden Unterlagen bestätigten.

»Leo« schien wirklich sauber zu sein.

Unser Pressearchiv lieferte Beiträge aus verschiedenen Blättern, die den Zwist zwischen »Leo« mit dem Politiker dokumentierten. Es gab Meldungen über dubiose Immobiliengeschäfte und Amouren mit Prostituierten. In den Medien galt »Leo« als millionenschwerer Immobilienhai. Nein, ein Hochstapler, Betrüger oder gar Provokateur war er gewiss nicht. Also ein Verrückter, ein Sonderling? Vielleicht mischte im Hintergrund ein gegnerischer Geheimdienst mit?

Mit zwiespältigen Gefühlen fuhr ich nach Gera.

Leo war sehr enttäuscht, weil wir vor unserer Entscheidung einen notariell beglaubigten Vermögensnachweis forderten.

Schließlich lenkte er ein und versprach, das geforderte Papier kurzfristig beizubringen.

Um meine Skepsis auszuräumen, übergab er mir eine Keramikprobe und eine Materialanalyse. Ablehnen konnte ich das »Geschenk« nicht.

Nach einem Imbiss und einer guten Flasche Wein bot »Leo« der DDR seine Kohlengruben in Südamerika zum Kauf an. Eigentlich wolle er sich nicht von ihnen trennen, sagte er, weil er die zu erwartende Wertsteigerung noch mitnehmen mochte. Doch er mache dieses Angebot, um seine freundschaftliche Haltung gegenüber der DDR zu bezeugen.

Bereits in den ersten fünf Jahren würde man 500 Millionen Dollar aus dem Kohlegeschäft holen. Mit der derzeit brachliegenden britischen Flotte könne man die Kohle nach China liefern. Er zog ein schriftliches Konzept aus der Tasche und bestand auf Prüfung. Bedingung: Die DDR zahlt 30 Millionen, oder die DDR-Außenhandelsbank bürge wenigstens für diese Summe.

Wir vertagten die Verhandlung und einigten uns auf einen neuen Termin in vier Wochen. Da er sich rascher als erwartet dazu verhielt, vermutete ich, dass er noch eine andere Option hatte, um den Druck aus dem Kessel zu nehmen. Die Annahme war begründet: Er informierte mich später, dass eine Schweizer Bank die befristete Aufhebung der Kreditsperre bewirkt habe.

Wir trafen uns noch einige Male in den folgenden sechs Monaten.

Dank der Gespräche gewannen wir einige wichtige Informationen, aus denen wir auch ohne »Leos« Zutun einigen Nutzen zogen. Soweit mir bekannt, wurden mindestens ein waffentechnisches und das Werkstoffproblem mit Erfolg bearbeitet.

Mit Bedauern musste ich jedoch den Kontakt zu ihm abbrechen. Seine Projekte erschienen unserer Führung doch ein wenig zu abenteuerlich, wie ich ihm bei unserer letzten Begegnung offen zu verstehen gab.

»Leo« reagierte sachlich wie ein Geschäftsmann und verständnisvoll wie ein Vater. »Wissen Sie, mir ist schon klar, Ihren Finanzexperten ist die Sache zu heiß, die spielen da nicht mit. Da können Sie auch nichts gegen tun.«

Wiener Standpauke

Von Christian Streubel

Im Januar 1979 beging Oberleutnant Werner Stiller Fahnenflucht. Der Mitarbeiter der Abteilung XIII des Sektors Wissenschaftlich-technische Aufklärung in der HVA verriet das, was er wusste. Das war nicht wenig. In der Folgezeit wurden etliche Kundschafter in der Bundesrepublik verhaftet. Darunter auch Rainer F. in Karlsruhe. Der aber konnte fliehen, weil seine Häscher auf dem winterlichen Glatteis den Boden unter den Füßen verloren. Auf Umwegen kam er in die DDR. Die Familie jedoch hatte er zurücklassen müssen.

Dies sollte sich nachhaltig bemerkbar machen.

Und diese Ausnahmesituation wurde noch dadurch verschärft, dass F. nicht gerade das war, was man einen verständnisvollen und pflegeleichten Zeitgenossen nannte. Die DDR war eben ein anderes Land, hatte eine andere Kultur. Wir, die wir ihn betreuten, waren nicht in der Lage, alle seine mitunter überzogenen Wünsche und Vorstellungen zu realisieren.

Eines Tages war er weg.

Wie wir in Erfahrung brachten, hatte er sich mit Hilfe von Vertretern der CIA in Westberlin und Wien über Bulgarien und Österreich ausschleusen lassen. Dafür »sang« er. Was die bundesdeutsche Justiz jedoch nicht davon abhielt, ihn zu vier Jahren zu verurteilen. Man liebte den Verrat, nicht aber den Verräter …

Offenkundig glaubten der BND und das BfV, dass sie nach diesen beiden gravierenden Verratsfällen dort weitermachen sollten: Vielleicht ließen sich noch weitere Überläufer gewinnen.

Im Frühsommer 1982 – ich wusste noch nichts über die Flucht von F. – kam eines Tages um die Mittagszeit Sigrid B., eine meiner Mitarbeiterinnen, in mein Zimmer. Sie war sichtlich erregt und bemerkenswert blass um die Nase.

Den Grund nannte sie mir mit spürbarer Verstörung: Sie habe eben auf dem Dienstapparat einen Anruf erhalten. Nicht nur, dass der Anrufer, welcher sich mit »Holm« vorgestellt habe, den Namen ihres Vorgesetzten – also meinen – genannt hatte. Er habe ihr auch aufgetragen, mir beste Grüße von Rainer F. auszurichten und mir diese Telefonnummer zu geben. Er erwarte meinen Rückruf. Sie reichte mir einen Zettel.

Ungewöhnlich war also zweierlei. Erstens wurden nie die Klarnamen von Mitarbeitern am Telefon genannt, zweitens: Wie war der Anrufer an die Nummer des Dienstapparates gelangt, wenn er, wie zu vermuten, nicht aus dem Hause war?

Ich entschloss mich zum Rückruf.

Auf der anderen Seite meldete sich eine mir fremde Männerstimme und richtete mir, nachdem ich mich vorgestellt hatte, die bereits bekannten Grüße von Rainer F. aus. Ich fragte, woher er ihn kenne und in welcher Beziehung er zu ihm stehe. Doch der Mann war sehr einsilbig und erklärte, dies nicht am Telefon erklären zu wollen. Man könne sich vielleicht mal treffen. Damit war das Gespräch zu Ende.

Ich gab diesen Anruf auf dem Dienstweg der Leitung zur Kenntnis. Die Reaktion ließ nicht lange auf sich warten. Ich sollte den Kontakt zu »Holm« halten, um Motive und Zielstellungen des Anrufers herauszufinden.

Wir vermuteten drei Gründe, nachdem wir über unsere Quellen im Operationsgebiet erfahren hatten, dass sich Rainer F. in den Westen abgesetzt und dort »gesungen« hatte.

Ganz banal – die Kollegen von der anderen Feldpostnummer gaben ihrer Häme Ausdruck.

Oder: »Holm« ist möglicherweise vom BfV oder einem anderen Dienst und sucht Kontakt zur HVA, aus welchem Grund auch immer.

Drittens schließlich: Stiller hat, um sich wichtig zu machen, mehr ausgeplaudert als er wirklich wusste. Vielleicht war ich auf diese Weise auch auf seine Liste geraten.

Ich telefonierte einige Male mit »Holm« über Privatanschlüsse. Schließlich gab er sich als Mitarbeiter des Verfassungsschutzes zu erkennen. Und wir vereinbarten einen Treff in der DDR-Hauptstadt. Doch nach Ostberlin mochte er nicht kommen, nach Westberlin ich nicht.

Ich schlug Wien vor. Er stimmte zu.

Gut, also Wien.

Doch wir entschieden uns aus verschiedenen Gründen, den Treff doch nicht nicht wahrzunehmen.

Wie sich zeigte, waren wir damit gut beraten. Denn die Observation des verabredeten Treffpunktes in der österreichischen Hauptstadt durch unsere Leute offenbarte, dass es dort nur so von Beobachtern der Gegenseite wimmelte.

Wie wir später in Erfahrung brachten, hatten sich die Observanten jedoch wechselseitig entdeckt.

Und von Hans-Joachim Tiedge, der dem BfV später den Rücken kehrte, erfuhren wir, dass an der deutsch-österreichischen Grenze sogar ein Hubschrauber bereitstand.

»Holm« hieß mit Klarnamen Horst Freimark.

Auch er hatte das Platzen des Treffs mit Erleichterung quittiert. Er fürchtete, aus einem fahrenden Auto erschossen zu werden; sein Abteilungsleiter habe große Mühe gehabt, ihm diese traumatische Sorge zu nehmen.

Wir informierten unmittelbar nach der Aktion unser Außenministerium. Dieses nahm das zum Anlass, über unsere Wiener Botschaft eine Note im dortigen Außenministerium zu übergeben. Sie zog die entsprechenden Kreise.

Der Vizechef des österreichischen Verfassungsschutzes, Dr. A. Hermann, bestellte unmittelbar danach seinen westdeutschen Amtskollegen ein, berichtete Tiedge in seinen Erinnerungen.

Die kurze Visite soll so verlaufen sein: »Merken Sie sich, Herr Dr. Hellenbroich, wenn Sie noch einmal Ihre Streitkräfte ohne meine persönliche Zustimmung nach Österreich in Marsch setzen, läuft zwischen Ihnen und meinem Haus gar nichts mehr. Verstanden?«

Ich war Botschaftsflüchtling

Von Johannes Koppe

Bekanntlich »flüchteten« im Sommer und Herbst 1989 viele DDR-Bürger in diplomatische Vertretungen der Bundesrepublik, um auf diese Weise ihre Ausreise zu erzwingen. Das West-Fernsehen zeigte täglich Bilder aus Budapest, Prag und anderen Hauptstädten, was das Bedürfnis, diesem Beispiel zu folgen, eher mehrte denn reduzierte. Dadurch wurde die schwere innenpolitische Krise der DDR verstärkt. Dessen war man sich auf der anderen Seite sehr wohl bewusst. Und darum gab es keine Anstrengungen, diesen Exodus aufzuhalten. Im Gegenteil.

Als ich damals vor dem Fernseher hockte, stiegen Erinnerungen in mir auf. Denn ich war auch einmal Botschaftsflüchtling gewesen.

Seit Anfang der 50er Jahre arbeitete ich als Kundschafter in der Bundesrepublik. Am 21. Januar 1979, einem Samstag, hatten wir einen Familienausflug ins Hamburger Umland geplant. Der aber fiel wegen des schlechten Wetters aus. Insofern war es Zufall, dass mich beim Frühstück mein Führungsoffizier telefonisch erreichte und vorschlug, die »Werkstatt aufzuräumen«. Das war das vereinbarte Codewort zur Vernichtung aller belastenden Unterlagen. Gefahr war also im Verzuge.

Allerdings gab es kaum konspiratives Material unter unserem Dache. Die Filmkamera und die präparierte Super-8-Kassette brachte meine Frau in das Schließfach ihres Sportvereins. Die Funkunterlagen sowie ein belichteter und bereits übergabefähiger Film mit Zahlen zu Kosten und Preisen von Kraftwerkskomponenten und Rohölverfahren blieben am Mann. Beide Materialien, zusammen kleiner als eine Zündholzschachtel, schienen mir für eine sofortige Vernichtung viel zu wertvoll. Zudem: Frühere Warnungen hatten sich dann auch als blinder Alarm erwiesen.

Allerdings: Wenig später sah ich durch die dünn gewebten Stores drei Personen – zwei Männer und eine Frau – um die Ecke biegen und auf meinen Wohnblock zusteuern. Trotz Kälte waren sie nur leicht bekleidet: Sie mussten offenkundig aus einem beheizten

Auto gestiegen sein. Wenn dies aber so war: Weshalb waren sie dann nicht bis vor die Tür gefahren?

Es war alles klar.

Mir ist es bis heute unverständlich, warum ich damals keinen Zusammenhang zwischen der Warnung aus Berlin und dem Aufkreuzen dieser Personen sah. Mehr als ein Vierteljahrhundert war ich aktiv, hatte keine Fehler gemacht. Ich war mir absolut sicher. Und wenn ich angezogen gewesen wäre, hätte ich sie sogar in meine Wohnung gelassen. So aber ließ ich sie klingeln, gegen die Wohnungstür wummern und mit dem Briefschlitz klappern, ohne mich bemerkbar zu machen oder zu öffnen.

Dann verschwanden sie.

Ich wähnte noch immer, es könnten entfernte Verwandte, frühere Studienfreunde oder Arbeitskollegen gewesen sein. Staats- und andere -schützer wären nicht so einfach abgezogen.

Gleichwohl: Ich war verunsichert. Und schaffte das Material am Nachmittag außer Haus. Bei meiner Rückkehr musterte ich aufmerksam die Umgebung. Es war nichts Auffälliges zu bemerken.

Dann kam eine erneute telefonische Warnung aus der Zentrale. Höchste Gefahrenstufe, es sei keine Zeit zu verlieren.

Das war deutlich.

Sicherheitshalber setzte ich noch einige Zimmerpflanzen unter Wasser, warf einen Blick auf den Kurzwellenempfänger, zog meinen Parka über und verschwand mit meiner großen Aktentasche. Darin hatte ich unseren Nymphensittich, den ich zu meiner Tochter brachte. Ich informierte sie in groben Zügen. Ihre Begeisterung hielt sich in Grenzen. Sie informierte, wie ich später erfuhr, auch ihren Bruder. Beide wussten bis dato nicht davon, dass ich für die DDR arbeitete.

Das Prekäre in meiner Situation bestand darin, dass ich keinen Ansprechpartner, keinen Residenten hatte. Ich verfügte weder über Ersatzpapiere noch über genügend Bargeld. Die von mir erwogene Passage der deutsch-österreichischen Grenze war nicht nur aus Witterungsgründen unmöglich.

Große Sorge bereitete mir jedoch der Umstand, dass ich meine Frau nicht erreichen konnte. Ohne viel Hoffnung rief ich am Abend noch einmal zu Hause an. Meine Frau nahm überraschend ab. Lapidar teilte sie mir mit, dass sie gerade damit begonnen habe, den Korridor zu streichen. Das war grandios, das war einmalig in dieser Situation. Mit einem vereinbarten Wortspiel signalisierte ich, umgehend einen verabredeten Treffpunkt aufzusuchen. Sie kam.

Auf dem S-Bahnhof »Wandsbeker Chaussee« war ihr ein Mann aufgefallen, der bei Frost und leichtem Schneefall außerhalb der Bedachung unter einer trüben Bahnsteiglampe in einer aufgeschlagenen Zeitung zu lesen schien. Und auch er stieg in den einfahrenden Zug. Kurz bevor sich die Türen schlossen, sprang sie wieder auf den Bahnsteig

In einem Lokal am Bahnhof »Sternschanze« rätselten wir dann über das Geschehene. Die knallige Überschrift in einem Boulevardblatt, das jemand am Nachbartisch las, verschaffte uns Klarheit. »MfS-Offizier in den Westen geflüchtet«, brüllten die Lettern. Werner Stiller habe ausgepackt.

Damit war uns alles klar. Was tun? Wohin? Da ich kein Auto besaß, blieb nur die Bahn. Zwei Züge standen im Fahrplan, die morgens gegen 3.00 Uhr in Hamburg auf dem Hauptbahnhof abfuhren. Ein Schnellzug nach Norden und einer in Richtung Düsseldorf. Wir nahmen den zweiten: Von Düsseldorf war es ein Katzensprung nach Bonn. Dort befand sich unsere Ständige Vertretung.

Vorsichtshalber setzten wir uns in verschiedene Abteile.

Bonn-Bad Godesberg erreichten wir an einem unendlich trostlosen und kalten Sonntagmorgen.

Wo war nun die Vertretung? Im Telefonbuch konnten wir sie nicht finden, in Stadtplänen war sie nicht eingezeichnet. Die kaum vorhandenen Passanten mochten wir wegen der vorangegangenen Ereignisse nicht fragen.

Die Lage der sowjetischen Vertretung war mir infolge von Sitzungen beim Deutschen Atomforum beiläufig bekannt. Dort konnte man uns sicher Auskunft geben. Zwei harmlose Spaziergänger schlenderten ohne Gepäck durch die Bundeshauptstadt.

Wir klingelten an einem großen schmiedeeisernen Tor. Keine Reaktion. Nach einem erneuten Versuch teilte uns eine müde Stimme mit, dass das Konsulat heute geschlossen sei und wir am Montag wiederkommen sollten. Das wiederholte sich einige Male, bis aus der Tiefe des Geländes ein respektabler Herr nahte. Hart, aber höflich wurden wir nach der Ursache unserer Aufdringlichkeit befragt. Wir trugen unser Begehr vor und zeigten auch die Zeitung mit der Schlagzeile. Wir wurden hereingebeten, unsere Frage nach der DDR-Vertretung aber nicht beantwortet. Als sich das Tor hinter uns schloss, wussten wir noch nicht, dass unsere Ständige Vertretung in Erwartung schutzsuchender Kundschafter bereits von BRD-Sicherungskräften observiert wurde. Das nannte man Glück, dass wir denen nicht in die Arme gelaufen waren.

Bevor wir ein wenig ausruhen durften, wurden wir von den Sowjets eindringlich befragt, ob es irgendeinen Umstand gegeben habe, der auf unsere Anwesenheit hier hätte schließen lassen können. Das konnten wir mit bestem Gewissen verneinen.

Am Nachmittag traf ein Telegramm aus Berlin ein. Man hatte die Genossen dort also informiert. Man beglückwünschte uns zur gelungenen Flucht.

Unsere unfreiwilligen »Gastgeber« erörterten mit uns die Situation ausgiebig. Mindestens so ausgiebig wurde anschließend nach russischem Brauch auch gefeiert.

In einer Baracke auf dem Botschaftsgelände wurden uns zwei kleine Zimmer mit Bad zugeteilt. Man sah, dass sonst vorrangig auswärtige Kraftfahrer hier logierten. Die Wände waren mit großen Werbeplakaten westlicher Automobilfirmen bepflastert.

Wohl um uns nicht zu beunruhigen, wurde für uns eine Nachrichtensperre verhängt. Wir bekamen kein Radio, keinen Fernseher und keine Zeitung. Wohl aber Zigaretten. Nach 19 Jahren begann ich wieder zu rauchen.

Unser Ansprechpartner war Eduard, ein Este aus Tallinn. Ein gebildeter, belesener Genosse, mit dem man über nahezu alle Wissensgebiete diskutieren konnte, besonders über Literatur. Recht angetan schien er über »Offenheit gegen Offenheit« aus dem Pahl-Rugenstein-Verlag, das er gerade gelesen hatte. In diesem Buch wurden die menschlichen Schwächen in den beiden gesellschaftlichen Systemen untersucht. Bedeutende Personen der Zeitgeschichte kamen darin zur Sprache, so Martin Walser, Max Frisch, Konstantin Simonow, Juri Trifonow und andere.

In den folgenden Tagen setzten Spezialisten diverser Fachrichtungen ihre Ehre und ihr ganzes Können daran, meine Frau und mich mit einer neuen Identität auszustatten. Mitarbeiter der Vertretung machten uns mit bestimmten Verhaltenshinweisen bekannt, andere veränderten Kopf und Antlitz, weitere konfrontierten uns mit der sowjetischen Mode. Und Photographen hielten das Ganze Veränderung um Veränderung fest. Aus der kühlen, blonden Hanseatin und Hausfrau war eine schwarzgelockte Russin geworden, die zum Personal der Botschaft gehörte. Aus mir, einem eher unauffälligen, dunkelblonden Büromenschen hatte man einen rothaarigen Sibiriaken gemacht. Einige Tage später zeigte man uns unsere roten sowjetischen Pässe.

Unsere wesentliche Beschäftigung bestand in jenen Tagen darin, Vögel und kleine Nager im verschneiten Nadelwald vor unseren Fenstern zu füttern. Besonders auffällig war das von mir vorher nie gehörte nächtliche »Huuuu« eines Waldkauzes. Die Stunden verrannen unendlich langsam, die Tage wollten nicht vergehen. Die Langeweile befiel uns wie eine Krankheit.

Wir erinnerten uns unvermittelt an den ungarischen Kardinal József Mindszenty. Der Antikommunist war 1949 wegen Hochverrats zu lebenslanger Haft verurteilt und 1956 von Konterrevolutionären befreit worden. Er flüchtete sich in die Botschaft der USA, wo er 15 Jahre zubrachte. 1971 wurde ihm die Ausreise gestattet. Drei Jahre später wurde er vom Vatikan amtsenthoben und vom Apostolischen Stuhl zur Persona non grata erklärt. Vor einigen Jahren war er in Wien verstorben. Anderthalb Jahrzehnte Gast in einer Botschaft: So lange wollten wir ganz gewiss nicht bleiben. Wie hatte der das nur ausgehalten? Und die Botschaftsangestellten mit ihm? Gewiss, die werden mehrmals gewechselt haben in jenen 15 Jahren.

Die Sicherheitsbestimmungen wurden für uns immer straffer. Wir durften die Fenster nicht mehr öffnen und abends auf dem Botschaftsgelände nicht mehr flanieren, damit man uns nicht von draußen sah.

Eines Tages hieß es, wir sollten abreisen. Aber nicht zusammen. Zunächst sollte ich fahren, einige Tage später meine Frau.

Meine Autofahrt endete allerdings bereits nach wenigen Minuten. Ich kam in eine private Wohnung, eine Art Quarantänequartier für einige Tage. Es hieß, die geplante Transitreise nach Berlin müsse erst auf diplomatischen Wege beantragt und genehmigt werden. Ich würde als Magenkranker in die Charité überführt werden.

Man bat mich, im Fond des Wagens entsprechend leidend zu erscheinen. Dazu musste ich mich nicht sonderlich verstellen. Ich litt tatsächlich an einer Gastritis. Die Ereignisse waren nicht spurlos an mir vorübergegangen.

Die Fahrt in Richtung DDR-Grenze verlief ohne Besonderheiten. Probleme hätte es eventuell geben können, als unser Fahrer eine Autobahnausfahrt verpasste und auf dem Standstreifen einige Meter zurücksetzte. Die Gesten der Vorbeifahrenden waren deutlich. Problemlos auch die Grenzkontrolle in Helmstedt: Der Beamte schaute mich nicht einmal an.

In Berlin fuhren wir nicht in die Charité, sondern nach Karlshorst, wo sich bekanntlich eine Zentrale der sowjetischen Aufklärung befand. Dort blieb ich, bis auch meine Frau in Sicherheit war.

Im Westen lief die Nachricht um, dass wir uns abgesetzt hatten. Und zwar über Mallorca, Barcelona und Prag nach Ostberlin.

Das hatten meine Frau und ich am Telefon in Hamburg erzählt.

Und unsere Häscher hatten es mitgeschnitten.

Mit einem Wort: Sie wussten nichts.

Vortrag in Odense

Von Horst Vogel

In Odense fand am 17./18. November 2007 eine wissenschaftliche Konferenz statt, die sich mit der DDR-Auslandsspionage beschäftigte. Es war bereits die dritte ihrer Art nach 1994 und 2004. Sie stand unter dem Thema »Hauptverwaltung A. Geschichte, Aufgaben, Einsichten«. Am »kritischen Dialog«, zu dem das Zentrum für Studien des Kalten Krieges der Süddänischen Universität geladen hatte, nahmen Wissenschaftler, Juristen, Publizisten und Geheimdienstler aus fünf Ländern teil, alles in allem etwa 250 Interessierte.
Manfred Süß trug den nachfolgenden Beitrag in der Sektion 4 »Wissenschafts-, Technik- und Wirtschaftsspionage« vor.

Wie alle anderen Aufklärungsdienste ist auch die wissenschaftlich-technische Aufklärung der DDR eine historische Kategorie – in Zielstellung, Inhalt und Methoden von der Doktrin des Führungsanspruches der herrschenden Gesellschaftsschicht eines Staates und dem daraus resultierenden Wirken seiner Exekutivorgane bestimmt.

Die wissenschaftlich-technische Aufklärung ist historisch gesehen der jüngste Bereich des Gesamtkomplexes Aufklärungsdienst. Ihr nennenswerter Auftritt ist an die Entstehung und Entwicklung der industriellen Revolution des 19. Jahrhunderts gebunden. Seitdem ist ihre Bedeutung ständig schneller als die anderer Bereiche gewachsen. Am Ende der 90er Jahre des XX. Jahrhunderts haben die meisten Industrienationen der Welt ihren Diensten die Industriespionage sogar als Hauptbetätigungsfeld zugewiesen.

US-Präsident Clinton beispielsweise gab am 17. Januar 1993 ein Programm der nationalen Industriesicherheit heraus, das als »Basis für eine offensive Industrie- und Wirtschaftsspionage der USA« angesehen wird. Die Gemeinschaft der zehn US-Nachrichtendienste (Intelligence Community) erhielt ein Jahresbudget von 30 Milliarden Dollar. Den größten Einzelposten beanspruchte dabei die NSA (National Security Agency), die für die funktechnische Aufklärung zuständig ist, mit zehn Milliarden Doller und 140.000 Mitarbeitern. Es wird damit gerechnet, dass die USA den Kampf um

Wettbewerbsfähigkeit und Weltmarktanteile mit aller Entschlossenheit, insbesondere gegen Japan und die EU-Staaten führen werden.

Das oben erwähnte, von Clinton herausgegebene Programm hat auch in der Gegenwart seine Gültigkeit, wenn sich auch unter der Regierung von George W. Bush die Zahlenangaben deutlich verändert haben. Heute gehören der Intelligence Community 15 Geheimdienste (andere sprechen von 18) an, davon allein neun im militärischen Bereich. Die Gesamtzahl der Geheimdienstmitarbeiter wird auf 200.000 geschätzt. Die Schätzungen zum Jahresbudget belaufen sich auf 40 Milliarden Dollar, davon allein 80 Prozent für die Geheimdienste des Pentagon.

Nie zuvor in der Geschichte wurden soviel Mittel bereitgestellt und so viele Menschen in Wirtschafts- und wissenschaftlich-technische Aufklärungsaktivitäten einbezogen wie in der Gegenwart.

Politiker und Militärs, Wirtschaftsexperten und Manager, Wissenschaftler aller Forschungsgebiete, Techniker und Künstler, alle potentiell staatsstabilisierenden, gesellschafts- und wirtschaftspolitisch kreativen Kräfte werden in diesem Aufklärungsdienst integriert oder ihr Wissen für diesen Bereich abgeschöpft.

Optimisten hatten erwartet, dass mit dem Verschwinden der antagonistischen Gesellschafts- und Paktsysteme des 20. Jahrhunderts, angeführt durch die Supermächte USA und UdSSR, die Notwendigkeit der Wirtschafts- und wissenschaftlich-technischen Aufklärung in Frage gestellt werden könnte. Das Gegenteil ist der Fall. Das Virus dieses Aufklärungsbereiches breitet sich objektiv als Mittel der auf Profitstreben gerichteten Marktwirtschaft aus, ohne dass ein wirksames Gegengift gefunden werden dürfte. Die wissenschaftlich-technische Aufklärung der DDR hat in nahezu 40jähriger Tätigkeit – gegenwärtig für alle nachvollziehbar – das Machbare und die Grenzen dieses Dienstes ausgelotet.

Mit der Gründung des Außenpolitischen Nachrichtendienstes (APN) der DDR im Jahre 1951 wurde auch die Bildung einer wirtschaftlichen und wissenschaftlich-technischen Aufklärung beschlossen. Dieser Bereich war während seiner gesamten Existenz kein selbstständiger, unabhängig von anderen Diensteinheiten der Hauptverwaltung Aufklärung agierender Apparat, sondern stets ein Bereich des Außenpolitischen Nachrichtendienstes der DDR, der Hauptverwaltung A des Ministeriums für Staatssicherheit.

Als 1990 der Sektor Wissenschaftlich-Technische Aufklärung (SWT) aufgelöst wurde, betrug die Zahl der Mitarbeiter ca. 500. Die Mehrzahl hatte eine akademische Ausbildung. Es waren Menschen, die sowohl in Mannschaftsdienstgraden den II. Weltkrieg überlebt hatten, in zentralen demokratischen Verwaltungseinheiten nach 1945 tätig gewesen waren, als auch junge Kader, die später von den Hochschulen kamen und sich dort in der FDJ- und praktischen Arbeit ausgezeichnet hatten.

Was aber bewog die Leitung des Außenpolitischen Nachrichtendienstes bei ihrer ersten Zusammenkunft im Jahre 1951, auch an den Aufbau eines wissenschaftlich-technischen Nachrichtendienstes zu denken? Wir gingen von der wirtschaftlichen und wissenschaftlich-technischen Überlegenheit der USA aus.

Im Frühjahr des Jahres 1948 begannen sich in der internationalen Lage entscheidende Veränderungen abzuzeichnen. Die USA setzten nicht nur ihre bedeutenden politischen, ideologischen, militärischen und materiellen Mittel, sondern auch ihre ökonomischen und militärtechnischen Potenzen ein, um mit Beistand und Unterstützung der übrigen kapitalistischen Staaten das Wachstum der UdSSR und das sich herausbildende sozialistische Lager zurückzudrängen. Dem diente u. a. die 1948 verkündete Wirtschaftsblockade gegen die sozialistischen Staaten, deren sichtbarer Ausdruck die Schaffung des Koordinierungsausschusses für Ost-West-Handelspolitik (Cocom) war.

Die Cocom-Behörde (Coordinating Committee for East-West Trade Policy), der später alle NATO-Staaten (außer Island und Spanien) sowie Japan angehörten, sah unter der Leitung der USA die Aufgabe darin, Listen jener Waren aufzustellen, die nicht in die sozialistischen Länder exportiert werden durften. Die Listen enthielten nicht nur militärische und strategische Güter, sondern außerdem ein breites Spektrum von Produktionsmitteln, z. B. Chemieanlagen, Metallbearbeitungsmaschinen, Energieerzeugungsanlagen, Elektroausrüstungen, Transportausrüstungen, Erdölprodukte, Gummierzeugnisse, Metalle, Chemikalien usw. Somit war der Erwerb moderner technischer Einrichtungen und Apparaturen auf normalem, kommerziellem Wege für die DDR nicht möglich.

Es gehörte zum strategischen Konzept der USA, die westlichen Besatzungszonen Deutschlands in die »Politik der Stärke« einzubeziehen, der im Regierungskurs der USA 1953 als »Politik des roll back« des Sozialismus und der Doktrin der »massiven Kernwaffenvergeltung« offiziell Ausdruck verliehen wurde.

In der Adenauer-Regierung hatten sie einen willigen Helfer. Mit dem Adenauerschen Grundgedanken, lieber das halbe Deutschland ganz, als das ganze Deutschland halb, wurde jede Hoffnung auf einen Friedensvertrag mit Deutschland begraben. Der Stalinplan 1952 zur Schaffung eines neutralen deutschen Staates wurde abgelehnt.

Aus dieser Sicht war ein wirtschaftlicher und wissenschaftlich-technischer Dienst der DDR zur Erhaltung des Friedens, der Verhinderung eines militärischen Überraschungsmomentes und der Abwendung bzw. Minimierung der Folgen der Embargopolitik und des Wirtschaftskrieges objektiv notwendig.

Letztlich waren die Leidtragenden dieser Wirtschafts- und Embargopolitik die Menschen im Land. Negative Auswirkungen zeigten sich in der Entwicklung der Konsumgüterindustrie und der Erhöhung der Kosten der Produktion. Es war ein Anliegen der wissenschaftlich-technischen Aufklärung, diesen Schaden zu minimieren.

So ist zu verstehen, warum die DDR einen so großen wissenschaftlich-technischen Aufklärungsapparat besaß. Dabei ist zu berücksichtigen, dass in den kapitalistischen Industriestaaten, außer den zentralen Aufklärungsdiensten, jeder Konzern eigene Industriespionage betrieb, was in den volkseigenen Kombinaten nicht der Fall war. Aus diesen grundsätzlichen Überlegungen entstand relativ schnell eine Aufgabenstellung für den wissenschaftlich-technischen Nachrichtendienst, die im Verlauf der Arbeit präzisiert wurde und für die gesamte Zeit der Tätigkeit dieses Dienstes Gültigkeit behielt:

1. Beschaffung von geheimen Informationen über die in der BRD durchgeführten und geplanten Forschungen und Entwicklungen auf Gebieten, deren Ergebnisse direkt oder indirekt bei kriegerischen Handlungen zur Erlangung eines taktischen Vorteils geführt hätten, insbesondere solche Forschungen auf dem Gebiet des ABC-Waffenpotentials und der Vervollkommnung traditioneller Waffensysteme.

2. Beschaffung von Informationen über Neuentstandenes in Wissenschaft und Technik. Besonderes Augenmerk galt Gebieten, auf denen die DDR und ihre Verbündeten von der internationalen

Arbeitsteilung und dem internationalen Handel ausgeschlossen waren.

3. Beschaffung von Informationen über die Vervollkommnung vorhandener Produkte, einschließlich der Rationalisierung der Produktionsabläufe.

4. Beschaffung von technischem Gerät und Ausrüstungen, die laut Embargobestimmungen nicht in die DDR geliefert werden durften. Hier nur solche, die von den zuständigen Außenhandelsorganisationen nicht beschafft werden konnten. Wir liefen dabei bei den zuständigen Stellen als »SBO« (Sonderbeschaffungsorgane). Realisiert wurde diese Aufgabe u. a. mit Hilfe von abgedeckten privaten Firmen und Gesellschaften. Für die Finanzierung waren die Auftraggeber zuständig.

5. Beschaffung von geheimen Informationen aus den federführenden Wirtschaftsverbänden und Wirtschaftsinstitutionen, aus dem Management der wichtigsten Konzerne und Banken über Zielrichtung, Inhalt und Methoden der künftigen Wirtschaftsgestaltung der BRD unter besonderer Berücksichtigung der Versuche des Zurückdrängens des Sozialismus.

Vor allem in der Anfangsphase war es ein Problem, dem dringendsten Bedarf gerecht zu werden. Zunehmend wurden unsere Möglichkeiten immer besser und es ging jetzt um die richtige Orientierung der Kundschafter im Einsatzgebiet. Parteibeschlüsse und der Volkswirtschaftsplan waren der Ausgangspunkt unserer Arbeit. Gute Orientierungen erhielten wir von den Fachministern. Erwähnenswert sind an dieser Stelle der Leiter der Abteilung Forschung und technische Entwicklung im ZK der SED, Herrman Pöschel, und der Minister für Wissenschaft und Technik der DDR, Dr. Dr. h. c. Herbert Weiz.

Wesentlich für die Ausrichtung unserer Arbeit waren unsere engen Beziehungen zu den Generaldirektoren und Forschungsleitern der Kombinate vor allem auf den Gebieten der Elektronik, Chemie und des Maschinenbaus. Wir waren genau darüber informiert, wo sie der Schuh drückt.

Für die Prioritäten der wissenschaftlich-technischen Aufklärung war der Kalte Krieg das bestimmende Element. In welche Richtung die Entwicklung verlaufen würde, war nicht vorhersehbar. Ein neuer Krieg im Zeitalter der Atom- und Wasserstoffbombe war trotz weltweiter Proteste nicht auszuschließen. Der wissenschaftlich-technische Dienst der DDR tastete sich an die sich daraus ergebenden Aufgaben heran.

Es musste davon ausgegangen werden, dass die BRD im Rahmen des NATO-Bündnisses einen konkreten militärischen Beitrag auf solchen Gebieten anbieten würde, auf denen im 2. Weltkrieg Vorarbeiten geleistet wurden. Dafür schienen der wissenschaftlich-technischen Aufklärung der DDR Forschungen und Weiterentwicklungen der BRD zu Detailproblemen der ABC-Waffen (atomare, biologische und chemische Waffen) und des Maschinen- und Flugzeugbaus relevant.

Aus diesen Gründen wurde unserer Arbeit zunächst in Fragen der Entwicklung der Atomenergie in der BRD der Hauptstellenwert eingeräumt. Würde die BRD sich an der Atombomben-Weiterentwicklung beteiligen oder gar eigene Bomben entwickeln? Das war eine wichtige Frage, nachdem Kanzler Adenauer bereits in den 50er Jahren gefordert hatte, Deutschland müsse selbst A-Bomben haben, und nachdem im Zusammenhang mit den Ungarnereignissen 1956 immer mehr Militärs massiv gefordert hatten, die Bundeswehr atomar zu bewaffnen.

Es gelang bis Ende der 60er Jahre und darüber hinaus dem wissenschaftlich-technischen Dienst der DDR durch konzentrierte Arbeit, »Quellen« in den Hauptzentren der Kernenergieforschung der BRD zu plazieren bzw. durch Abschöpfung die Kenntnisse über die Situation zu vervollkommnen. Es gab bis zu diesem Zeitpunkt kein nennenswertes Institut, keinen Energiekonzern und keine wichtige Grundlagenforschungseinrichtung der Atomphysik in der BRD, über die die Aufklärung nicht relativ gut Bescheid wusste.

Der Atomphysiker Prof. Fuchs, Dresden, Miterbauer der Atom-Bombe in den USA und England, Kundschafter für die UdSSR, kam aufgrund seines profunden eigenen Wissens Ende der 60er Jahre zu der Einschätzung, dass die BRD sehr wohl technisch, technologisch und personell in der Lage sei, eigene Bomben zu produzieren. Unsere Erkenntnisse führten aber zu der Einschätzung, dass eine solche Produktion nicht versucht wurde. Es wurde auf die USA-Präsenz gesetzt. Das war ein wichtiges Ergebnis unserer Arbeit.

Im Zusammenhang mit der Dynamik von Wissenschaft und Technik wuchsen in der DDR die Erkenntnisse über die neuen Anforderungen zur planmäßigen Entwicklung einer eigenen starken Volkswirtschaft, die vom wissenschaftlich-technischen Fortschritt geprägt wird. Die politische Stellung der DDR im internationalen Maßstab und die bisher positiven Ergebnisse der DDR-Wissenschaftsaufklärung führten, ebenso wie die Erkenntnisse über die fortdauernden Versuche zur Schaffung neuer Waffensysteme in beiden konträren militärischen Paktsystemen, Ende der 60er Jahre zur Aufwertung der wissenschaftlich-technischen Aufklärung.

1971 wurde aus der Abteilung V der HV A des MfS der Sektor Wissenschaft und Technik gebildet. Der Sektor Wissenschaft und Technik (SWT) gliederte sich in vier Abteilungen und drei Arbeitsgruppen:

Abteilung XIII
Beschaffung von Informationen zu Forschung, Entwicklung und Produktion für die Bereiche Chemie, Biologie, Geologie, Medizin, Kernphysik, Agrarwissenschaften, Gentechnologie und Energieerzeugung.

Abteilung XIV
Beschaffung von Informationen zu Forschung, Entwicklung und Produktion von Elektronik und Elektrotechnik für die Bereiche Mikroelektronik, Optoelektronik, zivile und militärische Fernmeldetechnik, Datenverarbeitungstechnik und Software, Feinmechanik, Optik und wissenschaftlicher Gerätebau.

Abteilung XV
Beschaffung von Informationen zur Forschung, Entwicklung und Produktion der Rüstungstechnik für die Bereiche Luft- und Raumfahrt, Schiffs- und Fahrzeug-, Maschinen- und Anlagenbau.

Abteilung V
Auswertung der beschafften Informationen in der Volkswirtschaft, den Wissenschaftsorganisationen und in den bewaffneten Organen der DDR. Erarbeitung von Aufgabenstellungen für die operativen Diensteinheiten.

Arbeitsgruppe 1
Beschaffung von Informationen unter Nutzung von Botschaften der DDR und anderen Institutionen im kapitalistischen Ausland. Schaffung von legalen Residenturen.

Arbeitsgruppe 3
Beschaffung von Mustern westlicher Militärtechnik. Zur Einschätzung der westlichen Militärtechnik war es notwendig, Muster ihrer Waffen zu besitzen, um Stärken und Schwachstellen einzuschätzen.

Arbeitsgruppe 5
Nutzung von Positionen in der DDR für die nachrichtendienstliche Arbeit.

Bei dieser Struktur gingen wir davon aus, dass für wirtschaftspolitische Fragen nicht der Sektor allein zuständig ist. Aufklärung der gegen die DDR gerichteten Maßnahmen auf wirtschaftspolitischem Gebiet musste sowohl in den Ministerien und in den Parteien der BRD als auch in den Konzernspitzen geschehen. Für Ministerien und Parteien waren andere Diensteinheiten der HV A zuständig. SWT waren Objekte wie der Bundesverband der deutschen Industrie (BDI), der Bundesverband der deutschen Arbeitgeberverbände (BDA), der Deutsche Industrie- und Handelstag, Großbanken u. a. zugeordnet.

In den Bezirksverwaltungen des MfS gab es Abteilungen XV, die für die Aufklärung zuständig waren. Einige von ihnen hatten eine Linie C, die sich unter Nutzung der Möglichkeiten, die in den Bezirken vorhanden waren, mit der wissenschaftlich-technischen Aufklärung beschäftigten. Sie hatten vielfach sehr gute Erfolge aufzuweisen. Stellvertretend seien die Bezirksverwaltungen Berlin, Karl-Marx-Stadt, Halle und Leipzig genannt.

Auch die Diensteinheiten der Abwehr des MfS nutzten gegebene Möglichkeiten, um zu wissenschaftlich-technischen Informationen zu gelangen. Besonders hervorzuheben sind hier die Hauptabteilung XVIII (Sicherung der Volkswirtschaft) und die Hauptabteilung I (Abwehrdiensteinheit in der NVA).

Vom ersten Tage an hatte die Aufklärung sowjetische Berater an ihrer Seite. Später wurde ihnen die Funktion von Verbindungsoffizieren zugewiesen. Im SWT war immer ein für die Diensteinheit eigener Offizier zuständig. Sie qualifizierten ihre Informationsschwerpunkte, nahmen unsere Informationswünsche zur Kenntnis und waren für den Informationsaustausch DDR-UdSSR vor Ort zuständig. Darüber hinaus fanden sowohl in Moskau als auch in Berlin Konsultationen statt.

W. J. Krjutschkow, Mitglied des Politbüros der KPdSU und langjähriger Vorsitzender des Komitees für Staatssicherheit der Sowjetunion (KfS) schrieb zu dieser Zusammenarbeit: »Dies fand seinen Ausdruck in dem riesigen Beitrag, den unsere Kampfgefährten – die Aufklärer der DDR – zur Stärkung des sowjetischen Staates leisteten, zur Entwicklung seiner Wirtschaft, Wissenschaft, Verteidigungsbereitschaft. Ganze Zweige der Wirtschaft, Wissenschaft entwickelten sich bei uns in bedeutendem Maße dank der Anstrengungen der deutschen Freunde aus der Aufklärung. Materialien aus der Grundlagenforschung, neueste Technologien, technische Muster wurden uns kostenlos und im Rahmen unserer Zusammenarbeit überlassen. In den Jahrzehnten der Zusammenarbeit erhielten wir, wenn man das in Geld ausdrücken will, von unseren Freunden Schätze in Dutzenden Milliarden Dollar.«

Die bewusste Forcierung des wissenschaftlich-technischen Fortschritts in der ersten Hälfte der 70er Jahre brachte eine gewisse Stabilität in der DDR. Die Produktion stieg 1970-1975 um 30 Prozent. Die DDR hatte seit längerem den höchsten Lebensstandard in den sozialistischen Ländern.

In den Jahren 1977-1979 allerdings stagnierte der wirtschaftliche Fortschritt. Trotz großer Anstrengungen war die Weltwirtschafts- und Rohstoffkrise nicht ohne Einfluss geblieben. Die Verschuldung an westliche Banken betrug fünf Milliarden Dollar.

Die Arbeit der wissenschaftlich-technischen Aufklärung blieb von diesen Schwankungen der 60er/70er Jahren unbeeinflusst. Sie blieb der Marschroute treu, dass die DDR anstreben muss, auf einigen ausgewählten Gebieten das technische Niveau von Produktion und neuer Technologie im Weltmaßstab mitzubestimmen. Die Hauptaufgabe der wissenschaftlich-technischen Aufklärung in dieser Periode war die Unterstützung dieser Zielstellung.

Ihre Informationen mussten aus den Hightech-Zweigen wie Mikroelektronik, Automatisierungstechnik und moderne chemische Verfahren kommen. Anfang der 70er Jahre trat in den Beziehungen der europäischen Länder, insbesondere zwischen denjenigen, die den konträren Paktsystemen angehörten, eine gewisse Entspannung ein. Der zwischen ihnen gefundene Kompromiß in den Beziehungen und der Wille, die Entspannung weiter voranzutreiben, fanden in der Schlussakte der Konferenz über Sicherheit und Zusammenarbeit in Europa (KSZE) 1975 ihren sichtbaren Ausdruck.

Auch in die Beziehungen zwischen der DDR und der BRD kam mit der Regierungsübernahme von Brandt 1969 politische Bewegung, nachdem klar geworden war, dass Brandt es mit der Entspannungspolitik ernst meinte. 1971 wurde das Berlin-Abkommen und 1972 der für die innerdeutschen Beziehungen wichtige Grundlagenvertrag zwischen der DDR und der BRD unterzeichnet. Das blieb nicht ohne Einfluss auf die Wirtschaftsbeziehungen zwischen den Wirtschaftssystemen.

Für die wissenschaftlich-technische Aufklärung erweiterten sich durch die Tendenz zur Politik der friedlichen Koexistenz die Arbeitsmöglichkeiten. Inhaltlich blieb der Grundkonsens unserer Arbeit der Gleiche: eine umfassende Einheit der Beschaffung
- von geheimen militärtechnischen Informationen,
- die Aufklärung künftiger Wirtschaftsstrategien und Richtungen industrieller Investitionen und
- die Beschaffung von Unterlagen, Dokumenten, Hard- und Software über die neuesten Ergebnisse der wissenschaftlich-technischen Revolution.

Mitte der 70er Jahre verlagerte sich der Schwerpunkt der Konfrontation mehr als bisher auf den Bereich der Wirtschaft. Diese Maßnahmen waren umfassender als gemeinhin immer angenommen wird. Sie bekamen zusätzliches Gewicht durch ein nahezu einheitliches Vorgehen der in den letzten Jahren politisch und wirtschaftlich gefestigten Europäischen Gemeinschaft.

Zur Hauptform des kapitalistischen Wirtschaftskrieges gegen die DDR gehörte das breit angelegte Embargo für Lieferungen von Technik und den Verkauf von Lizenzen im Bereich Elektronik, Automatisierungstechnik, Chemieanlagenbau und Verarbeitung von Rohstoffen. Die Cocom-Liste wurde nicht nur erweitert, sondern aus dem bisherigen Konsultationsgremium wurde eine handelspolitische Behörde mit bindenden Entscheidungs- und Kontrollrechten. Für die Diensteinheiten des SWT ergaben sich daraus auch Aufgaben zur Umgehung der Embargopolitik.

Um die Resultate und die Erfolge bei der Erfüllung der von der Volkswirtschaft aufgegebenen Unterstützungen aufzuzeigen, sollen nachfolgend eine Reihe der Gebiete genannt werden, auf denen SWT gearbeitet und die Wirtschaftsstrategie der DDR erfolgreich unterstützt hat.

Wie bereits dargestellt, wurden durch die Aufklärung der Atomforschung in der BRD wesentliche Grundlagen für eine gesicherte technische Umsetzung einer friedensbezogenen Atomforschung im Rahmen der DDR und ihrer Verbündeten gegeben.

Ebenfalls für friedenssichernde Schritte der Industrieentwicklung in der DDR wurden fundierte Informationen über die Planung und über Projekte der Luftrüstung der BRD, über die Flugzeuge »Starfighter« und »F16«, über Forschungsprojekte für einen Senkrechtstarter und zu den Hubschraubern BO 105 V2 und BO 115 übergeben.

Von entsprechend großer Bedeutung waren Informationen auch zu weiterem Kriegsgerät, z. B. über den Kampfpanzerbau und Kriegsschiffbau, hier vor allem über Schnellboote, U-Boote und Minenräumtechnik.

Für die Metallurgie der DDR wurden z. B. Informationen über modernste Elektronenstrahl-Mehrkammeröfen und für die Technologie des Sauerstoffaufblasverfahrens in der Stahlindustrie übergeben und dadurch die Produktion von hochveredelten Stahl- und anderen Erzeugnissen ermöglicht.

Im Maschinenbau wurden Planvorhaben der Forschung und Entwicklung und von Investitionen u. a. für Verbrennungsmotoren, Glasvliesprojekte und industrielle Keramikerzeugnisse mit sehr gutem Erfolg unterstützt.

Umfassend waren auch die Maßnahmen zur Unterstützung der chemischen Industrie angelegt. In diesem Volkswirtschaftsbereich waren nach dem 2. Weltkrieg auf Grund der Kriegszerstörungen und der Reparationen nur veraltete und in der Funktion eingeschränkte Anlagen vorhanden. Darüber hinaus gab es auf dem Gebiet der DDR nur wenig Rohstoffe, kaum Erze und Steinkohle. Der SWT konzentrierte sich auf die Informationsbereitstellung für viele Gebiete der chemischen Industrie und leistete erfolgreich Unterstützung für die Braunkohleverarbeitung, die Verarbeitung von Synthesegas, die Erdölraffinerie und -spaltung, die Entwicklung neuester Plastwerkstoffe vielfältiger Art und die Pharmazie. Ein wichtiges Beispiel ist das Synthesewerk Schwarzheide mit einer außerordentlich breiten Palette von Polyurethanerzeugnissen.

Von besonderer Bedeutung für die gesamte Tätigkeit sind die Erfolge auf den Gebieten der Elektrotechnik, Elektronik und Mikroelektronik.

Die Beschaffung von Informationen auf diesen Gebieten war von Anfang an ein wesentliches Anliegen der wissenschaftlich-technischen Aufklärung der DDR. Seit jeher hatte die elektronische Industrie in der DDR einen hohen Stellenwert, sowohl hinsichtlich ihrer Tradition als auch in Bezug auf ihren hohen Anteil an der gesamten Industrieproduktion.

Das Ziel bestand in der Unterstützung ihrer Entwicklung, der Erhöhung der Produktivität und der technologischen Effektivität sowie in der Orientierung auf neue Entwicklungsrichtungen und moderne Erzeugnisse. So waren Informationen aus allen führenden Forschungs- und Entwicklungsbereichen der Industrieländer der Welt gefragt. In den ersten Jahren der Arbeit ging es vor allem darum, in entsprechenden Objekten Fuß zu fassen und Positionen aufzubauen, die in den Folgejahren wirksam werden konnten.

Bis Mitte der 60er Jahre waren der Elektromaschinenbau, die Kabelherstellung, die Starkstromtechnik, die Feinmechanik und Optik und die Nachrichtenindustrie die Schwerpunkte. In den Jahren danach rückten die strategischen Gebiete der Elektronik, vor allem der elektronischen Datenverarbeitung, der Mikroelektronik und der digitalen Nachrichtentechnik in den Mittelpunkt der Wirtschaftspolitik der DDR und wurden damit auch zu Schwerpunkten der Informationsbeschaffung der wissenschaftlich-technischen Aufklärung.

Auf diesen Gebieten erfolgte dann auch die umfangreichste Unterstützung:
- Sehr weitgehend wurde die Entwicklung und Produktionsüberleitung von EDV-Anlagen, Erzeugnissen der Prozessrechentechnik, des Personal-Computer-Programms und von Festplattenspeichern unterstützt sowohl mit Hardware als auch hinsichtlich der Software;
- alle entscheidenden Erzeugnis- und Technologie-Entwicklungen auf dem sich ständig erweiternden Gebiet der Mikroelektronik wurden durch SWT-Informationen zielgerichtet unterstützt und rasche und verlustarme Produktionsüberleitungen auf der Basis dieser SWT-Materialien überhaupt ermöglicht. Das betrifft z. B. die Mikroprozessorentwicklung, die Produktionseinführung leistungsfähiger Speicherschaltkreise und optoelektronischer Bauelemente sowie die Bereitstellung technologischer Spezialausrüstungen;
- selbst auf dem Gebiet der Grundlagenforschung hat der SWT zur Entwicklung einer neuen Technologie zur Herstellung von Submikrometerstrukturen erfolgreich beigetragen. Allerdings mussten diese Ergebnisse auf Grund der fehlenden Investitionskraft der DDR anderen dringenden Mikroelektronikvorhaben nachstehen;

- zur Neuentwicklung und Modernisierung der traditionellen Produktion von Telefon-Vermittlungseinrichtungen in Richtung der digitalen Vermittlungstechnik wurden umfassend Entscheidungsdokumente, Informationen und auch umfangreiche Muster bereitgestellt. Als weitere Bespiele sollen die Unterstützungen für den Aufbau moderner Übertragungsstrecken und die elektronische Paketvermittlung für Rechnernetze genannt werden.

Der sich aus allen diesen Unterstützungen der wissenschaftlich-technischen Aufklärung ergebende ökonomische Nutzen wird nachfolgend noch dargestellt.

Die Auswertung wissenschaftlich-technischer Informationen

Um durch die von den operativen Diensteinheiten beschafften Informationen einen effektiven Nutzen zu erzielen, mussten sie in einer geeigneten Form ausgewertet und einem Anwender zugestellt werden. Im Unterschied zu den meisten anderen von einem Nachrichtendienst beschafften Informationen politischen, militärischen oder geheimdienstlichen Inhalts, die zumeist in den Struktureinheiten des eigenen Dienstes ausgewertet und in komprimierter Form den entsprechenden staatlichen oder militärischen Empfängern zur Verfügung gestellt werden, erfordert die Auswertung wissenschaftlich-technischer Informationen völlig andere Arbeitsweisen und Strukturen, die sich auf eine breite Basis von Fachkräften in vielen volkswirtschaftlichen Bereichen stützen.

Diese Strukturen waren in der Praxis kein starres Gebilde und wurden in Abhängigkeit von den Anforderungen im Verlauf der Zeit ständig verändert und vervollkommnet.

Gegenständlich waren die wissenschaftlich-technischen Informationen nicht einheitlich. Sie bestanden zum Beispiel aus:
- Berichten, Analysen, Informationen zu Forschungsergebnissen
- verfahrenstechnischen Unterlagen, Konstruktionsplänen und Ausrüstungen
- Software
- Produkt- und Labormustern
- Wirtschafts- und Unternehmensinformationen
- militärtechnischen Informationen und Mustern

Die Empfänger/Nutzer waren in der Regel die Industrieministerien, Kombinate und wissenschaftlichen bzw. Forschungszentren und militärischen Einrichtungen. Um dort die Informationen einer effektiven und sicheren Auswertung zuzuführen, wurde bereits Mitte der 50er Jahre eine eigene Diensteinheit im Ministerium für Staatssicherheit geschaffen, der diese Aufgabe übertragen wurde.

Da die Gewährleistung maximaler Sicherheit der Quellen stets oberste Priorität hatte, wurde der Neutralisation der Informationen größte Aufmerksamkeit gewidmet. Unter großem Aufwand wurden die Informationen zum Teil neu abgefaßt und geschrieben, Zeichnungen und andere Dokumente neu erstellt und Embargowaren neutralisiert.

Aus konspirativen Gründen wurden die Auswertungstätigkeit und die Arbeit der Aufklärungsbereiche getrennt gehalten, was bis zum Ende der HV A 1990 beibehalten wurde. Ausnahmen zu dieser strikten Trennung gab es nur in wenigen Fällen.

Alle operativ beschafften wissenschaftlich-technischen Informationen, Dokumente und Muster wurden schnellstmöglich den zuständigen Fachbereichen in Forschung und Industrie bzw. militärischen Einrichtungen zur Auswertung und Nutzung übergeben.

Das setzte voraus, dass rechtzeitig Fachkräfte ausgewählt wurden, die für hohe politische Verantwortung und fachliche Qualifikationen bekannt waren. Sie wurden für die Auswertung besonders verpflichtet. In der Regel waren die besten Fachleute und viele Führungskader eben diese Auswerter, denen die vertraulichen, oftmals geheimen wissenschaftlich-technischen Informationen übergeben wurden. Die auswertende Fachkraft vollzog und verantwortete die Nutzung der zugegangenen Informationen für den eigenen Arbeitsprozess und entsprechend ihrem Verantwortungsbereich.

Die solide und fachlich fundierte Tätigkeit der Auswerter war von grundlegender Bedeutung für eine jahrelange vertrauensvolle Zusammenarbeit mit vielen Führungskräften in Industrie und Forschung bis hin zu den Generaldirektoren der Kombinate und den Fachministern. Damit wurden vielfach Auswertungsergebnisse direkt in die Leitungsabläufe einbezogen und wichtige, vor allem perspektivische Entscheidungen mit volkswirtschaftlicher Tragweite untersetzt bzw. überhaupt erst ermöglicht.

Informationsbedarf und Aufgabenstellungen

Im SWT galt als Arbeitsgrundsatz, die Quellen so konkret wie möglich auf die von der DDR benötigten Informationen zu konzentrieren. Dazu mussten in hoher Qualität Aufgabenstellungen an die Quellen gegeben werden, die in folgenden zwei Schritten vorbereitet wurden:

1. Ausarbeitung und fortlaufende Aktualisierung eines Beschaffungskatalogs über die wissenschaftlichen und technischen Themenkomplexe und Einzelthemen, an denen Kombinate und andere volkswirtschaftliche Einrichtungen auf Grund ihrer Planaufgaben interessiert waren. Diese Themen wurden über die Auswertungsgruppen zusammen mit den Fachkräften der Forschung und Industrie zusammengestellt. Der Katalog diente einer ersten Orientierung der Quellen, wodurch erreicht wurde, dass sowohl Zukunftstechnologien und strategische Entwicklungsvorhaben als auch ökonomische Interessen im Mittelpunkt der Tätigkeit der Quellen standen. Rückfragen und Vorschläge aus den Bereichen der Beschaffung wurden zügig auf der Ebene der zuständigen Abteilungsleiter geklärt.

2. Erarbeitung gezielter und ganz konkreter Aufgabenstellungen, abgeleitet aus dem Beschaffungskatalog oder aus den Informationen der Quellen, wenn ihre Angebote den Zielvorstellungen der DDR entsprachen.

Die Auswerter haben zusammen mit den Spezialisten eine Bewertung der Information mit einer Art Notensystem von 1 bis 5 vorgenommen. Diese Bewertung war auch ein Qualitätsnachweis für die Quellentätigkeit und diente zusammen mit einer Texteinschätzung der weiteren Beschaffungsorientierung und der Konzentration auf Schwerpunkte.

Mit diesen Arbeitsschritten entstanden Urbelege über Inhalt und Qualität des Materials, die EDV-gerecht in Kopplung mit einem speziell auf die Bedürfnisse der Auswertung zugeschnittenen Thesaurus geführt und gespeichert wurden.

Am Ende eines Planjahres wurde in den Auswertungsgruppen eine Nutzensberechnung erstellt, die zum Ausdruck brachte, welcher ökonomische Nutzen durch die Einbeziehung der operativ beschafften Informationen in die eigene Arbeit des betreffenden Fachgebietes eingebracht werden konnte. Dieser Jahresnutzen musste in schriftlicher Form durch die zuständigen Leiter, oftmals durch die Kombinationsdirektoren oder auch durch den zuständigen Industrieminister bestätigt werden.

Das wurde in allen Industrie- und Forschungsbereichen durchgeführt. Die Höhe dieser ökonomischen Vergleichswerte war beachtlich und erweiterte sich in den 70er und 80er Jahren beträchtlich. Sie betrug bereits in den 70er Jahren ca. 300 Millionen Mark der DDR. Trotz immer strengerer Bewertungsmaßstäbe und Abrechnungskriterien erhöhte sich dieses Ergebnis von Jahr zu Jahr und erreichte in den letzten Jahren mehr als 1,5 Milliarden Mark der DDR.

Dieser Nutzen bedeutet, dass bei alleiniger, isolierter Forschungs- und Entwicklungsarbeit in den Bereichen der DDR eine Größenordnung von mehreren Tausend Mannjahren aufzubringen gewesen wäre. Diese gewaltige Kapazität stand der Wirtschaftskraft der DDR nicht zur Verfügung und wurde ausschließlich durch die Arbeit des SWT kompensiert. An diesem Effekt wurde der SWT Jahr für Jahr volkswirtschaftlich bewertet.

Nicht Weniges, meist Abwertendes, Negierendes ist über die Arbeit der wissenschaftlich-technischen Aufklärung der DDR geschrieben worden. Grundtenor bei einer ersten Gruppe von Autoren ist es, Zweifel am Wert dieser Tätigkeit zu erzeugen oder ihre Nützlichkeit überhaupt zu leugnen. Eine zweite Reihe von Veröffentlichungen hat das Ziel, unsere Tätigkeit von der moralisch-ethischen Seiten her zu diffamieren.

Wir stellen denen, die ihr Ohr für solche Angriffe öffnen, die Frage entgegen, welche moralisch-ethischen Werte besaßen diese Kalten Krieger, die mit ihren Embargobeschlüssen, mit der Abkopplung sozialistischer Länder vom Wissenstransfer und von der internationalen Arbeitsteilung in erster Linie Hunderte Millionen einfache Menschen getroffen haben. Diese Beschlüsse gehen weit über moralische Wertmaßstäbe hinaus.

Wir haben versucht, die uns aufgezwungenen Beschränkungen durch die westlichen Regierungen für unsere Bevölkerung zu lindern. Wir waren nicht angetreten, die Wirtschaft der DDR zu retten. Unsere Aufgabe bestand darin, für die Sicherheit der DDR an unserem Arbeitsabschnitt zu sorgen und, wie am Anfang beschrieben, dafür unser Bestes zu geben.

Auf die dabei erzielten großen Ergebnisse sind wir stolz!

Moralisch-ethisch bedenklich?

Für manch einen mag der Weg zur Erlangung von zivilen und militärtechnischen Informationen und Embargowaren nicht in das eigene Wertebewusstsein passen. Das muss man hinnehmen. Für das gesellschaftliche Ganze sieht das anders aus, nicht erst in der Gegenwart! Für diejenigen, die z. B. aus christlicher Sicht den Kopf wiegen, sei nur darauf verwiesen, dass die katholische Kirche und ihre Orden über viele Jahrhunderte effektive Geheimdienste unterhielten. Die Entwicklung der kapitalistischen Gesellschaftsordnung war angefüllt mit hunderttausendfachem Ausforschen eines Produzenten durch den anderen, eines Wissenschaftlers durch den anderen.

Und die Krone setzen dem ganzen wohl die USA mit ihren weltumspannenden elektronischen und sonstigen Nachrichtensystemen auf. Beinahe lückenlos werden wissenschaftliche und technische Neuerungen der ganzen Welt erfasst. Auch vor eigenen Bündnispartnern wird nicht Halt gemacht. Es werden ökonomische und politische Informationen aus allen Gesellschaftsbereichen zusammengetragen, Vertragsabschlüsse über Geschäfte zum eigenen Nutzen analysiert, ja sogar weltweit unter dem Vorwand der Terrorismusbekämpfung die Banküberweisungen aufgearbeitet und damit das Bankgeheimnis mit Füßen getreten. Das müßte jeder ehrliche, objektiv denkende Mensch unbedingt bei der gesellschaftlichen Bewertung unserer vergangenen Arbeit beachten.

Autoren, die über den Sektor Wissenschaft und Technik schreiben, standen für ihre Veröffentlichungen wenige authentische Unterlagen zur Verfügung, da wir alles Material zu Wendezeiten gründlich vernichtet haben. Die Gehässigkeiten, die Verdrehung von Tatsachen und durch nichts abgesicherten Schlussfolgerungen in diesen Schriften entspringen aber tatsächlich nicht dem Mangel an Originalunterlagen. Sie sind einfach die Fortführung der Methoden des Kalten Krieges im Geiste des Antikommunismus. Wie alle anderen Aufklärungsdienste ist auch die wissenschaftlich-technische Aufklärung der DDR eine historische Kategorie – in Zielstellung, Inhalt und Methoden von den Doktrinen des Führungsanspruches der herrschenden Gesellschaftsschicht eines Staates und dem daraus resultierenden Wirken seiner Exekutivorgane bestimmt.

Diskussion und Fragen zur Sektion 4

Frage Dr. Armin Wagner:
Dr. Wagner behauptet in seiner Replik, dass die operativen Verbindungen von SWT vorwiegend auf materieller Basis geführt wurden. Nach Erkenntnissen der Birthler-Behörde seien 90 Prozent der Quellen der HV A auf der Grundlage materieller Interessen geworben und geführt worden.

Antwort Dr. Kristie Macrakis:
Sie widerspricht Dr. Wagner und weist darauf hin, dass nach ihren Forschungsergebnissen über die Arbeit des SWT mindestens 50 Prozent der Quellen ideologisch motiviert waren.

Antwort Manfred Süß:
Bis auf geringe Ausnahmen waren die Quellen des SWT durchaus ideologisch motiviert. Natürlich wurde in der Regel ihr Aufwand an Zeit und Geld finanziell ausgeglichen.

Frage Matthias Uhl:
Es wird um weitere Ausführungen zur Umsetzung beschaffter Informationen gebeten. Es bestünden Zweifel daran, dass der Nutzen tatsächlich so groß war, wie im Vortrag dargelegt. Aufklärungsergebnisse waren in der DDR-Wirtschaft z. T. nicht umsetzbar, wegen der technologischen Rückständigkeit.

Antwort Manfred Süß:
Die im Vortrag genannten Zahlen zum finanziellen Nutzen entsprechen der Realität. Sie stützen sich auf Dokumente und Aussagen von Wissenschaftlern, Kombinats-Direktoren und Fachministern der DDR. Der Nutzen ist auch an der Realisierung zahlreicher technischer Entwicklungen, Projekte und Anlagen nachvollziehbar.

Wenn Informationen nicht in das aktuelle Profil der DDR-Wirtschaft passten, wurden sie in einem elektronischen Datenspeicher des SWT erfaßt. Mit Hilfe eines eigens von SWT entwickelten Thesaurus waren sie bei später entstehendem Bedarf schnell auffindbar, dafür gibt es zahlreiche Beispiele. Nur in Einzelfällen wurden Beschaffungsmöglichkeiten von Informationen abgebrochen, wenn sie absolut nicht in das Profil der DDR-Wirtschaft passten. Die Rate der tatsächlich verwerteten Informationen war außerordentlich hoch.

Frage:
Es wird um Erläuterungen zur Zusammenarbeit mit dem sowjetischen Nachrichtendienst gebeten.

Antwort Manfred Süß:
Der Informationsaustausch basierte auf einer Vereinbarung zwischen den Regierungen der UdSSR und der DDR. Die interessierenden Themen wurden bei regelmäßigen Zusammenkünften der verantwortlichen Leiter, abwechselnd in Moskau und Berlin, erläutert und beraten. Vor Ort in Berlin wurden diese Themen regelmäßig mit den Verbindungsoffizieren des KGB weiter abgestimmt.

Der Informationsaustausch war niemals eine Einbahnstraße. Es wurde auf Qualität und Quantität der beiderseitig bereitgestellten Informationen geachtet. Es gab niemals einen Automatismus bei den zu übergebenden Informationen. Welche Materialien weitergeleitet wurden, unterlag unserer Entscheidung.

Folgende Informationskomplexe wurden nicht an Moskau weitergeleitet:
- soweit Themen betroffen waren, für deren Realisierung die DDR laut Festlegungen im RGW die Alleinverantwortung trug;
- Informationen, aus denen die Quelle ersichtlich war. Wenn notwendig, erfolgte die Weiterleitung nur in einer aus Quellenschutzgründen stark überarbeiteten Form.

Quellenschutz war für die Weiterleitung von Informationen das oberste Prinzip. Es wurde peinlichst darauf geachtet, dass die Partner keinen Einblick in den Quellenbestand des SWT bekamen.

Die Kontinuität des US-Imperialismus

Von Rainer Rupp*

> Wer die Vergangenheit nicht kennt,
> versteht die Gegenwart nicht,
> wer die Gegenwart nicht versteht,
> dem bleibt die Zukunft verschlossen.

Die aktuellen Versuche der USA, ihr Imperium zu festigen und über die ganze Welt auszudehnen, sind nicht neu. Sie wurden lediglich durch die Existenz der Sowjetunion gebremst und insbesondere während des Kalten Krieges blockiert. Der dem System immanente Drang zur Expansion setzte sich sofort nach Ende des Kalten Krieges wieder durch, weshalb es berechtigt ist, von der Kontinuität der US-amerikanischen Imperialpolitik zu sprechen.

Die Überzeugung, dass die USA als einziger Staat stets auf der Seite der Engel für das Gute in der Welt kämpfen, ist so alt wie die Vereinigten Staaten selbst. Das Konzept eines »Imperiums des Guten«, das nicht auf Nordamerika beschränkt den gesamten amerikanischen Kontinent umspannen sollte, wurde bereits Mitte des 18. Jahrhunderts entwickelt, wie Richard Van Alstyne in seinem Buch »The Rising American Empire« nachzeichnete.[1]

Seither nimmt die Verherrlichung der USA als das »Imperium der Freiheit« und das »Imperium der Gerechtigkeit«, das »die gesamte Menschheit umfaßt«[2], kein Ende. Stets wird dabei die universelle Bedeutung des amerikanischen Systems hervorgehoben, »als Ziel der gesamten Menschheit«. Der Anspruch auf die universelle Gültigkeit der eigenen Werte hat jedoch schon immer als moralische Rechtfertigung für den Imperialismus gedient, wie Hans Morgenthau in seinem Bush »Politics Among Nations« zutreffend analysiert.[3]

Folglich zieht sich der Anspruch, dass das amerikanische Imperium »ein Segen für die Menschheit ist«, quer durch die amerikanische Kolonialgeschichte, von der Eroberung der Philippinen unter

US-Präsident McKinley bis hin zur Unterwerfung des Irak durch den derzeitigen US-Präsidenten George Walker Bush. Der rechtfertigte seinen Angriffskrieg gegen Irak in seiner Rede an die Nation vom 7. September 2003 mit den Worten: »Wir dienen der Freiheit, einem Ziel, das auch das Ziel der gesamten Menschheit ist.«

Eine besondere Eigenart des amerikanischen Imperialismus ist, dass die amerikanischen Präsidenten nicht nur eine moralische Pflicht zur Welteroberung zu haben glauben, sondern auch von Gott dazu beauftragt sind. Das wissen amerikanische Präsidenten ganz genau, denn zu Gott haben sie eine noch innigere Beziehung als der Papst. So haben die Vereinigten Staaten auch 1898 lediglich den göttlichen Willen erfüllt, als sie den Spaniern ihre letzten Kolonien wegnahmen und damit endgültig selbst zur Kolonialmacht wurden.

US-Präsident McKinley rechtfertigte damals die Eroberung der Philippinen und den nachfolgenden Massenmord an Zivilisten mit der gleichen »göttlichen Vorsehung«, mit der Präsident Bush die Vergewaltigung Iraks rechtfertigt. Während McKinley ein »Zeichen Gottes« erhalten hatte und sein Admiral Dewey sich auf göttliche Unterstützung berufen konnte – »Gott hatte seine Hand im Spiel«[4] –, so erklärte auch Bush jr., dass »Gott will, dass ich das mache«.[5] Und sein Drei-Sterne General für verdeckte Operationen, General-Leutnant William »Jerry« Boykin, sieht in der US-Armee »die Armee Gottes, im Hause Gottes, im Königreich Gottes«, die einen Feind bekämpft, »der Satan heißt«.[6]

Allerdings dürften weniger Herr Jesus mit seinem Vater und dem beisitzenden Heiligen Geist von dieser imperialen Machtenfaltung der USA profitieren, als vielmehr die großen amerikanischen Handelshäuser, Konzerne und Finanzoligarchien.

In dem Jahrhundert, das zwischen McKinley und Bush jr. liegt, waren die USA ruhelos damit beschäftigt, ihr Imperium ständig weiter auszubauen. Zu diesem Zweck haben sie zahllose Angriffskriege geführt und verdeckte oder offene Interventionen gemacht. Sie haben im Namen der universellen amerikanischen Werte nach Gutdünken Regierungen anderer Länder gestürzt und dafür andere wieder eingesetzt, und sie haben im Namen der Freiheit gefoltert und gemordet, wovon nicht zuletzt die zahlreiche Mordanschläge auf führende Politiker anderer Länder zeugen, die im Auftrag der US-Regierungen ausgeführt wurden.

Dennoch war die Expansion der USA für eine längere Periode weitgehend blockiert. Das war die Zeit des Kalten Krieges. In Gestalt der Sowjetunion war den USA ein militärisch und ideologisch ernstzunehmender Gegner erwachsen. Von Anfang an hatten die USA daher alles daran gesetzt, diesen Gegner zu vernichten. Angefangen mit der »Eisbär-Expedition«, jener US-Militärintervention von 1918/19, in der 5.000 US-Soldaten gemeinsam mit einer britischen Interventionstruppe etwa 600 Meilen nördlich von Moskau gegen die Bolschewiken kämpften, um die Geburt der Sowjetunion zu verhindern, bis hin zum Krieg der Sterne, mit dem Ronald Reagan Anfang der 80er Jahre versuchte, die alte Sowjetunion endgültig totzurüsten.

Vor diesem Hintergrund wäre es naiv gewesen zu glauben, dass irgendeine US-Regierung, egal welcher Couleur, bereitgewesen wäre, sich mit dem strategischen Gleichgewicht der Kräfte, das sich in den 60er Jahren zwischen den USA und der UdSSR tatsächlich eingestellt hatte, dauerhaft abzufinden. Vielmehr haben die USA nach einer kurzen Pause alles daran gesetzt, dieses Gleichgewicht der Kräfte möglichst schnell wieder auszuhöhlen.

Die vor zwei Jahren freigegebenen US-Dokumente über die US-Atombombenangriffe auf Hiroschima und Nagasaki geben jenen US-Historikern Recht, die im Einsatz dieser schrecklichen Massenvernichtungswaffen weniger den Versuch einer Beschleunigung der japanischen Kapitulation sehen, sondern vielmehr eine massive Einschüchterung der Sowjetunion für die Zeit nach dem Zweiten Weltkrieg.

In den ersten vier Jahre nach dem Zweiten Weltkrieg verfügten die USA als einzige über Atomwaffen. Bis mindestens Ende der 50er Jahre genossen sie die absolute strategische Überlegenheit. Und sie haben diese weidlich ausgenützt, um Moskau immer wieder mit der Vernichtung zu drohen. Dazu gehörte, dass das *Strategic Air Command* der USA im Rahmen seiner Strategie mit dem euphemistischen Namen *Massive Retaliation* ganz offen den Einsatz seiner nuklearen Terrorwaffen gegen die Bevölkerungszentren der UdSSR diskutierte.

Um die eigene Bevölkerung bei der Stange zu halten und zur Rechtfertigung immer neuer, riesiger US-Militärausgaben vor dem Kongreß, erfanden die amerikanischen Propagandisten des Kalten Krieges ständig neue Bedrohungsszenarien, ständig neue

»Lücken«. So gab es Anfang der 50er Jahre die angebliche »Bomberlücke«, dann die angebliche Raketenlücke (1957 bis 1961) und schließlich ab Mitte der 70er Jahre die sogenannte Ausgabenlücke für die Aufrüstung.

Nachdem die Sowjetunion, unterstützt unter anderem von der Kundschaftertätigkeit des Atomwissenschaftlers Klaus Fuchs, schließlich 1949 selbst die Atombombe entwickelt und im August 1953 (mit vier Jahren Rückstand hinter den Amerikanern), ihre erste Wasserstoffbombe gezündet hatte, sahen sich die USA schließlich gezwungen, ihre Strategie der *Massive Retaliation* zu überdenken, gegen starke Opposition im *Strategic Air Command*. Dessen Oberkommandierender, General Curtis LeMay, hielt noch lange am massiven atomaren Erstschlag gegen die Sowjetunion fest, wofür er den Begriff *Strategy of pre-emptive Counterforce* (Strategie des vorbeugenden Gegenschlages) erfunden hatte.

Da jedoch schon bald deutlich wurde, dass auf Grund der raschen Entwicklung des sowjetischen Abschreckungspotentials auch ein noch so massiv geführter amerikanischer Erstschlag die Sowjetunion nie ganz vernichten würde, sondern auf sowjetischer Seite immer noch ausreichendes strategisches Zweitschlagpotential übrig bleiben würde, um im Gegenschlag große Teile der USA zu vernichten, wurde in einer Art Eingeständnis des sich abzeichnenden strategischen Patts die Strategie der *Mutually Assured Destruction* (MAD) entwickelt, der Strategie der »Gegenseitigen sicheren Zerstörung«.

Sowohl die USA als auch die Sowjetunion hatten – laut US-Verteidigungsminister McNamara – im Jahre 1968 das Kriterium der »sicheren gegenseitigen Zerstörung« erreicht. Dem war eine Periode riesiger Rüstungsanstrengungen vorangegangen, bei der immer neue Kapazitäten von land-, see- und luftgestützten Systemen entwickelt worden waren, die durch neue Mobilität immer schwerer verwundbar wurden und gegen deren unabhängig wieder in die Atmosphäre eintretenden Mehrfachsprengköpfe es keine Gegenwehr gab.

Schließlich, und in Anerkennung des tatsächlich erreichten strategischen Gleichgewichtes zwischen den beiden Supermächten, stimmte Washington im Jahre 1972 dem ABM-Vertrag mit der Sowjetunion zu. Der Vertrag verbot beiden Supermächten die Entwicklung von Abwehrsystemen gegen gegnerische Interkontinentalraketen, mit der Ausnahme, dass er beiden Seiten je ein solches System erlaubte. (Der ABM-Vertrag wurde später vom Star-Wars-Programm des US-Präsidenten Reagan ausgehöhlt und vom derzeitigen Präsident Bush nicht mehr verlängert.)

Aber schon bald formierten sich in Washington all jene US-Politiker, die der strategischen Überlegenheit vergangener Zeiten nachtrauerten. Sie zeigten sich als entschiedene Gegner der Strategie der »sicheren gegenseitigen Vernichtung«. Da die Akzeptanz des strategischen Patts zwischen den Supermächten Grundlage dieser Strategie war, ließ sie keinen Spielraum, um je wieder wie zu Zeiten der *Massive Retaliation* aus der Position des Stärkeren mit Moskau zu verhandeln.

McGeorge Bundy, damals sicherheitspolitischer Berater von US-Präsident Kennedy, erinnert sich in seinem Buch »Danger and Survival«, dass es vor allem die beiden US-Strategen Albert Wollstetter und Henry Kissinger waren, die dieses Patt der Kräfte zu durchbrechen versuchten. Sie argumentierten, dass selbst unter den Bedingungen des strategischen Gleichgewichts, sich ein Übergewicht an Nuklearwaffen doch »in nutzbaren, politischen Druck« umsetzen ließe. (Seite 348).

Und wie auf Bestellung erschien dann auch im Juni 1972 ein Aufsatz des bekannten US-Strategen Donald Brennan in der *National Review*, in dem der Autor insbesondere die Einschränkungen der offensiven amerikanischen Nuklearoptionen durch SALT kritisierte. Zugleich aber lieferte er ein für die breite Öffentlichkeit griffiges Argument, um gegen die Akzeptanz des sogenannten Gleichgewichts des Schreckens zu agitieren, welche durch die Annahme von SALT und der damit verbundenen Strategie der »gegenseitig sicheren Zerstörung« im Begriff war, sich zu etablieren.[7]

Brennans Hauptargument war, dass »ein großer Nuklearkrieg stattfinden könnte«, und in diesem Fall müsse »die Regierung für umfassende Verteidigung sorgen« statt absichtlich ein System, nämlich MAD, zu schaffen, in dem Millionen von unschuldigen Zivilisten vernichtet würden – im Fall, dass »das System versagt«. Brennan schrieb weiter: »Das Konzept der sicheren gegenseitigen Zerstörung (›Mutually Assured Destruction‹) liefert einen der wenigen Fälle, wo die Abkürzung zugleich die passende Beschreibung liefert. Die Strategie der *Mutually Assured Destruction* ist fast wortwörtlich mad, MAD.« Das Wort »mad« aber hat im Englischen die Bedeutung wahnsinnig oder verrückt.

Brennans Aufsatz wurde bei all jenen, die kein Interesse an der Patt-Strategie der MAD hatten, ein Renner.

Hochgespielt von den führenden Kreisen im militärisch-industriellen Komplex folgte ihm eine ganze Flut von ähnlichen Kampfschriften gegen das strategische Gleichgewicht zwischen UdSSR und USA. Damit wurde eine Entwicklung beschleunigt, die bereits zehn Jahre zuvor, 1962 unter dem Eindruck der Kuba-Krise, von Präsident Kennedy in die Wege geleitet worden war. Denn auch Kennedy hatte sich zwischen den Alternativen von Frieden *oder* Atomkrieg und sichere Vernichtung zu eingeengt gefühlt und nach eine Strategie mit mehr Flexibilität verlangt, in der die USA eine nukleare Option hatten, ohne dass dies die eigene sichere Vernichtung nach sich gezogen hätte.

So entstand denn auch Anfang der 70er Jahre die *Strategy of flexible Response* (»Strategie der flexiblen Abschreckung«), die schon bald zur herrschen Doktrin der USA und somit zur neuen Bibel der NATO wurde. Mit dieser Neuentwicklung wurde das strategische Patt zwischen den Supermächten durchbrochen. Dabei warfen die USA insbesondere ihre militär-technologische Stärke in die Waagschale, um auf diese Weise – wenn auch nur in Teilen – ihr alte Überlegenheit über die UdSSR wieder herzustellen und einen Krieg zwischen der Sowjetunion und den USA wieder vorstellbar und führbar zu machen.

Integraler Bestandteil dieser neuen Strategie war die »first use«-Doktrin, d. h. der Ersteinsatz von taktischen Nuklearwaffen durch die USA und die NATO gegen die Warschauer Vertragsstaaten im Falle eines Konfliktes.

Diese Strategie entsprach den während des Vietnam-Kriegs wiederholt vorgetragenen Forderungen der US-Militärs nach dem Einsatz von kleinen Atomwaffen gegen Nordvietnam und gegen den sogenannten Vietkong, die Nationale Befreiungsfront im Süden. Der Chef des Stabes der US-Airforce, Nathan Twinning, hatte bereits 1954 zur Rettung der Franzosen bei Dien Bien Phu gemeinsam mit dem Chef der Vereinigten Stabschefs, Admiral Arthur Radford, von Präsident Eisenhower die Freigabe von Atomwaffen verlangt. »Wir wollten nicht China oder die ganze Gegend bombardieren. Aber wir dachten – und ich finde es auch heute noch als eine gute Idee – , dass wir drei kleine, taktische Atombomben in dieser ziemlich dünn besiedelten Gegend [...] hätten einsetzen sollen«, erinnerte er sich elf Jahre später.[8]

Später, als die US-Armee selbst im Dschungel Vietnams immer mehr in die Rolle des Verlierers gedrängt wurde, gab es wiederholte Forderungen der US-Militärs nach dem Einsatz von taktischen Nuklearwaffen. Als z. B. die amerikanischen Truppen bei Khe Sanh anscheinend in eine ähnlich bedrohliche Lage gekommen waren wie zuvor die Franzosen bei Dien Bien Phu, forderte der Oberkommandierende US-General in Vietnam, die US-Truppen notfalls durch den Einsatz von Atomwaffen gegen die Vietnamesen zu entlasten[9].

Mit Blick auf die Sowjetunion und die möglichen Folgen, falls die USA den Präzedenzfall eines Ersteinsatzes von Atomwaffen in der Dritten Welt setzen würden, hatte die politische Führung in Washington diese Forderungen der US-Militärs jedoch stets abgelehnt. Dennoch wurde in den USA an Konzepten für den begrenzten Einsatz von Atomwaffen fleißig weiter gearbeitet.

Anfang der 80er Jahre versuchte Washington unter Ronald Reagan eine Strategie der chirurgisch genauen Enthauptungsschläge gegen die politische und militärische Führung der Sowjetunion und die anderen Staaten des Warschauer Vertrages mit taktischen Nuklearwaffen in der NATO durchzusetzen. (Siehe dazu auch das von der HVA der DDR gesicherte US-Geheimdokument *Canopy Wing*, das diese Pläne belegte.) Auch in der NATO sprachen damals die Amerikaner von der Führbarkeit und Gewinnbarkeit von begrenzten Nuklearkriegen, ohne dass es zu dem großen, strategischen Schlagabtausch kommen würde. Hier machten die europäischen NATO-Partner jedoch nicht mit, obwohl sie sich durch ihr Insistieren, auf die so genannte »Modernisierung« von atomaren Mittelstreckenraketen, insbesondere durch BRD-Kanzler Schmidt, bereits auf eine gefährlich schiefe Ebene begeben hatten.

Mit seiner ursprünglicher Forderung nach neuen, weiterreichenden nuklearen Mittelstreckenraketen, die von deutschem Boden die Sowjetunion treffen konnten, hatte Kanzler Schmidt zwar lediglich beabsichtigt, die in militärstrategischen Dingen eher lasche Carter-Regierung dazu zu bewegen, ihre nukleare Solidarität mit Westeuropa zu bekräftigen und so die Führbarkeit eines auf Europa begrenzten Krieges zu verhindern.

Tatsächlich aber hatte Schmidt mit seiner Initiative das genaue Gegenteil erreicht. Denn sobald Präsident Reagan in Washington die Regierungsgeschäfte von Carter übernommen hatte, machte sich Reagans Team, das aus entschlossenen (eis)kalten Kriegern bestand, daran, die sogenannte Modernisierung der nuklearen Mittelstreckenraketen in Europa zum einseitigen strategischen Vorteil der USA auszunutzen, was eine gefährliche Destabilisierung in Europa zur Folge hatte und auch bei manchen verbündeten Regierungen ernste Fragen über die wahren Absichten der USA aufwarf.

Mit der Dislozierung der Pershing II in Europa hätten die USA in der Tat die Mittel zur Umsetzung ihrer damals viel diskutierten Enthauptungsschlag-Strategie erworben. Von Europa aus abgefeuert, hätten die Pershing II der Sowjetunion so gut wie keine Vorwarnzeit gegeben, was wiederum in der Sowjetunion zu großer Nervosität und Sorge führte.

Als Beispiel für das, was der Sowjetarmee im Ernstfall geblüht hätte, brachten hohe US-Offizieren bei Diskussionen in der NATO damals das Beispiel vom Huhn, das mit abgeschlagenem Kopf planlos über den Bauernhof renne. Mit einer plan- und kopflosen Sowjetarmee würde man leichtes Spiel haben – so damals die Vorstellungen –, und in der Sowjetunion würde es nach dem Schlag niemanden mehr geben, der die Macht oder den Willen hätte, um einen nuklearen Gegenschlag gegen die USA zu befehlen, um nicht die endgültige Vernichtung der Sowjetunion im Gegenzug zu riskieren.

Wie nicht anders zu erwarten, waren auch die Sowjets über diese strategischen Überlegungen der USA informiert und entsprechend nervös. So hätte auf Grund von möglichen Fehlinterpretationen und Fehlreaktionen eine ganz »normale« Ost-West-Krise zu einer höchst gefährlich Konfrontation werden können.

Trotz vieler gefährlicher Spannungen blieb der Menschheit zum Glück erspart, dass aus dem Kalten Krieg ein heißer wurde. Daß dies verhindert wurde, so hörten wir soeben auch von einem hochrangigen ehemaligen Mitarbeiter der CIA, dazu haben auch die östlichen Nachrichtendienste ihren Beitrag geleistet.

Aber damit ist das Ende der Geschichte keineswegs erreicht.

Denn kaum war der Warschauer Vertrag aufgelöst und die Sowjetunion zerbrochen, da wurden in Washington bereits wieder neue Weltherrschaftspläne für die einzige verbliebene Supermacht entworfen.

Der bekannteste neokonservative US-amerikanische Kriegsfalke in der Bush-Regierung, der stellvertretende US-Verteidigungsminister Paul D. Wolfowitz, entwickelte bereits im Februar 1992 in den »Richtlinien zur Verteidigungsplanung« (*Defence Planning Guidance*, DPG) des Pentagon eine Strategie zur weltweiten Kontrolle der wichtigsten strategischen Rohstoffe, um auf diese Weise zu verhindern, dass den USA je wieder ein ernstzunehmender Rivale erwachsen würde, egal ob regional oder überregional.

Im Gefolge von US-Präsident George W. Bush ist es seitdem den führenden Vertretern der sogenannten neokonservativen Denkrichtung gelungen, in Washington die Schlüsselpositionen der amerikanischen Machtministerien zu besetzen. Nach ihrer Machtergreifung dauerte es nicht lange, bis ihre zuvor im »Projekt for a New American Century« (PNC) veröffentlichten, aggressiven Strategie-Dokumente zur Erreichung der uneingeschränkten Weltdominanz zur Blaupause der neuen offiziellen US-Militärstrategie geworden waren.

In diesem Zusammenhang wurde auch die nukleare Präventivschlagdoktrin, die seit dem Ende des Kalten Krieges etwas in Vergessenheit geraten war, wieder aufpoliert und im Herbst 2003 in modernisierter Form von Präsident Bush zur Basis der neuen Sicherheitsdoktrin der Vereinigten Staaten erhoben.

Inzwischen hat der US-Senat grünes Licht für den Einsatz taktischer Nuklearwaffen in konventionellen Kriegen gegen sogenannte Schurkenstaaten und »terroristische Organisationen« gegeben.

Fußnoten

* Diesen Beitrag hielt Rainer Rupp auf der Konferenz »Spionage für den Frieden« am 7. Mai 2004 in Berlin, jener zweiten Konferenz der HV A, die der Zusammenkunft in Odense voranging. Die Aussagen sind unverändert gültig und stellen eine grundsätzliche Aussage auch zur Bedeutung der Tätigkeit des Sektors Wissenschaft und Technik der HV A des MfS dar

1 Richard W. van Alstyne, The Rising America Empire, 1960; New York-Norton, 1974)

2 Anders Stephanson, Manifest Destiny: American Expansion and the Empire of Right (New York: Hill and Wang, 1995), S. 19
3 Hans J. Morgenthau, Politics Among Nations. Alfred A. Knopf, New York, 1948, Seite 64
4 Louis A. Coolidge, An Old Fashioned Senator. Verlag Orville H. Platt, New York, 1910, S. 302
5 Stephen Mansfield, The faith of George Bush. Verlag J. P. Tarcher, 2003
6 Tom Regan: Whose God is bigger?, in: Christian Science Monitor, October 30, 2003
7 Donald Brennan: When the SALT Hit the Fan, in: National Review, 23. Juni 1972
8 Nathan Twining, John Foster Dulles, Oral History Collection, pp. 29-30, zitiert nach McGeorge Bundy, in »Danger and Survival«, ebenda, S. 267
9 McGeorge Bundy, in »Danger and Survival«, ebenda, S. 536

Die Autoren

Ebert, Günter: Leiter der Abteilung XV (SWT), zuständig für Aufklärung, Beschaffung und Auswertung von Erkenntnissen aus den Bereichen Wehr- und Rüstungstechnik (Rüstungsindustrie), Flugzeug- und Raketentechnik (Raumfahrtforschung) sowie Maschinen-, Anlagen- und Fahrzeugbau; Oberst

Eckhardt, Dietrich: Leiter des Referats 3 in der Abteilung V, die für die wissenschaftlich-technische Auswertung aller Spitzentechnologien zuständig war; Oberstleutnant

Eltgen, Hans: Offizier im besonderen Einsatz (OibE) der HV A, Sektor Wissenschaft und Technik; 1966 in der BRD verhaftet und als Agent ausgetauscht; in der HV A bis 1990 tätig, Oberstleutnant

Herrmann, Harry: Leiter der Abteilung V, die für die wissenschaftlich-technische Auswertung aller Spitzentechnologien zuständig war; Oberst

Koppe, Johannes: Atomphysiker, seit Anfang der 50er Jahre als Kundschafter der HV A in der BRD im Bereich Kernenergie tätig. Nach Stillers Verrat 1979 Rückkehr in die DDR

Leistner, Manfred: 1. Stellvertreter des Leiters der Abteilung XV; Oberst

Müller, Horst: Leiter der Abteilung XIV (SWT), zuständig für Aufklärung und Beschaffung sowie Auswertung von Forschungsergebnissen auf den Gebieten der Elektrotechnik, Elektronik und Mikroelektronik, Optik, Computertechnik und EDV-Software sowie des wissenschaftlichen Gerätebaus; Oberst

Rösener, Klaus: Stellvertretender Leiter der Abteilung V (SWT), die für die wissenschaftlich-technische Auswertung aller Spitzentechnologien zuständig war; Oberst

Rupp, Rainer: Kundschafter der HV A im Brüsseler Hauptquartier der NATO mit dem Decknamen »Topas«

Streubel, Christian: Leiter der Arbeitsgruppe 5 (SWT), die für die operative Nutzung offizieller Kontakte im Bereich Wissenschaft und Technik zuständig war; Oberst

Süß, Manfred: Leiter des Sektors Wissenschaft und Technik 1989/90 mit den Abteilungen V, XIII, XIV, XV und den Arbeitsguppen 1, 3 und 5, zuständig für Beschaffung von wissenschaftlich-technischen Erkenntnissen aus hochentwickelten kapitalistischen Staaten mit dem Ziel ihrer Nutzbarmachung in der Volkswirtschaft der DDR (Industriespionage), zur Förderung der Arbeit der HV A und des MfS insgesamt (operative Technik) sowie zur Stärkung der Verteidigungsfähigkeit und des militärischen Potentials der sozialistischen Staatengemeinschaft; wissenschaftlich-technische Auswertung und Information; Oberst

Vogel, Horst: 1. Stellvertreter des Leiters der HV A, von 1978 bis 1989 Leiter des Sektors Wissenschaft und Technik; Generalmajor

Band 1 der Geschichte der HVA

Hauptverwaltung A

Geschichte, Aufgaben, Einsichten

Wissenschaftler, Juristen, Publizisten und ehemalige Geheimdienstler erörterten auf einer Konferenz in Odense in Dänemark ein Thema, das Aufregung verursachte. Anderenfalls hätte man die Tagung, die zunächst in Berlin geplant war, nicht ins Ausland vertrieben. 250 Mitwirkende und Gäste aus fünf Ländern traten im November 2007 in einen »kritischen Dialog« über die DDR-Aufklärung. Es war die dritte und sehr ergiebige Konferenz dieser Art. Insbesondere die kundigen Wissenschaftler aus Übersee bescheinigten den Geheimdienstlern aus der DDR eine sehr professionelle, erfolgreiche Tätigkeit.
Die anschließend publizierte Dokumentensammlung mit Referaten und Diskussionsbeiträgen ist der 1. Band der Geschichte der Hauptverwaltung Aufklärung.

320 Seiten, broschiert
ISBN 978-3-360-01093-3

edition ost

Überall im Buchhandel
www.edition-ost.de

KLAUS EICHNER/ANDREAS DOBBERT

Headquarters Germany

Die US-Geheimdienste
in Deutschland

Benjamin B. Fischer, über 30 Jahre bei der CIA und langjähriger Leiter ihrer Historischen Abteilung, im November 2007 in Odense/Dänemark:
»Die vereinten Anstrengungen der Spionageabwehr und der Gegenspionage des MfS führten dazu, daß die gesamte Struktur und Dislozierung des US-Geheimdienstapparates in Ost- und in Westdeutschland aufgearbeitet werden konnte, einschließlich der CIA, der militärischen Geheimdienste und der *National Security Agency* (NSA). Die Datenbanken der HVA enthielten die Namen von rund 5.000 vermutlichen CIA-Offizieren, die rund um die Welt gesammelt worden waren. All das wurde enthüllt in einem deutschsprachigen Buch mit einem englischen Titel: ›Headquarters Germany‹.«

384 Seiten, brosch.
ISBN 978-3-360-01024-7

edition ost

Überall im Buchhandel
www.edition-ost.de

HANNES SIEBERER

Als Agent hinterm Eisernen Vorhang

Fünf West-Spione über ihre DDR-Erfahrungen

Sie spionierten für die Amerikaner oder für deutsche Dienste in der DDR oder wurden – wie der Westberliner Türke Erol Ünsalsudan – von einer BRD-Institution geworben, einen Prominenten medienwirksam auszuschleusen. Sie alle wurden von der Spionageabwehr der DDR entdeckt, verurteilt und inhaftiert – und von ihren Auftraggebern fallengelassen und vergessen. Die Berichte der Spione offenbaren nicht nur die politischen Intentionen der Hintermänner. Sie liefern damit nachträglich den Beweis für die Notwendigkeit, dass sich die DDR wie jeder andere Staat auf dieser Welt vor Angriffen schützen musste. Und dies auch erfolgreich tat. Und außerdem zeigen diese lebendigen Erinnerungen, wie mit den Gefangenen etwa in Bautzen II umgegangen worden ist.

224 Seiten, brosch.
ISBN 978-3-360-01092-6

edition ost

Überall im Buchhandel
www.edition-ost.de

ISBN 978-3-360-01099-5

© 2008 edition ost im Verlag Das Neue Berlin, Berlin
2. korr. Auflage 2009

Umschlaggestaltung: Buchgut, Berlin
Umschlagfoto: Computer History Museum, San Francisco

Druck und Bindung: CPI Moravia Books GmbH

Ein Verlagsverzeichnis schicken wir Ihnen gern:
Das Neue Berlin Verlagsgesellschaft mbH
Neue Grünstr. 18, 10179 Berlin
Tel. 01805/30 99 99 (0,14 Euro/Min. aus dem deutschen Festnetz, abweichende Preise von Mobilfunkteilnehmern)

Die Bücher der edition ost und des Verlags Das Neue Berlin
erscheinen in der Eulenspiegel Verlagsgruppe

www.edition-ost.de